江阴名贤文化丛书 第一辑

江阴市档案局
江阴市暨阳名贤研究院 策划

江阴事变

JIANG YIN SHI BIAN

王荣方 著

苏州大学出版社

图书在版编目(CIP)数据

江阴事变 / 王荣方著. -- 苏州 : 苏州大学出版社,
2018.8
(江阴名贤文化丛书 / 张伟主编. 第一辑)
ISBN 978-7-5672-2558-9

Ⅰ. ①江… Ⅱ. ①王… Ⅲ. ①抗清斗争－江阴－
1645 Ⅳ. ①K249.201

中国版本图书馆CIP数据核字(2018)第183852号

江阴名贤文化丛书 第一辑

策　　划：江阴市档案局
　　　　　江阴市暨阳名贤研究院

书　　名：江阴事变
著　　者：王荣方
责任编辑：倪浩文
出版发行：苏州大学出版社(Soochow University Press)
社　　址：苏州市十梓街1号
邮　　编：215006
印　　刷：江阴金马印刷有限公司
网　　址：www.sudapress.com
邮购热线：0512-67480030
销售热线：0512-67481020
开　　本：700 mm×1 000 mm　1/16
印　　张：16.5
字　　数：230千
版　　次：2018年8月第1版
印　　次：2018年8月第1次印刷
书　　号：ISBN 978-7-5672-2558-9
定　　价：55.00元

凡购本社图书发现印装错误,请与本社联系调换。服务热线：0512-67481020

编 委 会

名誉主任：程 政 许 晨
主 任：张 伟
副 主 任：蒋国良

主 编：张 伟
执行主编：蒋国良
副 主 编：李孜渊 徐泉法

编 委：张 伟 蒋国良 徐泉法
　　　　李孜渊 单 旭 许建国
　　　　陆正源

总　序

江阴，古称暨阳，因地处大江南岸而得名，是一个拥有约7000年人文史、5000年文明史、3800年筑城史、2500年文字记载史的江南古城，在约5000年前，就成为前太湖西北地区的政治文化中心。

南宋江阴籍左丞相葛邲曾对人杰地灵的江阴有过这样的评说："得山川之助，故其人秀而多文；有淮楚之风，故其人愿而循理。"从古至今，江阴一直为世人瞩目。

曾经因"南龙之末端""江尾海头"的独特地理位置，使江阴早在殷商时代就出现了江南地区最早的城池和公共建筑。泰伯奔吴，筑城于江阴左近；季札分封延陵；后又成楚国春申君黄歇采邑；江阴史称"延陵古邑""春申旧封"。吴文化和楚文化在江阴的交织，构成了江阴独特的地域文化，让江阴成为具有悠久历史的文化名城。

北宋王安石考察江阴曾留下这样脍炙人口的诗句："黄田港北水如天，万里风樯看贾船。海外珠犀常入市，人间鱼蟹不论钱。"当时的江阴与五十多个国家和地区发生着贸易往来，其繁华程度称雄江南。

历史沧桑变化，社会兴衰治乱。"锁航要塞"的江防地位，使江阴历经战乱，江阴城一损于元，二劫于倭，三伤于清，又毁于日侵战火。城内有宋建"兴国古塔"，直奉大战时被炮火削去塔顶，虽历经千年而仍岿然屹立。这是江阴古城的标志，也是江阴文化传承的象征。江阴古城南北两门曾悬挂门额，南称"忠义之邦"，北名"仁让古邑"，这是江阴文化浓缩的精华，它闻名于世，传承不衰。江阴无数仁人志士在以忠义为特质的江阴文化感召下，崇学厚德，忠义守信，开放争先，创造出令人瞩目的业绩。季子为江阴开创了仁让文化的源头；八十一天守城抗清为江阴博得"忠义之邦"的英名；徐霞客集江阴文化之大成，带江阴文化走向世界。历史走到今天，更有吴仁宝、俞敏洪这样的江阴名人，传承弘扬江阴文化于中华大地。

研究乡邦历史，传承名贤精神，弘扬江阴文化，是行世二十余年的江阴市暨阳名贤研究院的立院宗旨，在已整理出版两千余万字江阴文化的基础上，又着手精编"江阴名贤文化丛书"，欲使江阴乡邦文化的整理研究更上层楼，为江阴文化的传承再献佳作。这是一项立足长远的文化工程，幸逢习近平同志近年多次倡导弘扬传承中华优秀传统文化，更得江阴市档案局财政支持，双方愿努力合作，发挥名贤研究院众多人才作用，编撰出更多更好更贴近江阴地方特色的文化丛书，为江阴文化增添光彩，更为我们的后人钩沉史实，留下传承辉光。

蒋国良

2018年6月

1645（乙酉）年，江阴因抵制清朝政府的"剃发令"，不肯剃发，自发地揭竿而起，凭恃坚固的城防，守城抗清八十一天，惊动了朝廷，进而清朝派遣重兵围攻。这在明末清初的江南是有着重大影响的政治和军事事件，故称其为"江阴事变"。

——题记

目 录

前 言 … 1

第一章　江阴民乱四起 … 1
第二章　江阴士绅欲勤王 … 14
第三章　主要官员弃职而去 … 25
第四章　方亨严饬剃发 … 38
第五章　许用首倡守城 … 51
第六章　江阴揭竿抗清 … 65
第七章　常州府遣兵收江阴 … 78
第八章　刘良佐劝降 … 92
第九章　阎应元接任主帅 … 104
第十章　阎应元诈降 … 116
第十一章　刘良佐再次劝降 … 129
第十二章　贝勒博洛初战未捷 … 140
第十三章　贝勒博洛无奈议和 … 152
第十四章　清军屠城三日 … 163
第十五章　阎应元等主将的结局 … 177
第十六章　难以抹去的痛 … 189
第十七章　"文烈"黄毓祺 … 204
第十八章　历史的书写和评价 … 217
后　语 … 239

主要参考文献 … 245

前　言

　　我一直想写一本关于江阴的书，江阴人看了，能更理性地认识自己，从而丢掉历史包袱，走向更美好的未来；其他读者读了，也能从中照见他邑的过往，反思总结，更好地走向未来。

　　促使我写一本关于江阴的书的诱因，就是江阴人说话为什么那么"冲"，一开口喉咙就亢亢（古音读gāng gāng）响，像跟人吵架似的。这个问题萦绕于我心数十年了，我一直在努力弄明白这个问题。为什么对这个问题，我会揪住不放，因为有一件事给我的刺激很大。

　　1975年"双抢"大忙过后的一天下午，我村有个女孩子，在母亲陪伴下，跟着介绍人，来到江阴西郊一家人家相亲。按照习俗，如果男女双方看中意的，男方要留女方和介绍人吃点心的。下午3点多钟，男方高兴地准备留女方吃点心，出于礼貌，就征求女方和介绍人意见："你们要吃到咯。"本来喜形于色的女方，突然听男方说"要吃刀咯"，就吓坏了，脸色立马变得很难看，并匆忙站起来说："我们从来勿吃刀咯。"男方一头雾水，不知道女方为什么突然变卦，说走就走，那桩亲事就黄了。事后女方传出话来，说："我女儿还无过门，男方就要让我女儿吃刀。若过门了，那日子还怎么过？"后来女方又传出话来，说"懊悔死了，就为了一句土话，结果黄了一门好亲事"。其实，江阴西郊（包括江阴城里）人说的"吃到咯"是"吃什么"的意思，可当时江阴西乡人听不懂江阴西郊人的土话，误认为是"吃刀咯"。好笑吧？不那么好笑。

　　土话说，江阴人说话"冲"，但从语言学上说，江阴人说话声中是阳上声调多，浊音声韵多，也就是古声调、古声韵多，且还间杂着江淮话，因而具有干脆利落、高亢有力的特点，而不是"冲"。

有的说，江阴人说话之所以高亢有力，是因为吃了翻跟头的长江水。粗想想似乎有道理——江阴就坐落在长江南岸边。然细想想并没有道理，因为吃长江水的不止江阴一个地方，为什么唯独江阴人说话"高亢有力"？再说，历史上除船家外，住在陆地上的江阴人，大多吃的是井水或内河水。

有的说，江阴人说话为什么大嗓门、亢亢响，是与东晋、南宋南渡有关。这是中国历史上从北方向江南的两次人口大迁徙。大批北人落地江阴，生息繁衍，与江阴原住民通婚，使生物性遗传基因发生变化，使江阴新生代渗入了北人的基因，因而说话中留有古声调，且间杂江淮话。可这说法也没有说服力，因为东晋、南宋南渡的人口，不全落户在江阴呀，其他地方多了去了，为什么其他地方的人说话不"亢亢响"呢？

根据我对江阴历史的研究心得，江阴人说话之所以会"亢亢响"，与三个方面紧密关联：一是江阴曾为"春申旧封"之地。战国晚期，楚国的黄歇被考烈王任命为令尹（为楚国执掌军队大权的最高官职，相当于后来封建朝代的宰相），封为春申君，受赐淮北地十二个县。后来楚王又将黄歇的封地淮北改封为吴地，这样江阴就成为"吴头楚尾"，成为荆楚文化与吴文化相互通融的前沿。黄歇受封吴地十年间，不仅在江阴开挖了申港河、黄田港，筑地造田，垒建城郭，还把先进的铁制农具和牛耕技术带到江阴，发展了江阴的农业生产力，而且把楚国的文化特别是习俗带到江阴。再加上楚人与江阴人的通婚，本是"蛮夷"的江阴人与民风彪悍的楚人相融合，使得江阴人的发音中融入了楚语的元素。这"楚风"对江阴影响持久、深广。二是到了北宋，江阴水上交通便捷，江阴商品经济发达，江阴黄田港口繁荣，使江阴成为江南地区有名的纺织中心和商贸中心，吸引了江淮、安徽、浙江、江西、福建等地的行商汇聚江阴，站稳脚跟后就变为坐商，开始与江阴人通婚，并随着行商—坐商—通婚的不断循环，不仅促进了江阴商贸的繁荣，而且把"亢亢"之声融合进了江阴人的血脉中，你中有我，我中有你，这就使得江阴人说话有别于糯软的纯粹吴语。三是与明代的军事制度卫所制密切关联。卫所制始于洪武时期。卫所制规定：凡是卫所军人，便世代为军，其家属也随军。同时卫所制还规定，南方兵戍卫北方，北方兵戍卫南方。洪武元年（1368），朱元璋在南京登基后，就封吴良为江阴侯，封吴祯为靖海侯，总领江阴等四个卫所，辖兵两万两千四百人。这些军人是世袭的，且是固定在一个地方不太会被调动走的，这就使得这些北方卫所兵与江阴本地人通婚，渐渐融合为江阴人。据《明史》和嘉靖《江阴县志》记载，明清时期江阴大姓江阴来昭陈氏与江阴沙氏，就是江阴二侯吴良、吴祯世家：江阴来昭陈氏始祖陈清，北方人，是吴良的女婿；江阴沙氏始祖沙原德，是从苏北江都来协助"江阴二侯"的副将。明朝历代皇帝均重视江阴要塞的防御与建设。崇祯八年（1635）在江阴置游巡营，并在江阴黄山大小石湾修筑炮堤，配置红夷火炮百余门；十七年（1644）年初，又在江阴黄田港置参将营。在明朝的二百七十多年中，这些卫所军人与江阴本地人通婚后，要繁衍多少人口？会多大程度上改变江阴人的口音？

我这一家之言，或许并不十分准确，还望大家指正；但我以为是比较站得住脚的。这是江阴的特殊性。江阴的这一特殊性，就使得同属吴语区的江阴人，说话是那么"亢亢响"的。当然，这里说的江阴人，主要是指江阴城及其周围附近地区的人。江阴东乡诸镇人们的口音接近常熟人口音，南乡诸镇人们的口音接近无锡人口音，江阴西乡诸镇人们的口音接近常州人口音，沿江一带上了岁数的人们大多说的是江淮话。

如今的通识是，江阴人说话"亢亢响"，是因为江阴民性刚烈，是因为江阴人"忠义"，其主要论据是1645年发生的"江阴事变"。其实不然。我从事江阴史志工作二十多年，可以说，我对"江阴事变"这一历史事件，关注、研究了二十多年。我常常思考"江阴事变"究竟是一件什么性质的历史事件。2011年第3期《无锡史志》发表了我的研究"江阴事变"的一万五千余字的文章《乙酉江阴之变祭》，网上点击人数逾万，引用我文章中的新观点的博文也不少。是年起，我因所谓的"退居二线"，没有多少工作任务，有时间和精力集中研究"江阴事变"了。2016年10月退休后，我就着手构思写作《江阴事变》。

我是一名史志工作者。我写作《江阴事变》时，坚持修史两大要旨，尽管这部书不是历史学著作，但我力求做到：一是辨别是非，努力使前代不白之冤予以昭雪，如对夏维新的客观评价；努力使前代未著之奸加以锒铁，如对明末秀才劣迹的批判，不把史作为酬应舞文的工具，而是一秉大公，"发潜德之幽光"。二是破除忌讳，言不敢言者，褒贬予夺，也是一秉大公。

从史料学角度而言，清代至今有关书籍与文章中记载的"江阴事变"的内容，严格地讲，绝大多数还算不上史料，仅是资料而已。这些资料大多是单一地孤立地记述"江阴抗清八十一天"，缺乏前因后果的完整记述，来龙去脉不甚清晰；而且大多是大而化之、统而括之的记述，缺乏历史细节，缺乏对史料的新阐释，缺乏大历史的视野，更缺乏对人、对人伦、对人性的书写。《江阴事变》则从政治、军事、经济、文化、社会等多角度、多方位，努力地具体记述"江阴事变"发生的时代背景、社会条件、诱因、过程、结果，注重历史细节，注重对史料真伪的辨别与考证，努力还原历史场景，照亮现实，美好未来；注重对史料进行阐释，以揭示史实的真相，洞悉历史的真理，努力寻找、发现和呈现能推动民族、国家和人民的进步，有利于民族、国家和人民根本利益的那部分历史。

我又是一位作家，更有责任从文学的立场来记述"江阴事变"。文学的一项重大任务，就是刺破谎言或迷思，以情感、理性和审美的力量，揭去生活中本以为如此却毫不自知的一切表象。我在写作《江阴事变》的过程中，在坚持历史真实的同时，努力呈现艺术真实，即努力写出历史的可能性，写出人在特定历史年代中的可能性，并带有一定的批判性。

《江阴事变》是一部历史文学作品。历史文学有两个意思：一是指用历史题材写成的文学作品，如姚雪垠的长篇历史小说《李自成》；二是指真实的历史记载所具有的文学性表达。《江阴事变》体现的是历史文学的第二个意思。所以，在这种定位下，《江阴事变》努力地将史学与文学进行融合，努力体现其文学性、学术性、知识性、思辨性和可读性。

自江阴人张佳图于1646年左右第一个撰写反映江阴抗清八十一天的《江阴节义略》起，以后的文人们或为尊者讳，或为名人遮，或为君上避，或为时政忌，或因史料缺乏，或出于个人的感情，或由于我们无法知道的原因，往往掩饰了一些历史细节和历史本相。

《江阴事变》与其他记述江阴抗清八十一天的著作或文章相比，有着些许不同的味道，可能会颠覆一些人根深蒂固的认知。我不是在标新立异，也不是在跟谁过不去。我只想追索史实和真相，明述于世，不文过饰非，而是实事求是；不受明清时期"八股文"的思想影响，独立思考，对江阴抗清八十一天这段历史的再认识，这是我分内的事，也是我的责任和使命。同时也是在为江阴历史文化的创造性转化、创新性发展做一些探索，无论效果怎样，都是符合中共十九大精神的。

《江阴事变》是一部直面江阴抗清八十一天这一历史事件的书，是我的一家之言，其中差错和失误也许会有不少，每念及此，不禁诚惶诚恐，敬望读者对我进行学术性的批评指正。

第一章 江阴民乱四起

朱由检很想做一个有作为的皇帝,抱负很大,企图中兴大明。理想很丰满,无奈现实很骨感。在苦撑大明危局十六七年后,大明王朝终于亡在了他手里,尽管他不甘心地发出了"朕非亡国之君"的千古浩叹,但他终究是朱家的败家子、不肖孙。大明亡,不仅仅因为是"诸臣误朕",更因为是人祸滔天,"致逆贼(李自成农民军)直逼京师",而且连老天都不给他面子,老打他的脸,灾害频仍,民不聊生。作为真命天子的崇祯皇帝,连老天都不帮他,都不助他,他也唯有死路一条了。崇祯皇帝死,大明亡,有其必然性。

就拿江阴来说,在崇祯年间,也是天灾不断,怪异频发。

崇祯在位十七年,江阴每年都有灾害,不是干旱、水涝,就是风害、雪灾,还有虫灾。大凡干旱年,都是五月至七月不下雨,田中禾苗枯死;大凡水涝年,都是六月至八月,淫雨肆虐,伴之狂风,致使江岸河堤决口,农田汪洋,房屋倒塌,秋收无望。崇祯五年(1632)、十二年(1639),旱情特别严重,两三个月不下一滴雨,致使米价暴涨,一担米价为三两白银(正常年景的米价大抵每担白银三至五钱),因而"民饥疫死者载道",急得知县、学政、海防等率领部下,一步一叩拜,步祷老天降雨。可老天就是无情,仍不下雨。崇祯十一年(1638),江阴的蝗灾特别严重,"蝗飞蔽天",知县冯士仁出钱购捕蝗虫,每石蝗虫给钱三百,共购捕蝗虫三百石,仍"不能绝",蝗虫还是把禾豆、青草、树叶,吃得干干净净,"原野成空"。

此外,还怪异频发,搞得百姓人心惶惶,寝食难安。崇祯二年(1629)五月中旬,江阴县城上空连续数天响起一种从未听到过的怪异骇人的声音，吓得男人六神无主，吓得女人胆战心惊，吓得孩子号哭不止。十年（1637）中秋前后数天，"旦晚赤气弥天，月色亦赤"。十二年正月二十五日，"夜雨小黑豆"；四月下旬数日，从早到晚，许许多多不知名的虫，"聚鸣于天"；六月下大雨，从天上落下了像红赤豆似的东西；八月发生老虎伤人的事件，这是江阴历史上第一次发生老虎伤人的事件，次年八月，又发生老虎伤人事件。十五年（1642）春，有一种外形不大、发出来的声音像孩子哭声的鸟，名叫河鸟——江阴以前没有这种鸟——突然飞到江阴县城上空，盘桓数日，哀鸣不息。人们放炮仗，燃鞭炮，欲驱赶河鸟，可河鸟丝毫不惊。有一天早晨，早早起床的知县李令晰，站在县衙门口，听着河鸟的哀鸣声，不禁叹息："此城将有兵祸矣。"不料，李令晰一语成谶，三年后江阴真的发生了"兵祸"。十六年（1643）冬的一天，江阴县城里的居民一早起来开门，都发现自家大门上，不是被画了个黑圈，就是被画上了一枝梅，但谁也不知道是怎么一回事，只是议论纷纷。议论过后，人们感到害怕，是一种什么样的怕，又说不清楚。十七年（1644）三月十八日夜，"月赤如血"。好奇的年轻人登上城墙，观看如血的赤月。老年人则是沉默不语，心事重重，唉声叹气，辗转反侧，彻夜难眠。他们不知道，第二天，亦即三月十九日，崇祯皇帝吊死在了煤山（今景山）的一棵树上。

　　对于自然灾害的发生，人们大多相信，因为它们频发，有的如地震会周期性地发生，但带有神秘色彩的罕见的反常怪异之事的发生，尽管有的史籍上有记载，有的口口相传，但后人还是会将信将疑的，因为它们不经常发生，有的甚至发生过一次后永远不再发生了。无论是信还是不信，中国人自古以来都很看重怪异之事的发生，因为它往往预兆着天大的事即将发生。

　　比如，从小时候起，我不知听村上的耆老讲过多少次，也听父母讲过几次，他们说1949年4月22日中国人民解放军渡江（耆老称为新四军过江）前夕，村上家家门前的打谷场上出现黑猪毛。不仅是我们一个村，而且是很多村上到处能见到猪毛。耆老说，地上出现猪毛是从未有过的事，非常怪异。结果，没过几天，朱（德）毛（泽东）的部队打过长江来了，消灭了蒋匪帮，改朝换代了，由民国变成了新中国。年轻时，每次听耆老说这件事，总是不相信，认为那是封建迷信，是唯心主义。可就在我动笔写此书之前的一天晚上，我陪八十八岁的老母亲喝酒时，不知为什么又提起了"猪毛"的事。母亲说，确有其事，我记得特别清楚。那年阴历三月二十二日（公历4月19日），是我跟你父亲结婚的日子。第三天，是我跟你父亲结婚后的"三回门"，去了你舅家。那晚九十点钟起，江北江南的大炮声一直响到天亮，炮声震得房屋都在摇晃。我和你父亲吓得躲到床底下。第二天天亮炮声停后，村上的人才敢开门。我们看到了一长队穿黄衣服的队伍从我们村东头，由北向南远去。我相信母亲说的是真的。我也因此相信村上耆老讲的出现"猪毛"怪异之事也是真的，尽管我找不到科学依据，也找不到有关的史料记载。

1644年农历三月十九日，三十三岁的崇祯皇帝朱由检死了。死法，自己用一根绳子吊死在北京煤山的一棵树上。死因，李自成领导的农民起义军于三月十七日打到了北京城下，朱由检无处可逃，又不愿被李自成擒获，只得自己了结自己的性命。崇祯皇帝的死，标志着明朝的灭亡。

17世纪40年代，资讯传递很慢。在崇祯皇帝死后第四十天的夜晚，亦即农历四月二十九日的晚上，其"凶闻"才传到江阴。那么，江阴人知道崇祯皇帝已死、大明王朝已亡的消息后，有怎样的反应呢？是万众恸哭地哀悼崇祯皇帝？不是。老百姓才不关心崇祯皇帝的死活呢，只关心自己的日子怎么过下去，怎么过得好。哪个皇帝能让百姓安居乐业，就是好皇帝。既然崇祯皇帝在位期间，江阴自然灾害不断，并且怪事一桩接一桩地发生，没让百姓安生过一天，所以，崇祯皇帝死也好活亦罢，百姓才不关心呢。

崇祯皇帝"凶闻"传到江阴城乡后，有两种截然不同的反应：一种是士人的满腔悲愤，比如江阴儒学训导冯敦厚的哭且骂"满朝庸奴，误我皇上"；比如诸生许用痛哭流涕，不思寝食；比如贡生黄毓祺哭得咯血，并和其他复社成员一道为崇祯蹈海，但没死成。在士人看来，大明灭亡，责任全在"庸奴"，皇帝朱由检没半点责任。另一种是江阴各乡的一些佃农，纠集无地的贫农，乘改朝换代之机，冲进佃主家，抢财物，索田契，焚烧房屋。同时，江盗、河盗成群结队，无论昼夜，乘乱抢劫市镇商户、农村地主家的财物，如有反抗，一律斩杀，而且"杀人如割草"。江阴农村处于极度无序的动乱之中，并波及江阴县城。

面对动乱局面，担任江阴知县不满三个月的林之骥（福建莆田人，进士，听不懂江阴话，人们戏称他为"林木瓜"）一筹莫展，不知道如何来处置眼前突然发生的乱局，一点应急预案也没有，只得自己把自己关在屋里，哭了两天鼻子。但哭解决不了问题，他是一县之主，必须面对现实，必须解决眼前发生的暴乱，而他并不是一个经国之材。

林之骥主持召开了一个维护社会稳定的联席会议，县丞、县主簿、县典史、县儒学教谕、驻节江阴的学政、驻防江阴的军队指挥官等出席会议。会上没一个人吭声，大家各自在心里打着小算盘。在这"天崩地解"之际，他们看不清来去方向，心里只想着如何保护好自己和全家人的性命，谁还有闲心思去管江阴的社会治安？再说，他们一个个都不是江阴人。江阴人是死是活，与他们何干？

林之骥见大家一言不发，自己又提不出什么好办法，无奈之下，只得宣布散会。散会后，林之骥去找了县儒学训导冯敦厚：冯老，帮帮我。林之骥把联席会议上自始至终的正常又不正常的冷场情况讲给冯敦厚听。听完，年逾花甲的冯敦厚站起，恭敬地说：林知县，你莫急。我来想想办法。

在这危急关头，冯敦厚站起来了，牵头成立了由县城士绅中有声望者组成的维护社会稳定工作队，分四个小组急赴各乡"宣谕"。江阴县城东北方向的沿江一带，由县儒学教谕许晋、诸生陈明时负责；东乡由县儒学训导徐廷选、贡生章经世负责；西乡由冯敦厚、诸生吴幼学负责；南乡由士绅汤澄心、诸生张鼎泰负责。这四个工作小组通过二十多天的深入细致的工作，终于将煮沸的群情降了温，安抚了惶恐的民心。在此基础上，工作队还与各乡的乡绅密切磋商如何充实团练人员、加强社会治安管理、严防盗匪劫掠焚宅诸问题。在各乡乡绅的努力下，在全社会的参与下，江阴城乡社会秩序日渐稳定。

在林之骥主持的维护社会稳定联席会议上一言不发的县典史阎应元，没有参加由冯敦厚领导的维护社会稳定工作队，却在维稳工作中似乎表现得特别积极。他不带一卒，一人骑马去了申港。当时，申港是江阴全县动乱最厉害的一个市镇，因滨江临河，商业发达，在明清易代之际，盗贼四起，杀烧抢掠，无恶不作。阎应元来到申港季子祠前的场地上，面对女人哭嚎、男人怒吼的人群，镇定自若，凭自己勇胜海盗顾三麻子后树立起的威望，一下子就让家庭遭殃的人们和整天提心吊胆、恐惧盗贼再来劫杀的人们，找到了主心骨，人们顿时安静下来了。他们想听听阎典史说些什么。

阎应元清了下嗓子后高声地说，父老乡亲们，崇祯皇帝虽驾崩了，但大明不会亡。现在，江南还是我们大明的，李贼（李自成）人马打不过长江来。这一点务必请大家相信。还有，历史上北宋灭亡后，不是很快建立了南宋吗？我相信，南明也会很快建立起来的。所以，在目前谣言四起、真假难辨、社会动荡的局势下，各位乡绅首先要坚信天下不会大乱，朱家王朝不会灭亡。同时在这多事之秋，各位乡绅要切实担负起社会责任来，把保境安民作为头等大事来抓，要舍得出钱，招兵买马，壮大团练队伍，使其成为维护申港稳定的中坚力量。对于各位乡亲，你们务必要相信政府是有能力维护社会稳定的，希望你们不要轻信谣言，也不要害怕盗贼，只要大家提高警惕，抱成一团，协助团练，共同做好防范工作，盗贼就不敢来申港滋事。我向大家保证，只要缉捕到烧杀抢掠的盗贼，一定严惩不贷，绝不手软。

对于阎应元很快稳定申港的所作所为，林之骥既赞赏（因为阎应元为他分了忧，解了难）又很不理解。他想不明白：为什么在联席会议上阎应元不为他献计献策，而会后要自告奋勇地一人去了申港？林之骥总觉得阎应元城府颇深，心计莫测。然而，林之骥还是对阎应元产生了好感。这对阎应元来说，他的目的达到了。他就是要通过只做不说而取得的政绩来博得林之骥的赏识，进而受到器重和重用。他深知，在这敏感剧变时期，既容易升官，也容易丢官。而他能否升官，全凭林之骥知县的一句话。他跟自己算了命，只要得到林之骥的赏识，在这急需用人之际，他当个县丞应该没多大问题。这大概就是阎应元自告奋勇去申港维稳的真实动机。

阎应元没想到的是，李自成很快撤出了北京城，进驻北京城的竟然是清朝摄政王多尔衮，使得大清定鼎北京。更让阎应元没想到的是，南明第一个王朝弘光政权于1644年农历五月十五日成立了。当得知南京弘光政府成立的消息后，阎应元喜形于色。一天吃晚饭时，他对父母、妻儿说，我终于可以松口气了。现在南京弘光政府成立了，大明没亡，朱家王朝没亡。我这个大明典史，又可以安安稳稳地当下去了。

1645年农历二月的一天，阎应元接到了南京弘光政府的升职文件：任广东英德县主簿。在明朝官职序列里，县主簿是正九品官员，而县典史是未入流官，是没有品位的。再从收入来看，县主簿的月俸为大米5.5石，县典史月俸仅为大米3石，所以，收到升职文件后，阎应元心里有点小喜，因为县主簿毕竟高出县典史一级，且能进入大明国的官职序列，无论怎样，这也是新生的南京弘光政权对阎应元在江阴"胜海盗，平盐盗，弭民乱"政绩的奖掖，但与他的心里预期还存在较大差距。在他看来，在这国难当头，凭自己的才干，最起码也得弄个正八品的县丞当当，所以被任命为英德县主簿后，阎应元心里仅是小喜而已。

阎应元不知道的是，经"大臣论荐"，他本被弘光皇帝"特授都司，军前檄用"的，后被专权朝廷的马士英、阮大铖"阴谋"说服了弘光皇帝，由都司改任为英德县主簿。后据从朝廷里传出来的小道消息，马士英、阮大铖认为阎应元是史可法的人，而马、阮与史可法是尿不到一只壶里去的政治竞争对手，所以马、阮"不看好"阎应元，把他"平转到广东韶州府英德县"当"主簿"去了。当阎应元听到小道消息后，气得怒发冲冠，在一天晚上喝闷酒时，连摔了几只酒碗。他恨马士英、阮大铖，但又奈何不了他们。

由于心里很不爽，再加上母亲病重，阎应元便以母亲病重为由，没有去英德县赴任。因时局动荡，朝廷也不催阎应元去广东赴任。这样，阎应元就侨寓江阴，直到弘光政权灭亡后，才带着父母亲、妻儿及家丁，搬出在江阴城里的寓所，于1645年农历五月下旬，搬到化成乡砂山脚下黄姑墩上的海会庵里，过起了悠闲的寓公日子。

那么，在崇祯皇帝吊死于树上的"凶闻"传到江南后，为什么江阴会发生民乱？是不是只有江阴一县发生民乱？其实在1644年农历五月，江南很多县均发生过民乱。原因有二：一是地主阶级长期兼并土地的结果。通过兼并，绝大部分土地为地主所有，广大农民没有土地，贫富两极分化严重，地主阶级与农民阶级之间的阶级矛盾十分尖锐。二是时局使然。明朝已亡，南明第一个政权南京弘光政府虽然成立，但因其政治腐败，内斗激烈，掌控社会的能力薄弱，所以极度贫困的农民乘国亡之机，冲进地主家烧田契，抢财物，分粮食，甚至杀人放火，以泄胸中积郁已久的私愤。

但江南其他县的民乱很快被平息了下来，唯有江阴民乱，持续时间之久，波及范围之广，是江阴周边地区不能比拟的。根据崇祯《江阴县志》记载，自明朝嘉靖以来，江阴的上农是"资累巨万"；次农是"自事自业，不仰给于人"；下农是"无寸土一椽，全仰给于人"。社会结构是上农与下农人口为相对少数，次农人口为相对多数，所以社会动态稳定，不仅促进了江阴农业的发展，更促进了江阴商品经济的发展，使江阴成为江南地区经济发达重镇。但到了崇祯年间，由于水旱灾害频发，赋役加重，土地兼并的加剧，使占总人口8%的地主，占有了全县80%以上的土地，原来的"上农无次农之产"，原来的次农大部分沦为下农，原来的下农以佃田为生。特别是江阴人多地少的情况非常严重。崇祯年间，江阴人均耕地仅为5.1亩。同时，江阴的田租很重，占收成的60%以上，再加上政府繁重的赋役，逼得佃农活不下去了。江阴民乱，最终是"官逼"的结果。因此，江阴存在着一支庞大的失去土地的雇工队伍。这支庞大的雇工队伍，在太平年代则是农业生产的主力军，在乱世则极易成为被阴谋家或野心家利用的一股破坏力巨大的社会力量。所以，当佃农们听说崇祯皇帝死亡的消息后，认为机遇来了，于是开始"吃大户"，造成了社会动乱。江阴这一社会状况与江南其他县比，没有什么两样，是共性的。

江阴的特殊之处在于，江阴流民多，江阴强盗多。这"两多"催化出江阴的民乱，使之持续时间长，波及范围广。这是江南其他县不具有的特点。

为什么江阴流民多？

自北宋起，江阴就是江南地区的商业中心之一。成就江阴成为商业中心的因素有两个，一是江阴水上交通便捷通畅。梁绍泰元年（555）建治江阴后，黄田港就南通苏浙，北达淮扬，商船可通过通城河道直抵江阴城内。经过数百年的发展，北宋时，黄田港形成了繁荣的市场，不仅南来北往的商船众多，而且连日本、朝鲜以及东南亚国家的商船，也常常停泊在黄田港。因此，北宋诗人王安石写诗称赞："黄田港口水如天，万里风樯看贾船。海外珠犀长入市，人间鱼蟹不论钱。"至明末，黄田港市场仍然繁荣不衰。二是江阴棉纺织业的发达。古代江阴北濒长江，东临东海，自南宋末年起，由于人工开挖筑堤，围湖造田，导致江海形貌发生巨变，沙田暴涨，江阴东部增加了许多沙地，而这些沙地不宜种稻麦，但宜种棉花，于是江阴东乡大肆种植棉花。收成后的棉花，都被农民用来纺纱织布，还引进黄道婆先进的织布工艺，织成的布被称作土布，并有大布、小布之分。用大花纱织成的布叫大布或长布，每匹布长43尺，布幅阔0.83尺，其中"雷沟大布"最负盛名，名扬海内外。小布每匹长20尺，布幅阔0.9尺。当时农民织成的布，大多用于一家老小的制衣，剩余的则以物物交换的形式，交换必需的生活日用品。

随着家庭手工纺织业的发展，元朝至元十三年（1276），江阴路总管府设织染局，为官营手工业，组织当地纺纱织布的熟练工，从事织染生产。明朝起，商品性农业迅速发展，棉花开始在江阴各乡全面种植，从而使手工纺织业也扩大至全县范围，土纺织布成为江阴农村主要传统副业，小土布成为江阴名牌产品，"销行各省，衣被苍生"。至明末，江阴十镇十六市土布交易集市。随着规模土布交易市场的形成，土布牙行也应运而生。牙行领帖（执照）纳税，专事土布买卖。牙行也称外庄，半夜开始交易，至天亮就歇业，每家牙行每天营业额在百两白银左右。江阴土布除本地牙行收购外，东南乡的土布还运往无锡集散，西乡的土布则被常州西瀛界牙行收购。白坯土布的染色整理，则送往苏州、无锡、常州加工。

促使江阴商业繁荣发展的还有一个不可忽视的因素，就是苏松学政驻节江阴。

在明初，如今的江苏、安徽两省属京畿之地，称作直隶。朱元璋迁都北京后，南京地区仍为京畿之地，称作南直隶。明正统元年（1436），明朝政府设南北直隶提督学道，其余各省设提学使。由于提学御史整年四处按临，居无定所，非常辛苦，其家眷更辛苦。为了让提学御史的家眷居有定所，给提学御史创造一个稳定的工作环境，有利于考生赴考，万历四十二年（1614），朝廷决定将南直隶提督学道分为应安学政和苏松学政。应安学政设在句容县，辖八府三州：应天（南京）、安庆、徽州、宁国、池州、太平、庐州、颍州八府和滁州、和州、广德三州；苏松学政设在江阴，辖六府一州：苏州、松江、常州、镇江、淮安、扬州六府和徐州一州。

苏松学政首任学政王以宁，为什么会选江阴作为学政的驻节之地呢？有两个原因：一是江阴地处偏僻，没有府城那般喧闹，环境安静，有利于考生考试。同时还可减少诸如请托、贿买秀才之类的腐败案发生。府城中士绅多，关系复杂，产生腐败的概率高。而江阴是个县城，为高官者不多，社会关系相对简单，因此请托之人也就会少多了，有利于学政公正客观判卷。二是江阴恰好处在苏、松、常、镇四府中心，苏南各地考生赴江阴赶考，道路里程大致均等。江北虽幅远辽阔,但经济文化不能与苏南相比,这也可以从行政设置上看出,明朝时苏南有四府(这里还不包括应天府),江北仅有两府一州,所以不大可能将学政衙署设在江北。再说,江阴黄田港渡江船只多,港口设施全,江北考生到江阴赴考,水上交通也极为便利,且道路也不远。从地理位置上说,江阴大致处在六府一州的中心。

王以宁到江阴后,就命地方官员建设学政衙署。江阴地方官员因地制宜,花了半年多时间,将坐落在江阴东大街虹桥北的旧巡抚行台加以修缮和扩建。建成的学政衙署"门堂厅廨,经房楼阁,厢舍庖湢,及园池亭榭之制,宏广壮丽,称江南官署之冠"。

每当学政举行考试时,六府一州的考生、陪考家人亲友及各地商人,都会云集江阴,至少有三四千人,他们要住宿、吃饭、租屋开设临时商店,这不仅使江阴城区的房租猛涨,而且也拉动了江阴城区的第三产业的快速发展。客栈、饭馆、茶馆、戏馆、考生用品商店,生意兴隆,学政考试经济繁荣。

由于江阴棉纺织业、商业和黄田港交通运输业的发达,至明末,江阴城内的南巷、大巷、南街、县前街、县湾街、中街、南门街和北门外闸桥至浮桥一带,汇集商家三四百家,市场兴旺。北外大街以米麦、棉纱、鱼货、食盐、煤炭、瓷器等批发经营为主;南外大街以土布、染料批发经营为主;城内主营棉布、五洋零售和酒馆、饭庄、名点小吃以及客栈、剃头店、茶馆、中药铺等。江阴作为大明国的经济发达地区,也自然成为大明国的纳税大户。用顾炎武在《天下郡国利病书》中的话说:"江阴素称殷富,为国家财赋之区。"据崇祯《江阴县志》记载:崇祯十年(1637),江阴有110万亩登记在册的土地可征收平米税,税额为72912石大米。明末政府增派的"辽饷""剿饷""练饷"三饷税额也逐年增加,至崇祯十年为89798两白银。也就是说,以崇祯十年为例,江阴除交纳正税72912石大米外,还要向国家交纳增派的额外"三饷"费89798两白银。

由于江阴比较富裕,因而吸引了大批从江北、安徽等地因丧失土地、遇到严重灾荒而逃难到江阴的流民。据史料记载,崇祯年间,长期滞留在江阴的外来流民达万余人，按现在的统计口径，崇祯末年，江阴有常住人口25万余人，其中外来人口占6.8%左右，这一比例在当时来讲，是很大的，所以说，江阴流民多。这些流民被称为"客佃"，他们来到江阴后，先是租种旱地，渐渐地租种水田地。这些"客佃"常常结党抗租、少租、赖租，被称为"劣佃"，不仅与佃主有矛盾，与本地的佃农也有矛盾，是江阴农村不安定的一个不可忽视的因素。

为什么江阴强盗多？

江阴坊间，一直流传着"江阴强盗无锡贼"的说法。但对其解读有多种版本，其中最典型最被官方和民间共同接受的解读版本是"江阴强桃无锡折"。我查阅了明、清两朝保存至今的《江阴县志》，没有查到江阴历史上盛产过"强桃"，只产有金桃、胭脂桃、饼桃、寄书桃和寒桃，而"桃以沙产为最，割县后此味遂让靖江，饼桃绝佳"。那么为什么会有"江阴强桃无锡折"的说法呢？我估摸是无锡、江阴两地人为给自己留面子，借用方言中"盗"与"桃"、"贼"与"折"读音相似，玩起了美丽的文字游戏，以掩饰其真实的窘境：话说很久很久以前，江阴产的一种桃子，名叫强桃，又大又甜，口感极佳。桃农们用小船把桃子运到无锡城里去卖，可无锡人贼精贼精的，明明喜欢吃江阴的桃子，可在上市时就是不买，等到太阳歪西落市时，开始满天砍价，把桃子的价格砍得很低很低。无锡人心里明白，桃子是水口食物，当天不卖掉就会烂掉，又不像现在有冰箱可冷藏保鲜。江阴人无奈，最终亏了大本，把桃子低价卖给了无锡人，折到家都不认得回。

其实，在明朝晚期，江阴确实是盗贼多。据顾炎武在其《天下郡国利病书》中说："江阴素称多盗贼之扰，而言弭盗者亦卒无良策"，因此，江阴当时确因犯罪率高而在外"名声恶劣"。不过，我们应该对江阴多盗贼进行具体分析。

江阴盗贼来源有二：一是江阴本地人。由于江阴北滨长江，南临太湖，沿江地区地势较高，南部地势低洼。因此，江阴的农田大多是圩田，由开垦沼泽地而来。既然圩田是由河流给予的，那么河流也会把圩田带走。不断变化的潮汐，夏天时常而至的暴雨，往往冲决河堤，冲毁圩田，民常苦涝。历史上江阴是涝害的重灾区。每当涝灾降临，就会致使许多农民失去土地。再由于明末江阴的绝大部分土地高度集中在少数地主的手中，绝大部分农民没有土地，但他们也要生存繁息，怎么办？除租田耕种、承受地主的残酷剥削外，在当时的历史条件下，不少无地的农民则以盗贼为生，杀人越货，无恶不作。

二是外来的流民。从江北、安徽等地逃难来到江阴的流民，他们要生存，要吃饭，而当时江阴根本消化不了那么多外来劳动力，政府又不顾他们的死活，怎么办？偷与抢就成了外来流民的不二选择。

当时江阴的盗贼有两类，一类是盐盗，就是以偷盐贩盐为生。据嘉靖《江阴县志》记载："盐贩出没涛波，动以兵卫，少激之则群聚而为大盗。正德壬申（1512），齐鲁奔寇顺流而下，直犯城北，焚烧室庐，掳掠子女。"盐历来为国家控制、官府经营，利润很高。从事偷盐贩盐，虽很危险，抓到要被砍头，但胆大包天的人仍是前仆后继，因为盗盐贩盐利润太高了。马克思说过，资本家为了百分之三百的利润，甘冒上断头台的危险。用中国人的话说，就是人为钱死，鸟为食亡。另一类是江盗、河盗，他们栖居在长江中或运河中，以打家劫舍为生。

在众多的盗贼中，外来流民居多。由于当时没有公共治安机构，所以江阴因盗贼多而导致犯罪率高，治安状况差，影响了江阴在外的良好声誉。但时人没想到的是，这些盗贼中的一部分在后来投降了清军，成为镇压江南人民抗清的急先锋、马前卒；另一部分转为抗清的力量。

江阴发生民乱，是明末农民阶级与地主阶级之间的矛盾长期对立激化的必然结果，在明清易代之际、地方政府无所适从之时必定会发生。但大多数民众是反对民乱甚或是暴乱的，他们都希望有一个稳定的社会环境，有一个良好的社会秩序，能让他们安定安宁安心地过日子。面对动乱，江阴的官吏们毫无作为，我们既要给予批判和谴责，也要给予同情和理解。崇祯帝死了,他们的主子没了,他们找不到北了,他们还能干什么?翻开历史,从古代到现代,每当朝代易帜之际,旧朝官僚大多是茫然不知所措的。然而,在民乱发生后,江阴城里的士绅担负起了维稳的责任,分赴各乡做工作,终于稳定了大局。这说明,江阴的士绅在明清易代、政权更迭之际,是维护江阴稳定的中坚力量。同时也说明,江阴人民渴望稳定,反对动乱;渴望和平,反对战争。

这就是"江阴事变"发生的前奏曲,也是"江阴事变"发生的时代背景和社会基础。

第二章　江阴士绅欲勤王

江阴有个白眼狂生，姓李名寄，是徐霞客的儿子。霞客姓徐，李寄姓李，徐、李两姓完全不搭界，怎么说李寄是徐霞客的儿子呢？这其中有一段隐情。李寄是徐霞客侍妾周氏所生。周氏有孕被正室发觉后，正室乘徐霞客出门在外、忘情于山水、长年不归之机，将周氏赶出了徐家。为了生计，周氏无奈嫁给了江阴妯娌山脚下一个李姓农家的儿子为妻。1620年农历一月周氏生产，生了个儿子，起名寄。周氏给儿子起名寄，或许是想等儿子长大后能够回到徐家，同时也用"寄"留存自己回到徐霞客身边的一丝希望。

童年时，乡人就称李寄"性素颖异，少负奇才"。邑人文士则谓李寄是"不经师授，博学能文"。由于家贫，懂事的李寄在私塾读书时，就闻鸡读书，子夜熄灯，很是发愤刻苦。长大后，李寄从母亲口中了解到了自己的身世，也萌生了"遍游天下"的想法，想做徐霞客第二。无奈家中并不富裕，用现在的话说，理想很美妙，现实很骨感，李寄的梦最终未能实现。

李寄曾做过回徐家认祖的尝试，但失败了。徐家不认李寄这个子孙，将其轰出了徐家的朱漆大门。从此，李寄彻底打消了回徐家的念头。十八岁时，李寄的才名和学识已令乡人折服，虽没进行科考，也没什么学历。为了自食其力，赡养母亲，他到江阴周庄楼下村的名门望族——葛家当了私塾老师。此后又先后在江阴定山、绮山、妯娌山一带设私塾，教授了很多学生。

可能是不幸的身世，也可能是知道自己身世后产生的一种自卑心理，总之，李寄是一个脾气急躁、耿直不屈之人，因之而"不能谐世"，除知己者外，既不愿阿谀权贵，又不愿媚俗市井，因而常"恒困于衣食"。

李寄曾想结识黄毓祺，或许是年龄关系，他比黄毓祺小四十岁左右，可能有代沟，或许是自己的才名没有黄毓祺大，家庭没有黄毓祺家富裕；也或许自己的身世没有黄毓祺显贵——黄氏是江阴的望族，李寄终究与黄毓祺没有交集。当李寄知道黄毓祺为了崇祯皇帝而蹈海的事后，佩服其勇气，为其对皇帝的绝对忠诚而深受感动。然而，他是不会为了崇祯皇帝而去蹈海的。崇祯皇帝的死，没在李寄心里激起多大涟漪。

李寄没有几个知己。有史料记载的仅有三人，其中之一是住在离他家不远的云亭街上的胡志学。胡志学也是一个狷介之人，有点学识，喜欢结交朋友，但又不务正业，把个富裕之家弄得跟李寄家不相上下。但终因脾性相投，见识相近，所以两人常在一起喝酒谈天说地。乡人一看见他们在一起喝酒喝到天昏地暗时，就要笑骂他俩是怪物、活宝。

两人虽是知己，但也有很大的不同。李寄比较宅，不好交友，不谙世故。胡志学好交友，在外活泛，熟人多，头子活络，门道也多，且通世故。1645年三月下旬的一天，胡志学在云亭街上买好熟菜，沽好酒，提着去李寄家喝酒，坐定，喝一口酒，擩一筷猪耳朵放进嘴中，边嚼边急不可待地说，昨天我去了趟江阴城里，乱哄哄的，听夏维新等人说，林知县根本没心思办公，也不大管事，急得夏维新他们不知道怎么办才好。没有皇帝盼皇帝，有了弘光皇帝，衙门里当差的人照样出工不出力，唉——

不要唉声叹气。李寄说，空谈误国。我们读书人报国的最好办法，就是为皇上如何更好地治国理政献计献策。听李兄的口吻，你是成竹在胸了。快，说出来让我听听。胡志学说。

李寄喝了一大口酒说，还没考虑成熟，到时定向仁兄讨教。其实李寄心里有了几分准备献给弘光皇帝治国理政作参考的计策，但为什么不乘着酒兴说出来给胡志学听呢？因为李寄知道，胡志学虽为人爽快，也重义气，但有个毛病，就是嘴快嘴大，在云亭街上是个有名的大嘴巴。

胡志学也知道李寄脾气，他不想说，你就是打死他，他也不会说的。可李寄没想到的是，这次与胡志学喝酒畅叙，竟成了他们的永诀。随着形势的急剧变化，胡志学全身心地投入了抗清斗争，直至战死。

在江阴城里，李寄虽也有些文名，但真正能懂他、愿和他亲近的，也只有许用和王华两个诸生。一天在许用家里，李寄说，我想徒步去南京，向弘光皇帝呈上我的《平贼十策》。

没有多大必要。许用说，现在对当今皇上的传闻很多，都是负面的，说什么皇上只顾把酒贪色，不思朝政；说什么主持政府工作的马士英，贪赃枉法，卖官鬻爵，结党营私，陷害忠良。这些都是从都城南京传出来的。在这种情况下，你去南京还有什么意义？

如果当今皇上真的是昏庸的话，我就更有必要去南京了。我要叩伏在皇宫门口，翻开我的《平贼十策》，高声朗读，以警醒皇上。李寄说。

李寄带着干粮，徒步四昼夜，来到南京紫禁城前的广场上，匍匐而行，声泪俱下，高声诵读着他的《平贼十策》。李寄的肘部和膝盖处的皮磨破了，血一滴一滴往外渗出，直至汩汩而出。李寄的血流淌在南京紫禁城前广场上……然而没有人理他，有的是讥笑他的人，嘲讽他不识时务、不自量力，骂他是疯子、神经病。

李寄一腔报君（国）热情，冷了，回家后病了十多天。病刚好，李寄书也没心思教了，就天天在姍娌山顶上哭哭啼啼。姍娌山在李寄家的南面，与北面的敔山遥遥相对。两山之间，西面是一片平原，东面有一座比姍娌山、敔山更高的定山。这三座山的形势，恰如一张朝西摆放着的圈手大椅子，而敔山则是这张椅子的座位。

一天晚饭后，李寄又来到姍娌山顶，不时地仰起头望着无垠的苍穹。天幕上繁星闪烁，山脚下黑暗寂静。突然，李寄引颈长嚎，天哪，天哪——可天缄默不语，根本不懂此时此刻李寄心中的痛楚。李寄又俯首山脚下，只见黑暗中有几点光亮着，偶尔还能听到狗吠的声响。李寄哀叹道，地哪，地哪——地是哑巴，不会说话，也就不能回应他。李寄只得"念天地之悠悠，独怆然而涕下"。

突然，李寄看到了"荧惑守心"的最不吉利的天象。中国古人把"火星"称为"荧惑"，把二十八宿中的"心宿"简称为"心"。"心宿"主要就是现代天文学中的"天蝎座"，主要由三颗星组成。当火星运行到天蝎座三颗星附近，并在那个地方停留一段时间后，就会出现古人常说的"荧惑守心"的天象。心宿二色红似火，又称"大火"。如果两"火"相遇，则两星斗艳，红光满天。这种天象为皇权所做的解释是，天蝎座的三颗星中间最亮的一颗代表皇帝，旁边两颗星，一颗代表太子，一颗代表庶民。因此，"荧惑守心"天象的出现，在李寄看来，意味着轻者天子要失位，严重者是皇帝要死亡。气数到了，大明王朝无救了，完全无救了。李寄大哭。天意难违，天意难违，啊——李寄又病倒了。

没过几天，被李寄预料到的凶信果然传到了江阴：在位一年的弘光皇帝逃到芜湖后，又被清军掳去了。作为小知识分子的李寄的"勤王"梦想彻底破灭了。

对于勤王，崇祯皇帝是视之为洪水猛兽的，典型的就是袁崇焕的惨死。崇祯二年十月二十六日，爱新觉罗·皇太极率数万后金军，避开明军的宁锦防线，绕道蒙古，没遇到多少抵抗，就突破了长城关隘龙井关和大安口等。蓟门被轻松地突破后，后金军于十月三十日兵临遵化城下，十一月初接连攻陷遵化、三屯营。消息传到北京，举朝震骇，因为遵化在北京东北方向，距京城三百里，遵化陷落，直接威胁着国都北京。于是崇祯皇帝紧急诏令各路兵马勤王。作为督师蓟辽的兵部尚书兼右副都御史的袁崇焕，对于后金军攻陷遵化城，负有不可推卸的指挥领导责任。于是，袁崇焕火速从宁远赶往山海关，途经中后所时得报后金军已破大安口，遂立即作出如下军事部署：一是严守山海关，二是严守通往北京的要道，三是严守京畿地区。同时在战术上也采取三条措施，阻截后金军的南进：一是遵化阻截，二是蓟州阻截，三是通州阻截。然而由于皇太极的指挥有方，情报的准确，因而避开了与明军的正面交锋，直趋北京，使得袁崇焕三个阻截计划全部落空，把战火直接推向了北京。

为了保卫北京，袁崇焕在河西务主持召开紧急军事会议，研究军事上的进取问题。与会者在要不要进入北京勤王的问题上发生了严重的意见分歧。大部分高级将领反对进京勤王，理由是没接到崇祯皇帝的圣旨，但袁崇焕最终拍板决定进京勤王，理由是"皇父有急，何遑他恤？苟得济事，虽死无憾"。于是，在没有接到崇祯皇帝命令下，袁崇焕率部进京了，也取得了北京保卫战中的广渠门之战的重大胜利，彻底击溃了后金军，解了北京之危，救了明朝之险，保了崇祯皇帝之驾。按理说，袁崇焕在北京保卫战中战功卓著，作为最高统帅崇祯皇帝本该重奖袁崇焕才是。然而，崇祯皇帝反而将其逮捕入狱，最大罪名是袁崇焕违抗圣旨，擅自率兵进入北京，以勤王为名，实为引导后金军进入京城，推翻崇祯政权。入狱大半年后，袁崇焕被处分磔刑。

自此起，崇祯皇帝就一直反对勤王。原因是多疑的崇祯皇帝不相信各地由募兵而来的勤王部队。这与明朝的军事制度有关。

明朝是一个多战争的朝代。自洪武时起，明朝就建立了一套独特的军事制度，其中卫所制是明代兵制的一个创造。明朝最初的兵源：一是来自跟随朱元璋起兵征战的，二是归降的被征讨兵，三是有罪臣民被判罪充军的。这些人成为军人后，便世代为军，称作军户。军人被编入各地卫所，其家属也随军。每个军人有一份土地，根据当地军事活动的多少，他们轮流战守或耕种。军户所种之田为军屯，解决了很大一部分军饷。

卫所分布全国各地，除了担任要塞地方戍守外，还要轮流到北京去操练，接受皇帝的检阅。由于军户是世袭的，再加上明朝的宦官监军制度，因而权贵们可以随意抽调军人搞工程建设，导致军队地位严重下降，军屯制度遭到严重破坏，卫所兵制渐渐不能维持，至明末，卫所的军人，即使是一个诸生，只要有钱有势，也可以役使，朝廷已无可战之兵了。

为了应对卫所军户制日益败坏的严重局面，明朝政府实行了募兵制。募兵制与卫所制的最大区别，就在于兵源来自民间，军人不改变民户身份，也不世袭，家属也不随军，由官府出钱招募。卫所的兵叫军兵。招募的兵叫民兵。民兵是明朝后期所依靠的主要兵力。但无论是军兵还是民兵，都不是作战编制。只有到作战打仗时，才把军兵和民兵组成营制，称为营兵。营兵或随总兵、副总兵、参将游击等镇守一方，或随总督、巡抚出征作战。

募兵制实行于明朝正统至正德时期，由地方行政系统管辖，以防守本地为原则。大规模的募兵是在"土木之变"后，募兵权虽集中于中央政府，并时常派出御史和科道官专门负责，但招募的具体工作则由地方武将主持，这就使得中央对募兵的控制权相对松动。发展至正德年间，招募兵的权力实际上已被地方武将所掌握，地方武将招的大多是亲信兵，这就使得民兵只忠于自己所在部队的指挥官。

嘉靖起，明朝的募兵制实行了改革，由民兵制改为乡兵制。乡兵分两种，一种是有军籍的正规野战部队；一种是无军籍的地方部队，亦称团练。无军籍的地方部队开支，都由本地财政解决。本地财政有困难的，则由地方豪绅出资供养。所以，地方部队兵权实际上掌握在地方豪绅手中，即使中央政府有时也很难调动地方部队。

到了崇祯接手皇位时，明朝正规部队的兵权实际上都掌握在各军区的高级将领手中，这就使得这些将领们，往往战事一起，先替自己打算，如何保存自己的实力，并且各高级将领之间钩心斗角，心存芥蒂，这就往往使中央的军令贯彻不畅，执行不力。同时，部队高级将领对中央的离心率日益增大，所以，崇祯皇帝死后，为什么会有那么多的将领顺清？这主要是由明朝的军事制度使然。我们不要简单地从道义上谴责他们，那是远远不够的。

在北京保卫战中，崇祯皇帝清醒地认识到，虽然勤王的部队很多，但大多不中用，经不住后金军一击，靠不住；袁崇焕亲率九千兵马，血战广渠门，最终击退后金军，保住了北京，但崇祯皇帝疑心病重，怀疑袁崇焕勤王的动机，认为袁崇焕勤王的真实目的是想篡夺皇位。结果，自崇祯二年下了第一道"勤王令"后，崇祯皇帝从未轻易下过第二道"勤王令",直至崇祯末年,亦即1644年三月十二日,崇祯皇帝才签发第二道亦是最后一道"勤王令"。

为什么崇祯皇帝不肯轻易签发"勤王令"?因为"勤王令"中规定,全国所有武装力量都有"勤王"的责任,而崇祯皇帝是不承认由乡绅实际掌握的地方部队"团练"的合法性的。如果签发了"勤王令",就表示崇祯皇帝承认了乡绅对地方部队"团练"的领导权是合法的。然而,崇祯皇帝为什么会在他死前七天愿意签发"勤王令"呢?这其中是有原因的。主要是高官和著名学者给了崇祯皇帝巨大的压力。

1643年十二月,户部尚书倪元璐向崇祯皇帝进言,说浙江著名士绅徐石麒、钱继登、刘宗周和羌应甲,在地方政府的授权下,由他们自己出钱招兵买马,组成团练,训练乡兵,有效地抗击了海盗,安定了社会。正当崇祯皇帝听后将信将疑时,江南的一些著名的经世学者,也上疏阐述大办团练的必要性和重要性。1644年一月,兵部主事何刚请愿:"忠义智勇之士,在浙则由东阳、义乌,昔日名将劲兵,多出其地。臣熟知东阳生员许都,天性忠孝,一见知人,能与士卒同甘苦。今用许都,以倡东义、徽歙二方之奇才,臣愿以布衣联络,悉遵戚继光遗法,开导忠义,可使赴汤蹈火。臣见进士姚奇胤、夏供佑,桐城生员周岐、陕西生员刘湘容、山西举人韩霖,皆忧心有时,乞颁手诏,会天下豪杰,则忠义智勇联袂而起,助皇上成大业矣。"接到请愿书两天后,崇祯皇帝下达诏书,命令何刚去东阳"会天下豪杰","以资剿寇"。同时,吏部、兵部和刑部合力将这一政策在地方落地生根。在这基础上,经过反复权衡、斟酌,再鉴于陕西李自成农民起义军取得节节胜利、全国多地匪盗猖獗,社会极度动荡,崇祯皇帝才最终于1644年三月十二日颁发了"勤王令",但为时已晚,七天后李自成部队打到了北京城下,崇祯皇帝以一根细细的软软的绳子,结束了自己的性命。

江阴的士绅们是否知道"勤王令"背后的故事,我不得而知。我从史料上知道,当他们明知弘光皇帝已被清军抓获,明知南京新都已被清军占领，明知弘光政权已亡，在这样的形势下，江阴儒学训导冯敦厚还于1645年五月下旬的一天，召集江阴城里的数十位士绅，在江阴文庙明伦堂拜牌集议，商量江阴募兵抗清、营救弘光皇帝的勤王大事。

会上，对于要不要勤王，与会者的意见是一致的：务必勤王。但如何勤王，与会者争论激烈，意见分歧很大，并形成两派：一派以夏维新、黄毓祺等人为代表的年长派，他们认为，江阴勤王的最好方法是守住江阴，不让清军占领江阴一寸土地，让江阴始终成为大明的江阴；另一派以许用等人为代表的少壮派，他们认为募兵后必须开赴前线，与清兵决一死战，哪怕死得一个不剩。年长派批评少壮派言词激进，不着边际，耽于空想。少壮派则讥讽年长派思想保守，畏影避迹，老来怕死。

主持会议的冯敦厚，心里是赞成年长派意见的，但不能公开言表，因为许用他们大多是他的学生，他不能拂学生的面子。结果，会议在吵吵嚷嚷、哭哭啼啼中无果而终，不欢而散。

尽管会议没有形成勤王决议，但是，有三点是明确的：一是江阴士绅的忠君观念是强烈的；二是在改朝易代、县衙门无所作为之际，江阴士绅主导着江阴局势，维护着江阴稳定；三是冯敦厚在江阴士绅中有较高的亲和力与凝聚力。

至于江阴士绅欲勤王之举是还是非，暂且不置评论。我要说的是，假若江阴士绅知道了弘光皇帝朱由崧是何许人也之后，还会勤王吗？我想，他们还是会的，因为在士绅们心里，皇帝拥有三宫六院是极其正常的事，而且是世代相传的；皇帝是神明，永远正确，错的是群臣。那么，朱由崧究竟是一个怎样的皇帝呢？

朱由崧当皇帝前的那些鸟事，这里就不说了，单说他当了皇帝后干了些什么事。

1644年五月十五日，朱由崧登基称帝后，就立马把"联虏平寇"作为基本国策，即联合清军，消灭由李自成和张献忠领导的农民起义军，而此时农民起义军正与刚入关的清军与顺清的吴三桂部作战。

"联虏平寇"的政策不但是错误的，而且也体现出了弘光政府目光的短视，胸襟的狭窄，私心太重，不是考虑国家利益，只是考虑朱家利益，所以才把"讨'贼'复仇"作为"今日宗社大计"。

更搞笑的是，当吴三桂勾结清军入关击败李自成农民起义军的消息传到南京后，竟然举朝欢呼，弘光帝还居然封引狼入室的吴三桂为蓟国公，并赏银一万两，以奖励吴三桂的"显赫战功"。在清政府"通和讲和"的诱惑欺骗下，朱由崧和他的阁僚们，就像政治盲人，识不破清政府的狼子野心。于是，朱由崧派遣兵部右侍郎兼右佥都御史左懋第、太仆侍卿马绍喻、总兵陈洪范为全权代表，携带10万两白银、1000两黄金作为礼物，并以割山海关外土地、南北互市、许岁币10万为条件，赴北京与清政府"通和讲和"，企图换取清政府帮助弘光政府消灭李自成农民军，恢复统治全国。和谈代表到北京后，受尽清政府的冷落和凌辱，除和谈代表团带去的金、银被清政府照单全收外，谈判毫无结果。和谈代表团赖在北京不肯走，居然被清政府强制南返。至此，朱由崧的"通和讲和"梦想彻底破灭，和谈计划彻底破产。

朱由崧当了皇帝后，不辨忠奸，排挤忠臣史可法，重用奸臣马士英。当马士英留朝辅政后没几天，不顾众臣反对，力荐阉党阮大铖出任兵部侍郎，引起举朝大哗，可朱由崧还真的就同意了马士英对阮大铖的提名，气得忠臣姜曰广、高弘图提出辞职申请，朱由崧竟昏了头似的"恩准"了。马士英乘机安插亲信，填补空缺，恢复东厂缉事特务机构，颁布所谓的"北都从贼者诸臣之罪状"，分六等治罪，残酷打击曾归顺过李自成农民军和反对过马士英、阮大铖的东林党人。马士英他们还唆使朱由崧搜求《三朝要典》，下令"追恤逆案诸臣"，为阉党翻案。阮大铖还编了一份黑名单《蝗蝻录》，诬称东林党人为蝗虫、复社成员为蝻虫，企图将东林党人和复社成员彻底消灭。

朱由崧呢，对马士英、阮大铖们有求必应，任由他们胡作非为。马士英、阮大铖们也掐中了朱由崧的命门要害——贪色贪酒贪玩。对于这些，马士英们投朱由崧之所好，为他物色美女，让他不理朝政，整天沉湎于香风美酒中，纵情声色。朱由崧也乐得当个甩手掌柜，不问国事。他的人生信条是"万事不如杯在手，百年几见月当头"，并把它写成对联，公开悬挂在皇宫内廷。在这样的人生观、价值观指引下，在马士英、阮大铖们的万般迎合下，朱由崧整天忙于"饮醇酒、选淑女"，闹得"闾井骚然"。在朱由崧的"情歌漏舟中，痛饮焚屋内"的榜样下，百官们尽情下效，使当年南京的秦淮，灯船之盛，天下所无。两岸河房，雕栏画槛，绮窗丝帐，十里珠帘。薄暮须臾，灯船毕集。火龙蜿蜒，光耀天地。扬锤击鼓，喧嚣达旦。

在朱由崧和百官们醉生梦死时，马士英、阮大铖们似乎很清醒，趁机向府、县加派军饷，增加盐、酒税，中饱私囊；公开卖官，选用文武官员都有定价。难怪当年南京流传着这样一阕《西江月》词："有福自然轮着，无钱不用安排。满街都督没人抬，遍地职方无赖。

本事何如世事，多才不如多财。门前悬挂虎头牌，大小官儿出卖。"此外，还有民谣讽刺说："中书随地有，都督满街走。监纪多如羊，职方贱如狗。荫起千年尘，拔贡一呈首。扫尽江南钱，填塞马家口。"

朱由崧虽是个花花公子，喜欢酒色，权力下放，但他明白一点，皇位不可动摇。谁要危及他的皇位，他就要你的好看，让你没有好下场。因此，为了保住自己的皇位，朱由崧屡兴冤狱。这里仅举三案。

其一为大悲案。大悲姓朱，安徽休宁人，是一位和尚，在朱由崧当皇帝前，曾在苏州结识了潞王朱常淓，并互认本家。朱由崧当上皇帝后，有人把这事告诉了朱由崧。朱由崧听后，就提高了警觉，并把关注朱大悲动向的事交给了马士英，马士英又交给东厂。1644年冬，朱大悲从苏州来到南京，被盯梢的东厂特务抓获，并速报马士英，马士英即报朱由崧。朱由崧只说了一个字"杀"。马士英心领神会，莫须有地诬陷朱大悲来南京，是为潞王朱常淓刺探情报的，企图推翻朱由崧的皇位。为什么朱由崧对朱常淓如此敏感、害怕？因为在南京南明政府成立前夕，朱常淓和朱由崧都是皇帝候选人。要不是马士英力挺，并以武力威胁，朱由崧是当不上皇帝的。所以，疑心病颇重的朱由崧，不问青红皂白，命人把朱大悲杀了。

其二为童妃案。朱由崧由洛阳逃往开封后，结纳了周王府的侍女童氏。朱由崧登基后，童氏在途中吃尽百般苦来到南京，投奔朱由崧，没想到的是皇帝朱由崧拒不承认，说自己根本不认识童氏，更不要说曾睡过她了。童氏不怕朱由崧，因为在开封周王府的一段时间里，朱由崧成为她的男人后，两人无话不说，且还时不时要拧几把朱由崧，朱由崧非但不恼不愠，反而很享用，童氏拧得愈厉害，他干童氏的劲儿愈大。于是，童氏大胆还原她和朱由崧在一起的那种场景。这可激怒了朱由崧，下令将童氏投入水牢淹死。看看，朱由崧就是这样一个无情的东西，连普通男人都不及。你是福王时，又在逃难中，童氏陪你睡，给你温暖，你全单收下了。如今你当了皇帝，却翻脸不认患难之妾了。你不认童氏为妃也就算了，你可以给一笔童氏青春损失费啊，可你非但一毛不拔，却淹死了童氏，心太狠了吧。

其三为伪太子案。崇祯皇帝的太子朱慈烺，在李自成农民军攻破北京城后久无消息，突然于1645年三月来到南京。朱由崧怕失去皇位，居然昧着良心，诬陷朱慈烺是冒牌太子，不容真太子朱慈烺争辩，下令将其逮捕入狱。

以上就是所谓的"南渡三疑案"。三疑案案发后，朝议纷纷，有的大臣甚至怀疑起朱由崧的真实身份，弄得人心浮动，同时也使朱由崧皇威尽失。这样的皇帝，能治国安邦吗？能体恤百姓吗？看来弘光政权苟存一年后灭亡，也是一种必然，不值得可惜。

就是这样的皇帝，江阴的士绅还想"勤"他，这可以理解，因为他们吃的是皇粮，不"勤"他，就没皇粮吃，就没法活下去。然而，江阴农民会"勤"朱由崧吗？会忠于朱由崧吗？不见得。自秦汉以来，中国农民就有"舍得一身剐，敢把皇帝拉下马"的勇气和惯例。中国农民不吃皇粮，不要靠皇帝活命，因此，哪个皇帝给农民活路，农民亦给皇帝生路；哪个皇帝不给农民活路，农民必给皇帝死路。

第三章 主要官员弃职而去

与江阴士绅欲勤王相反的是，在江阴任职的大明主要官员，却一个个地弃职不干，逃离江阴，使江阴陷入严重的无政府主义状态。那么，江阴的主要官员为什么有官不肯当，反而要弃职逃跑呢？

1645年五月十五日，清军占领南京后获得了充足的物资供应，并且收编了三十多万南明降军，这使清军军力大增，威慑力更强。清军在南进途中，所经过的城镇，都"结彩于路，出城迎之，竟用黄纸书'大清顺民'四字按于门上，旋缄邑篆并册籍上于郡"。只要顺清，地方官照旧录用，且官升一级。豫亲王多铎就是以此争取和笼络江南的官僚与地主阶级的。

但不是每个明朝的官僚都愿意顺清仕清的。五月十七日，南明常州知府郭佳胤遁入太湖，不愿顺清。郭佳胤是河南宁陵人，崇祯丁丑年进士，初为无锡知县，后升为常州知府。郭佳胤弃职而逃的消息传到江阴，给了知县林之骥猛烈一击。他也不得不考虑自己何去何从的严峻问题了。林之骥于1644年正月，被崇祯政府任命为江阴知县。上任后，林之骥本想有所作为，无奈他是福建人，听不懂江阴话，性格又孤僻，不善于与部下、与士绅联络沟通，又缺乏工作方法，因而部下及士绅，表面上尊重他，背底里却都瞧不起他，对于他下达的指示，都是有选择性地执行。由于政局不稳，仕途凶吉难卜，林之骥明知道部下对他阳奉阴违，也不戳破那层窗户纸，心里明白装糊涂，睁只眼闭只眼，整天混日子算了。

当林之骥静下心来考虑何去何从时，心里很矛盾，很痛苦。做降臣吧，怕被人骂为汉奸、叛徒，会辱没祖宗，败坏家门，被钉上历史的耻辱柱。同时，这也有违他做人的原则和底线。他深知自己是科举制度培养出来的精英分子，从小浸淫在"四书五经"中，中规中矩，对皇帝忠心不贰，他怎么能背叛自己的政治信仰去做清朝的官呢？这是万万不可能的。可不顺清吧，自己的政治生命就将结束，心里很是不甘。他六岁起读私塾，到三十多岁中进士，这二三十年头悬梁、锥刺股地苦读"四书五经"，容易吗？他苦苦地走科举之路，图的是什么？不就是图功名利禄吗？不就是为了光宗耀祖吗？如今，他已得到的功名利禄面临失去的可能。怎么办？他顿足捶胸，仰天长啸——弘光皇上啊，你怎么这么不争气啊？！南明政府怎么如此腐败无能，内战内行，外战外行？我当初对南明政府是充满无限信任的，对南明的美好前途是充满希望的。我完全相信你们有能力有实力有基础有极大可能复兴大明的呀。可是，到头来，我万万没料到的是，你们竟然整天结党营私，内讧夺权，贪污腐败，不谋国政，把一个好端端的很有希望的新生政权彻底葬送了。

　　当得知弘光皇帝在芜湖被清军活捉的消息后，在五月十九日的晚上，天很黑，且闷热，林之骥独自来到鹅鼻嘴山，站在江边，听着涨潮时江浪拍岸的涛声，不禁放声痛哭。哭完，曾想跳江，身殉明朝，但江风吹醒了他。他不值得为这个里外都烂透的大明朝而死。他家里还有老父老母要他侍奉，还有未成年的儿女要他抚育。痛定思痛后，林之骥决定回老家，不能做个忠臣，就做个孝子、慈父吧。

　　就在林之骥矛盾、纠结、痛苦的时候，五月二十日，福建一支勤王水师为清军所败，有三艘水师船由镇江逃到江阴黄田港。一个姓郑的军官，为了筹措军饷，把他的部队从盐贩子那里抢来的小袋装的私盐卖给了老百姓。老百姓你抢我夺、争先恐后地抢买私盐。原来走私盐袋里藏有金砖，可水师们不知道。当水师们知道实情后，他们就疯狂地抢夺被老百姓买去的盐袋。老百姓则逃往城里，有的躲在寺庙里，有的躲在茶馆里，有的躲在亲戚、熟人家里……

　　见抢买私盐的老百姓纷纷逃往江阴城里，姓郑的军官就命令士兵进城抢劫。顿时，江阴城里被搅得鸡飞狗跳，鬼哭狼嚎。林之骥接到衙役报告说有大兵在城里抢劫时，想都没想，就火速来到西横街，与那位姓郑的军官进行交涉。郑姓军官一开口，林之骥就听出了是福建莆田口音，于是就与他聊起了同乡情。可那位军官不吃林之骥那一套，扬言要血洗县城。无奈，为了不使百姓遭殃、县城遭损，林之骥突然双膝跪地，低声下气，一把鼻涕一把泪地对郑姓军官说，兄弟，你不容易，我也不容易。我在江阴当知县一年多，苦没少吃，累没少受，可我得到了什么呢？什么也没有得到。如果要说得到了什么，就是得到了提心吊胆、担惊受怕。崇祯皇上殉国的"凶闻"传到江阴后，城乡民乱不止，到目前还未停息。为这，作为父母官，我睡不好、吃不香啊。兄弟，你的处境和我一样，你和你的弟兄们就像没了爹娘的孤儿，没有给养，吃饭穿衣全靠你来解决，不容易啊，兄弟。可是，兄弟，我们为什么会这样？因为我们摊上了一个无能的皇上。为了这个无能的弘光皇上，兄弟你不辞劳苦，不怕牺牲，不远千里，率领你的勤王部队，从福建来到南直隶，结果……你为了啥？不就是为了对大明国的忠诚吗？我呢作为江阴知县，求兄弟不要为难我辖下的百姓，为的是什么？不也是为了对大明国的忠诚吗？因为他们是大明国的子民，保护他们是我知县的责任。所以，兄弟你千万要手下留情，千万千万不能血洗江阴城啊……兄弟，看在我们是莆田同乡的乡情份上，任何事我们都可以商量，但千万不能血洗江阴县城……

　　听了林之骥的一番肺腑之言，郑姓军官动了恻隐之心。同时，他也深知林氏是莆田的名门望族，在莆田很有势力，不敢轻易得罪。于是，在林之骥的邀请下，郑姓军官来到江阴县衙门，商量补偿军饷的事。林之骥和那位军官走后，在场的人议论开了。人们说，林大人是好官，护民的好官。若不是他出面苦苦哀求，说不定县城现在已是尸体满街、血流成河了。我们该记住林大人的大恩大德。但几个秀才的看法就与百姓不同了。秀才许用愤愤地说，林大人跪在一介武夫面前哭诉，斯文扫地，斯文扫地，读书人的面子全给他丢尽了。唉——要是我，宁愿死，宁愿被屠城，也不会像林大人那样的，一点骨气都没有。这种事如果传出去，江阴读书人的脸丢大了。许用说完，几个年轻点的秀才极力附和。

坐定，郑姓军官就狮口大开，把林之骥吓坏了。通过讨价还价，再加上林之骥一味地哭穷，最终在林之骥答应给他个人一笔不菲的好处费后，郑姓军官才面露喜色，答应不再血洗县城，即刻命令士兵回到船上，离开江阴。

姓郑的部队离开江阴后，城里的士绅们开了一次会议，通过激烈争辩，反复权衡，最终决定顺清。他们派出代表到县衙门，找到林之骥，表达他们顺清的意愿。林之骥听完后，脸色铁青，不置一词。被士绅代表问急了，林之骥说，江阴，是你们江阴人的江阴。

五月二十五日一早，林之骥来到江阴文庙君子堂，跪在朱元璋画像前，向他诉说衷肠。太祖啊，你好不容易打下的大明江山，亲手缔造的大明帝国，经过两百七十多年后，不幸亡在了崇祯皇上的手里。太祖啊，大明本来是有希望复兴的。北都丢了，弘光皇上在陪都南京成立了南明政府，很及时啊，当时还有百多万军队，江南又是富裕地区，只要上下同心，本可以复兴大明的，让你打下的江山，千秋万代永不变色。可没想到的是，南明大臣是那样地不用心，江北四镇是那样地不听从中央的指挥。在区区十多万鞑虏面前，我们的将士竟像小绵羊，一触即溃，一打就败，纷纷投降，被鞑虏收编，为他们所用。痛心啊，太祖，作为明朝进士、江阴知县，我痛心啊。林之骥已是声泪俱下，泣不成声。

太祖啊，我身为南明的江阴知县，也有责任啊！我没有百分之百地尽到知县的责任。我懒政过，我庸政过，我不作为过。比如，崇祯皇上殉国的"凶闻"传到江阴后，江阴各乡顿时发生民乱。面对民乱，我无主意，无头绪，无应急预案，也没出面做好社会稳定工作，而是让城里有名望的士绅代替我去做稳定工作。我严重失职啊。在大明帝国处于危亡之际，我在政治上丧失了坚定的信念，在挫折和失败面前看不到未来的希望。我患了政治短视病。可是，我没有办法不患政治短视病啊！我的上级，上级的上级，直至中央首长，他们都不作为啊！他们都把自己的私利凌驾于国家利益之上，凌驾于你朱家王朝之上。

太祖在上。我虽不能说是大明的忠臣，但我决不会做降臣。我林氏一族两百多年来，承蒙浩荡皇恩，出了七八位进士、十多位举人，家族兴旺。你们朱家王朝对我林氏一族的大恩大德，我林某铭记在心，但我无以图报。我只能做到不降鞑虏，永葆明官的本色。我决定舍弃江阴知县之职了。太祖啊，请宽恕我吧……

　　林之骥回到县衙门时，刚好是上午九点。根据事先通知，他主持召开了最后一次县务会议，在会上检讨了自己一年多来的工作。最后，他庄重地提出弃职，并当场交出县衙门大印。第二天，林之骥携家眷回莆田老家去了。

　　五月十七日，多铎的特使去常州府索要户口和税务印册，见是张守备坐堂，未见知府。当听说常州知府郭佳胤弃职逃跑后，特使速报多铎。五月二十日，多铎派遣明朝降臣刘光斗，安抚常州和镇江两府。

　　刘光斗，常州府武进县西营人，天启五年（1625）进士，被授浙江绍兴府推官，后被浙江巡抚任命为监军，讨伐海盗刘香；七年（1627）任浙江省乡试分考官。崇祯元年（1628）复任绍兴府推官，敕授文林郎；五年通过考试，被录用为广西道监察御史（试用），六年实授该职，数年后因与阉党结党营私、贪污受贿被革职。十七年初，受马士英、刘泽清举荐，被朝廷重新起用为御史。弘光元年（1645）一月任监察御史，加大理寺右寺臣。五月十五日，清军占领南京时，刘光斗与其他官员一起顺清，当了一位贰臣。

　　刘光斗获知林之骥擅自弃职且已离开江阴的消息后，于五月二十七日立即骑马赶到江阴，召集参将张宿、海防同知程于古、县丞胡廷栋、苏松学政朱国昌、兵备道副使马鸣霆开会，进行劝降，并许诺只要他们顺清，保证他们都官升一级。在刘光斗现身说法时，与会人员虽有腹诽，但大多放在肚里，不说出口。此刻参将张宿坐不住了，猛地从座椅上站起，说，刘御史，你见风使舵，不仁不义，官运亨通，那是你的事，没必要跟我张宿多费口舌，也不要到江阴来显摆，不要不以为耻，反以为荣。我是个军人，以服从命令为天职。既然南明朝廷没有命令我顺清，无论南明政府存在不存在，反正我至今没接到投降的命令，所以我绝不可能顺清。刘御史，你现在是新朝的官，我仍是旧朝的官，我怎么可能听你的？我辞去参将职务，我不干了。说完，张宿愤然走出了会议室。

见参将辞职，海防同知程于古、县丞胡廷栋也当场辞职，并立即走出了会议室。会议室里只剩下学政朱国昌、兵备道副使马鸣霆。他俩既不表态说愿意顺清，也不直接说辞职，只是当着刘光斗的面，只说容我再考虑考虑，尤其是学政朱国昌的态度十分暧昧。

朱国昌是明代南直隶苏松学政的最后一位学政，祖籍云南临安，出生于南直隶合肥，为崇祯七年进士。1644年三月"甲申之变"时，朱国昌不仅是四川道监察御史，而且还协管南直隶的松江府、广德州、金山卫等官吏的监察工作，此时正好在江南，未经历北京惨祸。"甲申之变"后，朱国昌跟随史可法，表示愿意继续效忠明王朝。福王朱由崧能当上皇帝，主要靠马士英、刘孔昭等人的极力主张。因朱国昌后来坚定地站在刘孔昭一边，故"历阶而上，面折大器"，遂于1644年七月，出督苏松学政。朱国昌在学政任上的政绩乏善可陈，主要在于其"广营贿途"，"录纰缪以为奇异"，为了多多受贿，竟把纰缪百出的文章当作奇文。他之所以敢如此肆无忌惮，除下效马士英等人外，或许是他也意识到南明小朝廷是兔子尾巴长不了，不捞白不捞。朱国昌虽政绩不佳，但不做贰臣的底线还是守住的。

于是，最终不肯做降臣、不愿仕清的兵备道副使马鸣霆、苏松学政朱国昌，趁刘光斗护兵看守（其实是软禁）疏忽之际，在半夜三更偷偷地逃出了江阴。次日，刘光斗懊恼地离开了江阴。

江阴成了一座群龙无首的无政府之城。

五月二十八日，听说刘光斗劝降未果的消息后，江阴城里的秀才们，整天聚集在江阴文庙里，一会儿慷慨陈词，一会儿相拥而泣。江阴主要官员都弃职而逃了，这些读书人没了知县的领导，没了参将、兵备的守护，没了精神导师苏松学政朱国昌的指引，顿感天塌地崩，穷途末日。他们空有一腔报国之志，也勇于一死报君恩，但就是没有半点实实在在的报国真本事，真有点"金河成客肠应断，更在秋风百尺台"的悲哀之况味。

这些手不能提篮、肩不能挑担的秀才们，这些只会耍嘴皮子、高谈阔论而无多少经国之才的秀才们，大多是通过科举考试考上的，也有的是花钱通路子买来的；许多家庭经济比较拮据，少数家庭相对富裕。老话说，十只黄猫九只雄，十个秀才九个穷。秀才们为什么会是这副德行？这与明代的思想意识形态与科举考试选拔干部制度密切相关。

明朝初，选拔干部的方法是大臣推荐和科举考试相结合。到了永乐时代，在皇帝朱棣的御临下，以程、朱思想为标准，汇集经传、集注，由胡广等人编出《五经大全》《四书大全》《性理大全》，诏颁天下，要求全国各级干部、广大知识分子，都要把思想统一到"三全"上，都要深入学习、全面贯彻"三全"精神。久而久之，这"三全"就越来越像一道封建思想"长城"，包围着人们，禁锢着人们，使整个社会的思想日趋僵化，众人一口，千篇一律，使全社会的思想陷入一潭死水的境地。

尤其是把《四书大全》《五经大全》作为科举考试的标准答案后，科举成了取仕和仕官的唯一途径。这就使得《四书大全》《五经大全》变成了一成不变的僵死的教条，像紧箍咒似的紧箍住人们，冲不破，跳不出，不能独立思考，不能探讨现实问题，成了专制主义的文化，成为压在人们身上的沉重的历史包袱。随着"四书五经"成为科举考试的标准答案，与之相适应的"八股取仕"考试制度也就应运而生了。试仕专取"四书五经"命题。"四书"以朱熹的集注为依据，"其文略仿宋经义，然代古人语气为之，体用排偶，谓之八股"。以"四书"命题的为书义，以"五经"命题的为经义。八股文分为破题、承题、起讲、入手、起股、中股、后股、束股八个部分。八股文也称时文、制义文或制艺文。在作八股文时，必须根据古人的思想阐释，不能有自己的发挥，更不能有自己的思想观点和主张。由于八股文有规定的模式，又不能有自己的主见，于是，当时无论是郡试、会试、乡试和殿试，考生在考试前只要拼命地背范文，一旦所背范文符合试仕作文要求，那么定会考中，否则就是名落孙山。这种科举考试制度，使士子们脱离实际，学风空疏，空谈心性，只追求功名利禄，无经世致用之才，致使整个社会的政风、文风、学风、士风日坏。在这种大环境下，江阴也不可能孑然世外，且江阴又是江南的商贸中心，使得江阴"城中之俗多清议"，"士随俗冶化，朴者逾华"。

没有了政府，士绅作为农业社会的一支重要的政治力量，就当仁不让地登上了江阴政治舞台的中心，开始思考和把控江阴的前途与命运了。形势逼人啊。六月初一，刘光斗率领常州府兵赶到丹阳去喜迎清兵。见常州树起顺清的旗帜后，无锡贡生王玉汝等于六月初二日一早，就组织人员挑了百担猪肉、百担面粉、三十只羊，到常州迎接清兵。初三日，清兵不费一枪一弹顺畅地进入无锡城，未遭到居民半点抵抗。六月初五日，常州府发文给所辖武进、无锡、江阴、宜兴、靖江五县，要求各县在十天内务必将本县的户口册、田赋册、商业税登记册等印册上交常州府，然后由常州府汇总后上报南京清军军事枢纽。

多铎为什么如此重视这些印册？因为这些印册是征税的依据。清军南征中所需要的庞大军费开支，全赖税收。明崇祯年间的税赋为：农业税每亩交1斗稻谷，也就是15斤稻谷；商业税率为3.3%，年营业额不足20两银的小本生意免税；"三饷"加派税为每亩"九厘"银。

在这样的形势所逼下，江阴城内的士绅们，以江阴不能没有知县为由，一致推举县主簿莫士英为代知县，主持县衙门的日常工作，使政府职能运行起来，使江阴社会有序起来。士绅们成了江阴局势发展的主导者，成了百姓的主心骨。作为贵州人的莫士英，也不推让，爽快地应承了下来，担起了知县的职责。由于他在江阴任职多年，平时与这些士绅们多有交往，相处得也不错，士绅们推举他担任代知县，体现了士绅们对莫士英的信任。

莫士英当了代知县后，就跟城内三个坊的坊长、九个图的图长及士人代表商议，江阴究竟何去何从？士绅们经过坦诚交换意见，最终达成的共识是"归顺"，认为这是上策。士绅们心领神会着林之骥的经典之语：江阴，是你们江阴人的江阴。言下之意，在这易代换帜之际，江阴的前途与命运，应由江阴人自己决定。士绅们的意见，正合莫士英的心思。

莫士英之所以没跟着林之骥他们一起弃职，而是留了下来，是有其小九九的。莫士英家境并不好，他的智商也很一般，参加了几次乡试，终未中举，但他情商很高，善于经营，更擅长钻营，于是，他卖了田产，捐了个官，被派到江阴任主簿。一心想升官的莫士英，在林之骥他们弃职离开江阴后，禁不住心中窃喜，认为自己成了江阴最大的官。在这改朝换代的节骨眼上，只要能维持住江阴的现状，就极有可能顺理成章地当上江阴第一把手。他没想到的是，北京新朝虽没任命他为江阴知县，城里的士绅们却推举他当代知县了，这真是机会难得。能得到士绅们的"任命"，近似于得到朝廷的任命。士绅们这一关键少数，是决不能轻视的。

主簿的职责，本就是负责登记、保管户簿、税赋等印册的。为了取得刘光斗对自己的好感和信任，从而能得到重用，莫士英便根据士绅们的意见，把江阴的税赋印册交给了刘光斗。在去常州府前，本想动用县财政给刘光斗行贿。谁知一问县财政，林之骥走前，仅留署银800两、旧典银200两，共1000两。偌大的一个县，财政账上仅有1000两银，能办什么事？这把莫士英难住了。动用财政吧，就那么一点银两，稍一动用就会露馅；动用自己的积蓄吧，这么多年来，省吃俭用，管饱全家六口人的肚子，管暖全家六口人的身子，再加上受贿，好不容易积攒了两三千两银子。这可是他的活命钱，打死他也不肯拿出来向刘光斗行贿的。怎么办？他想到了"黄半城"黄毓祺。贡生黄毓祺在江阴城里是巨富，人又爽气，与莫士英关系不错。于是，莫士英找了黄毓祺。国家不能一天无君。同样，县不能一天无知县。在改朝换代的非常时期，为了保江阴平安，经过一番斟酌后，黄毓祺资助了莫士英1000两白银，作为莫士英去常州府的公关费。

于是，莫士英揣着黄毓祺给他的1000两银票，还准备了一匹好马，来到常州府，对刘光斗"备极诡谀"，同时，居然以知县自居，拍着胸脯表态：一定不辜负刘御史的厚望，努力将江阴县的各方面工作抓起来，并取得实效。可是，马屁拍尽、自我感觉颇好的莫士英，没想到的是刘光斗于六月中旬被多铎派往福建颁诏去了，并留在了福建当官。更让莫士英做梦都不会想到的是，清廷任命的江阴第一个知县，竟是河南人方亨，且年纪轻轻，比他小十多岁。

看着文件的莫士英，欲哭无泪。他的所有心计全然枉费。他失望至极，痛苦至极，绝望至极。因此，在方亨还没上任前，莫士英再也不肯"代理"知县了，而是躲在都察院，消极怠工，不思作为。他恨恨地想，刘光斗啊刘光斗，你太贪了，胃口也太大了，我送了你那么多银子，你居然不让我如愿？你终不得好死。

可是，在那信息闭塞、传递极慢的年代，莫士英怎能知道，刘光斗已罩不到他了。清廷已任命宗灏为常州知府了。此时，江阴城内议论纷纷，各种小道消息满天飞，搅得居民人心惶惶，寝食难安。

宗灏，明南直隶兴化上元人，一说江都人，崇祯十六年（1643）进士，都察院观政，同年授中书掌印，善工画，是明朝著名诗人宗臣的儿子。1645年五月十五日，豫亲王多铎进驻南京时顺清，六月中旬被任命为常州知府。这年冬又升任陕西平凉道副使。其性格"贪狠阴鸷"，时人称其为"宗剥皮"。宗灏上任后，即刻派亲信去江阴催交税赋印册，但找不到管事的人，这把宗灏急得像热锅上的蚂蚁团团转。当方亨任江阴知县的文件下达后，宗灏望眼欲穿，急切地盼着方亨早日赴任江阴知县，这样就可以尽快地将已全面瘫痪的江阴县衙门的工作恢复起来，并逐步走上正轨。宗灏知道，常州府所辖五县，其中四县的局势较为稳定，唯独江阴民乱不息，盗贼兴风作浪不止。他认为，只要方亨去了江阴，江阴的局势定会有根本性的好转。

方亨，河南人，乙科进士，在清军还未到达他家乡前，就带了巨款跑到清军军营，主动捐给清军将领，表示愿做清朝顺民。当时，豫亲王多铎正准备率部从河南出发,进军潼关,与北路的英亲王阿济格南北夹击李自成起义军,当听到属下报告说有个河南籍的进士,名叫方亨,主动向清军捐献巨款、愿做顺民的事后,在心里就记住了方亨这个名字。当南京被占领、南明弘光政权灭亡后,多铎在接管江南各地旧政府时,明显感到信得过的官吏不多,于是想到了方亨这个主动顺清的明朝进士。因方亨年轻,没多少阅历,遂让他担任了江阴知县,以观实效。如政绩显著,再提拔重用方亨。

六月二十一日,年纪轻轻的方亨,一副明人打扮,头戴纱帽,身穿蓝袍,没带家属,只带了二十多个家丁来江阴上任。当方亨走在县前街上时,受到了士绅们组织的夹道欢迎。同时人们议论纷纷。有的说清廷怎么派了个乳臭未干的孩子来当江阴知县,能行吗?有的说,看他的装束,他到底是明朝知县还是清朝知县?有的说,看他穿的服装,还不如我们的名贵和时尚。

江阴是经济发达地区,又是对外开放的港口县城,官员、商人、外国人,江阴人见得多了,观念也很新潮,尤其是在衣着上,可谓领风气之先。有权有势有钱的男人,纷纷突破明代统治者意在严格区分贵贱和等级的那套服饰制度的明文规定,不仅官戴静冠,士戴方巾,而且士绅们所戴的冠巾款式很多,有汉巾、晋巾、唐巾、诸葛巾、纯阳巾、东坡巾等等。妇女的服饰变化更大,"豪富之家,有衣珍珠半臂者",就是在农村,追求时尚的素寒之家,也"家才儋石,已贸绮罗,积未锱铢,先营珠翠"。江阴人竞尚奢华,模糊了尊卑、贵贱的界限。它从一个侧面反映了明朝末期"天崩地坼"大转变时期的社会生活状况,也可以从中看出后来发生的江阴之所以能守城抗清八十一天的端倪。

方亨来到县衙门时看不见一个人。他边走边喊:"有人吗?"没有人回应。方亨从鼻孔里发出重重的长长的一声"哼"后说:江阴衙门中人,你们就这样不待见我?大人,别生气。一个家丁说,大人您坐,我们来搞卫生。县衙门不知有多少天不办公了,桌椅上蒙了一层厚厚的灰尘。

方亨坐在太师椅上屁股还没焐热，夏维新、沈曰敬等八个士绅就来求见。方亨热情地接见了他们，一开口就直奔主题：常州府其他四县都已上缴了印册，为何唯独江阴没有上缴？方亨来江阴赴任前，常州知府宗灏找方亨谈了一次话，要求他到江阴后做的第一件事就是要迅速把印册上缴府里。方亨也信心满满地说保证在最短时间内把江阴的印册上缴府里。

夏维新代表八个士绅回答说，县主簿莫士英早就把江阴的印册上缴常州府了。江阴早已归顺新朝了。

胡说。方亨站起来，心想，我刚上任，你们这八个有名望的士绅就想糊弄我？看我怎么治你们，否则，我以后怎么当这个知县？大胆刁民，一派胡言。我昨天在常州府时，宗知府明确告诉我，唯有江阴没有上缴印册。来人，几个家丁已来到方亨身边。大人，请吩咐。教教他们如何说真话，都这么一大把年纪了。一个家丁趋前一步，凑近方亨耳旁，耳语了一句：大人，你刚来，不可以……方亨"喔"了一声，马上缓和了语气，脸上堆起了笑容，说，各位前辈，方某失礼了。

方亨不知道，莫士英确实把江阴的印册当面交给了刘光斗。那么，常州府为何没收到呢？有几种可能：一是刘光斗已把江阴印册上交南京清军军事枢纽，可能是南京方面的工作人员失职弄丢了；二是刘光斗可能没把江阴印册当回事，不知塞到什么地方去了；三是刘光斗可能没有与宗灏进行工作交接。这也不能怪罪刘光斗，他又不是常州知府，在那新桃换旧符的兵荒马乱的年代，出现这样一些差错是极其正常不过的。

见夏维新他们也由铁青的脸色正在变得和颜悦色时，方亨站起来说，既然莫主簿已把江阴印册上缴给了常州府，那烦请你们把莫主簿给我找来，我要跟他商量一下工作。

好，好。见方亨态度和蔼，夏维新他们也装出唯唯诺诺的样子，说，我们给方知县找莫主簿去。

夏维新他们刚出县衙门，一股无名之火就"忽"地冲到方亨的喉咙口。方亨已对莫士英产生了极不佳的印象。同时，在去都察院找莫士英的路上，夏维新他们你一句我一句，愤慨地说，姓方的刚来，就那么血气方刚，就那么颐指气使，就那么不把萝卜当青菜（方言，意即不把人当人看待）？他别神气活现，让他难受的日子等着他呢。

不是个好兆头。

方亨上任第一天，就这样得罪了夏维新他们，说明方亨确实不懂为官之道，同时也说明，一个完全没有从政经验的政治素人方亨，来到江阴这样一个大县，也肯定驾驭不了错综复杂的局面。他接下来会怎样施政？我们拭目以待。

第四章　方亨严饬剃发

莫士英躲在都察院，心里也不踏实。他既是个患得患失之人，也是个官欲极强之人，更是个骑墙风派之人。他想，自己虽然未能当上江阴知县，但主簿这个职位千万不能丢。他混迹官场十多年，终于悟出了一个道理，就是若要做官，必须具备两个条件：一是有背景，衙门里有人，即要么是世代为官，可以世袭，也可以裙带，要么是特别有钱，可以买官；二是要有高学历，在明代，若要当知县，你必须是进士。莫士英既没有特别好的家境，也不是进士出身，喟叹自己工作能力再强，终与知县无缘。人是拗不过命的，但运可以把握。为了保住自己的主簿之职，莫士英想，必须低下头，装出奴才样，博得现任知县方亨的欢心。他知道，主簿是由知县任命的，自己绝对不能丢了主簿这正九品的官职，因为他除了会当官外，其他什么都不会，可他一家老小还指望着他养呢，不当县主簿，月薪5.5石大米、每月不薄的地方补贴，以及商人们送给自己办事的好处费，过年过节的红包收入，到哪里去挣啊！

正当想明白、搞清楚利害关系时，夏维新他们找到了他。于是，莫士英急忙赶到县衙门，满脸是汗地去谒见知县大人方亨了。方亨坐北朝南，摆足了知县的架子，瓮声瓮气地问，你就是旧朝江阴县主簿莫士英？回知县大人，莫士英奴才相十足地说，在下就是。

据说你早把江阴印册上缴常州府了？有没有这件事？给我从实说来。方亨端起茶盅，抿了一口茶后威严地说。他早想定了，第一次与莫士英见面时，就要给他一个下马威，就要震住他。

莫士英没有立即回应，而是在心里琢磨方亨问话的意图。从问话中，莫士英似乎感觉到，方亨对他自己已缴江阴印册之事很不满意，但再品味一下，感觉到又不全是。莫士英感到很为难，不知道怎么回答是好。如实回答？不行。莫士英想，如实回答，他还会问我，早把江阴印册上缴常州府了？方亨质疑莫士英，说明常州府还没有收到江阴印册。这是怎么一回事？刘光斗啊刘光斗，你怎么只知道收钱，不知道给我很好地办事呢？你把我害惨了。莫士英赶紧撩起右袖子，拭了下额头上直往下淌的汗。真要命。这个天，热煞人了。莫士英说，知县大人，没有的事。你没来，江阴怎么能提前把印册上缴常州府？谁敢跟你抢功啊。大人，你说对吧？

莫士英回答得很有水平。方亨听后心里很受用，于是就改变了口气，说，既然这样，你通知一下有关人员，下午开会，研究一下如何尽快把印册上缴常州府的事。

下午，莫士英、陈明遇、冯敦厚以及十多个士绅参加了方亨上任后主持召开的第一次会议。与会士绅们参会前，莫士英都给他们打了招呼，统一了口径，所以，他们很配合方亨，答应会后尽快再逐家逐户登记造册，保证按时完成知县大人下达的工作任务。同时，为了有利于工作，方亨在会上宣布决定，任命莫士英为大清政府江阴县主簿。

正当户口等登记造册工作正在紧张而有序进行时，六月二十五日，江阴北门外发生了一件事：被清兵打败的又一支福建勤王的水师部队败逃至黄田港，士兵上岸后沿街贱卖武器，换取柴米油盐钱。老百姓为了看家护街，争买便宜的武器。方亨知道这件事后，认为后患严重，必须全部收缴武器。于是在六月二十六日发布了县衙门关于收缴江阴北门外沿江地区民众所购武器的通告，不料引起一片哗然。在几个耆老的劝说下，北门外的百姓象征性地交出了一些所购武器，大量的武器还是藏于百姓家中。方亨不满意，欲派人挨家挨户搜缴时，六月二十七日，常州知府宗灏遣派四名清兵飞骑来到江阴，向方亨传达豫亲王多铎要求江阴在三日内必须剃发的命令。

强迫汉人剃发，是满族征服汉族的一项基本国策，而且这项国策一以贯之，具有连续性。因此，满族就将汉人剃不剃发，视作是汉人投不投降满族的一个政治标志。在明朝，满族被称为建州女真，剃发是女真人的一个习俗：男子将头顶四周的头发剃去寸余，只留头顶后的长发，并将长发编成独根辫子，垂于肩背，除父母丧或国丧百日内不剃发外，头顶四周不得蓄发，必须剃发。这是女真族有别于其他民族的一个重要特征。

随着女真族的崛起和向外发展战略的实施，女真族剃发这一习俗很快变成了民族之间的政治斗争问题。据史书记载，天会七年（1129）金太宗下令：归顺汉人仍穿汉服的，斩；剃发不符合女真人规范要求的，斩。当时金国所命官、汉人刘陶镇守代州时，曾让一位汉人士兵站在大庭广众之下，他拿着一把尺子"验之"，发现这个士兵的顶发稍长了一点，被立斩。可见金人据有河朔以后，就开始强迫汉人剃发，服从金俗，违抗者处以极刑。

努尔哈赤于天命元年（1616）建国（初称后金，1636年改国号清）后，仍延续金国的剃发政策，凡在战场上投降或归附满洲者，必须剃发。1618年努尔哈赤攻取抚顺，明朝守将李永芳投降后剃发，努尔哈赤一高兴，就把自己的孙女嫁给李永芳做妻子。1621年三月，努尔哈赤攻下辽沈后，"驱辽民聚城北，奴家聚城南，遣三骑持赤帜，传令自鬃者不杀。于是河东之民无留髦矣"。剃发和迁城同时进行，这与后来清军进入北京和南京后的做法一样。当时努尔哈赤宣布，汉人只要剃头投降，就收养不杀。努尔哈赤已把汉人剃发与否，作为汉人投降或不投降的一个政治标志。

但明朝将官、士绅及百姓，则把不剃发看作是坚守汉族大义的表现。后金攻下辽沈后，金州、复州、海州、盖州和丹东人，拒不剃发，若发现有剃发者，必"群击杀之"。尤其是丹东人不仅拒不剃发，而且还杀了后金派去的官吏。努尔哈赤闻讯后，派武尔古岱和李永芳率领千名金兵前去镇压，杀了许多不肯剃发的人，强迫其余的人剃了发，并掠走了女人孩子千余人。可见，后金的剃发政策，针对的主要是汉族人。

皇太极继位后，剃发政策更加严苛，后金军每到一地，必首先下令该地人必须剃发。天聪三年（1629）十月，皇太极从长城口龙井关入边，一到汉儿庄，就"招降汉儿庄官民，俱令剃发归顺"。天聪六年（1632），后金军攻下永平，皇太极就命令通汉语的儒臣达海和被俘明将麻登云，"执黄旗于城上遍谕百官百姓，俱令剃发"，后发现永平通判张尔云未剃发，遂将其枭首示众。表面上看，满族人强迫汉族人剃发，是满族人落后的狭隘的民族观的体现，实质是出于当时的政治需要。清朝在入关之前早就施行了剃发政策，并被固化为一项制度。

1644年四月，清朝摄政王多尔衮率清军入关，同时也把在关外实行的剃发制度推行到关内。多尔衮每到一处，首令当地官民剃发，不从者斩。四月二十二日，多尔衮到达山海关。此时吴三桂正与李自成在关内激战，并处于下风。吴三桂亲赴清军军营求多尔衮出兵相助，多尔衮则要求吴三桂"军中剃发盟誓"后才肯出兵，打败李自成的当天，就命令山海关内"军民皆剃发"。四月二十三日，清军向北京进军时，多尔衮就以内秘书院大学士范文程的名义发布文告，宣布清军"入边之日，凡有归顺城池，不许杀害，除剃发而外，秋毫无犯"。五月初一，多尔衮率部到通州，"知州率百姓迎降，谕令剃发"。五月初二进入北京，初三多尔衮就命令兵部发布文告："檄文到日，剃发归降者，地方官各升一级，民免其迁徙。"又宣布凡明朝各部门官员，照旧录用，但必须"剃发，衣冠悉遵本朝制度"。

于是，已经投降了李自成的明朝京官，无论大小，纷纷剃发"反正"归顺清朝，其中率先剃发者为金之俊、沈惟炳、王鳌永、骆养性、曹溶等人。那些投降了李自成的京官虽又乖乖地剃发后投降了清朝，但剃发令还是遭到北京及周边地区人民的强烈反对。鉴于清军刚进北京，立脚未稳；李自成虽然败去，但还有相当大的势力；北京东郊地区"土寇蜂起"，威胁着从北京到沈阳的通道安全的严峻形势，在吴三桂等降臣的建议下，五月二十四日，多尔衮下令罢除剃发令，"自兹以后，天下臣民，照尽束发，悉从其便"。

剃发令的罢除，是清朝入关初的一项重大的政策调整，这无论是对清政府争取汉族地主阶级的支持，还是缓和因剃发而引起的满族与汉族间的激烈的矛盾冲突，都是极为有利的。直到顺治二年（1645）五月，豫亲王多铎进入南京后，当降臣都御史李乔自说自话第一个剃了头、易了服求见多铎时，竟遭到多铎严厉斥责，并为此专门发出告示："裁头一事，本国相沿成俗。今兵所到，剃武不剃文，剃兵不剃民。尔等毋得不遵法度自行剃之。前有无耻官员，先剃求见，本国已经唾骂。特示。"

剃发令的行而复罢，同时在清军南下时实行的又是"剃武不剃文，剃兵不剃民"的政策，这就在官吏中形成了"一半剃一半不剃"的滑稽局面，因而在新降的明朝官员中产生了尖锐的矛盾。一部分顺清明官认为，既然清朝已据天下，礼乐衣冠制度就应承袭汉人历代成法，满、蒙文武官员应宜于一体从汉。另一部分顺清明官则认为，清军即将进入南京，统一大势已定，应恢复剃发政策，汉官衣冠从满。对于汉官之间的衣冠"从汉"与"从满"之争，起初多尔衮的态度是很暧昧的，因为南京还在弘光政府手里。

然而，当多铎于1645年五月十五日占领南京的捷报送到北京后，五月二十九日，多尔衮就对大学士们说："近览章奏，屡以剃头一事引礼乐制度为言，甚属不伦。本朝何尝无礼乐制度？今不遵本朝制度，必欲从明朝制度，是诚何心？若云'身体发肤，受之父母，不敢毁伤'，犹自有理。若谆谆言礼乐制度，此不通之说。予一向怜爱群臣，听其自便，不愿剃头不强。今既纷纷如此说，便该传旨叫官民尽皆剃头。"

从剃发令一度被罢除，再到又行恢复，其中起决定作用的是清军攻占了南京，因为南京被占领，预示着夺取江南半壁江山已指日可待，全国统一已成定局，因而不需要再顾及江南汉族官民因剃发令而引发出来的抵抗情绪了。同时，恢复剃发令也得到了朝廷中金之俊、沈惟炳等一批顺清汉官的支持，因而多尔衮的腰板硬了，底气足了，不必再韬光养晦了，可以任性地放开手脚大干了。所以，在五月二十九日，多尔衮会旗帜鲜明地严厉批评吴达、李森先、许作梅等汉官的"谆谆言礼乐制度"是"不通之说"。多尔衮的态度已然明朗，可一些洞察力、敏锐力弱的儒学汉臣，居然还诚恳地向多尔衮进言："王上一向怜爱，臣民尽皆感仰，况指日江南浑一，还望王上宽恕。"然而，多尔衮复行剃发政策的决心已定，不能改变了，因为在满洲王宫贵族中已有很多人对多尔衮的宽松的民族政策日益不满，他面临的政治压力日益剧增。为了减轻满洲王宫贵族对他的不满情绪，在条件和时机成熟的情况下，多尔衮采取了对汉族强硬的高压政策：强制剃发、易服。结果，多尔衮犯了一个极大的战略错误，并为此付出了极大的代价：清政府用二十年时间才平定全国的反清斗争，并在满汉民族之间种下了很深的仇恨，影响了整个有清一代。

六月初五，当多铎派遣赴北京报捷的特使要离京时，多尔衮在敕谕中指示多铎："各处文武军民尽令剃发，倘有不从，以军法从事。"六月十六日，多尔衮又特谕礼部："向来剃发之制不即令划一，姑听自便者，欲俟天下大定，始行此制耳！今中外一家，君犹父也，民犹子也，父子一体，岂可违异。若不划一，终属二心，不几为异国之人乎！此事无俟朕言，想天下臣民亦必自知也。自今布告之后，京城内外限旬日，直隶各省地方自部文到日，亦限旬日，尽令剃发。遵依者，为我国之民；迟疑者，同逆命之寇，必置重罪。若规避惜发，巧辞争辩，决不轻贷。该地方文武各官皆当严行察验。若有复为此事渎进章奏，欲将朕已定地方人民仍存明制，不随本朝制度者，杀无赦。其衣帽装束，许从容更易。悉从本朝制度，不得违异。"

六月二十九日，再次颁诏重申："兹金陵（南京）既定，即宜传檄江南各省地方速令归附。仍立舆其限，近者一月，远者三月，各取剃发投顺遵依文册汇奏，若果负固不服，方可加兵。"

清政府如此急不可待地要求汉人剃发，一方面是出于政治需要，另一方面是欲在精神上彻底征服汉人。束发是汉人的习俗，而且是传承了千余年的习俗；剃发是满族人的习俗。习俗是文化，不同的民族有各自的文化习俗，本该共存，或者可以互鉴互学。然而，清政府把剃发这一文化习俗政治化了。

1645年六月二十八日，在常州府派下来的四位清兵的监督下，方亨"出示晓谕"，限江阴三日内官民全部剃发。士民们看了县衙门的剃发布告后，顿时群情沸腾，义愤填膺，强烈表示，决不剃发。于是，人们相互串联，成群结伙，商讨不剃发的对策。但人们根本没有意识到，清政府的"剃发令"，不仅仅是习俗问题，而且是政治问题。就连知县方亨也没有意识到剃发关乎政治问题。政治正确，无论古今中外，都是为官者必须坚持的政治原则。

六月二十九日上午，江阴北门外浮桥一带的何茂、邢谷、周顺、邢季、杨芳、薛水、杨起、季茂、辛荣九个乡耆，来到县衙门，向方亨递呈请愿书，强烈抗议清政府的"剃发令"，敦促方亨取消剃发令。方亨听说来者是北门外的人，气不从一处来，"嚯"地从太师椅上站起，怒斥九个乡耆：你们江阴的老年人怎么这样爱管闲事？昨天，县衙门剃发令晓谕刚出，今天你们就来抗议了？你们想干什么？想与政府作对？你们都一大把年纪了，回去吧，抱抱孙子，享享清福。政府的事，不用你们操心！

九个乡耆见方亨发火，不恼也不走，一定要向方亨讨个说法：汉人为什么一定要剃发？你方亨身为清朝的江阴知县，不是也束着发，为什么非要我们老百姓剃发？汉人剃发，是欺祖灭宗，断然不可剃。

方亨不能回答九个乡耆的问题。从内心讲，他也不愿剃发。无奈身在官场，身不由己。见老人们不走，方亨便软下口气，说，你们回去吧，容我想想。听方亨这么一说，老人们以为方亨开始松动了，便说，好。方大人，我们先回去，等你的最终决定。

九个乡耆走后，方亨急了。他没有料到"剃发令"会引起江阴人这么大的不满。他总以为江阴人不敢跟政府唱对台戏的。方亨能取消"剃发令"吗？不能。这就把方亨推到火山喷发口上，同时也彻底打乱了方亨的户口、税赋造册登记工作部署。方亨原来的设想是，凭宗灏对自己工作的全力支持及自己的工作能力，完全能够在较短时间内完成江阴印册的上缴工作，尽管工作中有阻力，有难度，但仅是时间问题。可是，从刚才的情势来看，方亨有一种感觉，北门外的那九个乡耆来衙门请愿，或许仅是江阴反对朝廷"剃发令"的一个前奏。想到这，他不禁打起了寒战。

方亨端起茶盅，抿了一口茶，放下茶盅，又操起蒲葵扇子扇着。天太热了。汗水早已泅湿了他的官服。我一定要把这种刚露出来的苗头性东西压下去，一定要显示出自己是知县的威严来，否则，我怎么服众？以后还怎么开展工作？

为了稳妥起见，方亨决定在下午召开一次由城内士绅代表参加的座谈会，就剃发问题，听听士绅们的想法，摸摸他们的心思。想定后，方亨派人通知去了。下午两点，座谈会在江阴文庙明伦堂召开，十二个士绅代表与会。方亨说了召开这次座谈会的意旨后，与会者不再沉默，争先恐后地说开了。

举人夏维新第一个发言。他的发言比较稳健。他说，我们是汉人，是明人，按祖制是万万不能剃发的。若剃了发，就是违背祖制，就是不孝。然而，现在的世道发生了天翻地覆的变化。现在已是清朝，不是明朝了。一朝天子一朝人。现在朝廷已颁布了"剃发令"，我们怎么办？我的想法是，看看周边县的情况再说，能拖则拖，实在拖不过去了，手臂是扭不过大腿的。

方亨对夏维新的发言，心里很是赞同，但他没有开口说出来——今天他抱定一个宗旨，多听少说。

对于夏维新的发言，县儒学训导冯敦厚极不满意，立即站起来，坐在他旁边的典史陈明遇拉都拉不住。冯敦厚好酒，中午喝了不少酒，酒劲还没过去。本来，冯敦厚是不想参加这次座谈会的。他对清政府采取的是不配合主义策略。所以，知县方亨来江阴上任那天，冯敦厚就串通好陈明遇，装病在家，没有出迎。他之所以决定来参加这个座谈会，是陈明遇劝说的结果。冯敦厚站着，带着酒意说，夏举人刚才说的话，我不爱听。什么清朝、明朝？什么手臂扭不过大腿？我是明朝命官。我永远是明人。无论怎样，发不可剃。谁剃发谁就是失节投降者。失节投降者，不齿于人，应众诛之。

见座谈会风向大变有失控的可能，方亨坐不住了，终于开口了，说，冯先生为何这么说？北都官吏、士子、庶民皆已剃发，难道他们都是投降者？都是失节者？失了什么节？见方亨这么咄咄逼人，冯敦厚大怒，并"攘臂斥之"，你身为清朝的命官知县，却头戴明朝的官帽，身穿明朝的官服，束着明人的发，你害臊不害臊？你有什么资格在这里指手画脚乱嚷嚷？参加会议的秀才许用，见自己的老师无所畏惧地公然斥责知县方亨，也就站起来帮冯敦厚说话，怒斥方亨上任以来的种种不是。顿时，会场里一片喧哗。最后，还是中书戚勋打了圆场，让大家少安毋躁，坐了下来。戚勋说，吵、闹，甚或动粗，解决不了问题。我们还是心平气和地好好说，好好商量。

王华发言了。他说，江阴在一个月前就已归顺清朝了，印册早就上缴常州府了。既然这样，还有必要剃发吗？对朝廷忠不忠，不是表现在剃不剃发这个问题上。不要搞形式主义嘛，也不要逼人太甚嘛。

什么？方亨追问王华，江阴早在一个月前就把印册上缴给了常州府？你有什么证据？

要什么证据，这是公开的秘密。王华说，不信，你可以问问参会的莫主簿，他是经办人。

莫士英见王华说出实情，先是尴尬，而后开始考虑应对之策。

方亨盯视住莫士英足足有五分钟。怎么回事？方亨威严地问莫士英，你给我当着大家的面，把事情说清楚。

善辩、狡猾、圆滑的莫士英，面对深究的知县方亨，面对在场众多的知情人，觉得今天不能再说假话。他深知"上司不可欺"的道理。如果激怒了方亨，他主簿这顶帽子，将会随时被方亨摘去。方亨掌握着对他的生杀予夺大权。但如何圆前几天撒的谎？莫士英在心里斟酌着。方知县，莫士英说，在前几天你亲自主持召开的第一次县府会议上，我汇报说江阴还未上缴印册，其实是既对又不全对。实际情况是，在刘光斗御史安抚常州府期间，在原知县林之骥、原县丞吴廷栋弃职离开江阴后，我作为前朝县府的第三把手，就根据刘御史的要求,上缴了一部分江阴印册,这部分印册是由我保管的,另外一部分印册可能在前朝知县林之骥那里,也可能在前朝县丞吴廷栋那里。总之,他们弃职前没有交出来,也不知他们存放在哪里。方知县,我错了,错在我没有把话说全面,错在我汇报工作不到位。我检讨,更要求方知县处分我。

听莫士英这么一说,方亨也没有多少话好说,在场的人也一时不知说什么好。鉴于目前登记造册工作进展比较顺利的情况,根据莫士英最近积极的工作态度和刚才诚恳且勇于知错认错的做派,方亨也就没当场说什么莫士英的不是,因为县府的好多工作还仰赖莫士英,但心里已经有数,认为莫士英是个奸猾之人。

方大人,我们没说谎吧。王华说,既然我们已是清朝顺民了,那就不用剃发了吧?

方亨没有表态,也不好表态。若表态说三日内必须剃发,根据刚才的情势,他有可能横着走出江阴文庙。若表态说江阴可以不剃发,不但自己的官位不保,而且说不定性命难保。站在他身后的四位清兵,既保护他的人身安全,也监督他执行"剃发令"。

与会者望着沉思中的方亨,敛息屏气,很想听他亲口说"不剃发"三个字,然而,方亨从椅子上站起,说出来的是两个字"散会"。在四个清兵的护卫下,方亨走出了江阴文庙。方亨走后,与会者也各怀心事地走出了文庙。

晚上,方亨虽喝了不少酒,头也很沉,身子也很乏,但就是睡不着觉。他怎能睡得着觉呢?他从六岁上私塾起,一直沐浴在"四书五经"中,从头到脚,甚至每个毛孔,都蓄满着程朱思想。接受理学教化二十多年,他的思想早已固化,凡是"四书五经"上说的,他一律照办;凡是"四书五经"上没说的,他一律不办。正因为如此,天资聪颖的方亨,从乡试到会试再到殿试,一路艰辛走来,总算考中进士,功成名就。没想到,明朝亡了。他获悉崇祯皇帝以身殉国的"凶闻"后,也曾哭过,痛苦过,迷茫过。当清军打到河南方亨家乡时,他头脑清醒了,意识到天已变了,明朝的天已是清朝的天了。于是，他识时务地携带着巨款，去清军军营慰军去了。他的如意算盘是保住进士的名分。结果，他如愿了，还当了江阴知县。但他没想到的是，朝廷居然强迫所有汉族男人均要剃发。他不明白朝廷为什么非要这么做。他不但不理解，心里更反感，也很抵触，所以，到现在也没剃发。然而，屁股决定脑袋呀。他意识到，自己既然是朝廷的命官，那么，按本分的为官之道，就是朝廷怎么说，他就怎么做，就算是朝廷的"剃发令"是错误的，他也必须照办不误。这叫政治正确。因此，他没有资格，也没有权力，更没能力纠正朝廷的错误。若要纠正错误，也只能由朝廷自己来纠正。他更明白，自己若有半点纠正朝廷"剃发令"的行为，不是摘去乌纱帽的问题，而是人头落地的问题。

　　由于天热，再加上心里烦躁，方亨实在睡不着，就索性起床，赤着膊，下穿短裤，摇着一把蒲葵扇，坐到明堂里乘凉，想心事。方亨想，从目前的情况来看，江阴人的共识是，反对朝廷的"剃发令"，决不肯剃发，态度坚决。怎么办？退让？不行，根本不行。决不能退让。方亨似笑非笑了一下。必须果敢，手段强硬地执行"剃发令"。若有违抗者，抓人。方亨的背上被一只蚊子叮了一口后，活痒活痛，想用手去挠，又够不着，只得借助扇子柄，挠着背上的痛痒处，挠后，舒服了。我务必在三日内完成剃头的任务。方亨进一步盘算着。如果"剃发令"执行得力，政绩突出，说不定很快就能升官。方亨跟自己算着命，我有好多优势。首先，自己年轻，有年龄优势；其次，自己是进士，有学位优势；再次，自己家境好，有背景优势。在清政府这个新政权还未完全巩固之际，政府正需要人才，正需要用人。想到这里，方亨竟然开心地笑了起来。好好干，干出点名堂来，官定会越做越大。这样，我不就更加光宗耀祖了吗？我不就是一个大大的孝子了吗？功名利禄不就全有了吗？主意已定，方亨决定从明天起，严格执行"剃发令"。重新躺进蚊帐里，方亨不觉得怎么热了，很快睡熟了，并做了个美梦：他因执行"剃发令"有功，朝廷擢升他为礼部尚书。他在美梦中笑着，但没把美梦笑醒。

　　这个晚上，夏维新也没睡好。从今天座谈会上的情势看，方知县决不会迁就江阴人而不执行朝廷的"剃发令"的。夏维新思忖着。明天会发生什么事？人们会不会顺从地剃发？如果百姓们都剃了，我们这些举人、秀才不剃发，后果会怎样？想了半夜，理不出个头绪来。不想了，夏维新跟自己说，船到河直。明天的事明天再说。

这个晚上，难眠的还有两个人，一个是陈明遇，一个是冯敦厚。两人还在陈明遇家喝酒。冯敦厚去陈明遇家喝酒，不是陈明遇邀请的，而是不请自去的。下午座谈会不欢而散后，回到家，冯敦厚越想越觉得不是事。头发怎么能剃呢？汉族人的老习俗怎么能随便改呢？让我剃发，不是在羞辱我吗？我真剃了发，有一天去见爹娘的时候，他们还认识我是他们的儿子吗？祖宗们呢？想到这些，冯敦厚坐不住了，跟老夫人说了一声我出去有事，就提着一小坛好酒，去陈明遇家了。

陈明遇知道冯敦厚的脾性，见他提了一小坛好酒来，就即刻吩咐厨下准备下酒菜。从下午五时起，两人就开始喝起酒来。冯敦厚第一个开口了。比我们官大的，一个个都走了。冯敦厚喝了一口酒后说，不去说他们了，人各有志。留下来的只有莫士英、我跟你。莫士英已被重新任命为新朝主簿了，也不去说他了，他也没什么好说的，我看不惯他。现在，我只说我跟你。冯敦厚与陈明遇碰了下酒碗后，仰脖将大半碗酒一饮而尽。酒对冯敦厚来说，是他最铁最贴心最知己的朋友。他可以不要老婆，但万万离不开酒。他的酒风很好，就算是喝到找不到回家的路了，也不会胡言乱语，更不会血口喷人，而是吟笑，在吟笑中背诵《大学》《中庸》中的佳句。

你，陈明遇；我，冯敦厚，冯敦厚说，都是未入流的官，月俸都是3石大米，你是典史，我是训导，你比我高半级；我俩仍然是明朝命官；我俩都获得了科举功名；我俩臭脾气相同。这些是我跟你的共同点。老弟，陈明遇要比冯敦厚小一轮多。冯敦厚说，你对剃发一事，怎么想，怎么看，怎么对待？你跟我交个底。

我不会顺从剃发的。陈明遇说，我是大明朝的官，怎么会听从鞑房的话？冯敦厚接着问，假若方亨要来硬的，非要你我剃发呢？这，这……陈明遇喝了一口酒后说,随机应变。假若众人都顺从地剃发了,我就……听到这里,冯敦厚听不下去了,把手中的酒碗往桌上一抻,说,"就"什么,告诉你,我没喝醉,说的也不是酒话。我想好了,如果非要剃发,我就带着儿子和男仆,去栖霞寺里削发为僧,就是剃光了头,宁当和尚,也绝不做鞑虏的奴才。

两个人最终没说到一块去。冯敦厚走后,陈明遇因剃不剃发而心里纠结、矛盾,一宿未眠。冯敦厚回到家,因心里不爽,自己一人接着喝酒,边喝边背诵"四书五经"中的佳句,喝着、诵着,渐渐地,头搁在了桌子上。他睡着了,是酒精作用的结果。他的灵魂清醒着,一宿未眠,似睡犹醒。

这个晚上,没睡好觉的还有诸生许用、王华、章世经、戚勋、黄毓祺……

第五章　许用首倡守城

六月二十九日晚上11点钟的光景，乘好凉的夏维新准备就寝时，黄毓祺来到他家。刚坐定，沈曰敬、许用、章世经、王华、戚世勋等人，后脚跟着前脚，先后来到夏维新家。待大家在客厅落座后，夏维新问，你们事先约好的？没有，没有。黄毓祺说。天这么热，心里又那么烦，今晚怎么睡得着？睡不着就不想睡，不想睡就想到你家来坐坐，打发一下时光。章世经说。大家听后纷纷点头。

夏维新知道他们的来意，就先开口了：根据今天下午座谈会上的情势看，明天剃发是不可避免的了。黄毓祺听了没吱声。沈曰敬假咳了一声。许用开始血脉偾张。在座各贡生、生员心中，举人夏维新德高望重，是一个精神领袖式的人物。见大家不开口，夏维新接着说，我认真地想了剃发的问题。既然清政府下达了"剃发令"，那是根本不可能改变的。在马背上长大的满人，比我们汉人蛮横，他们是绝不会放过我们汉人头上的头发的。所以，我们面前只有两条路可选择，一条是顺从，剃发。这样，就能不死人。一条是抵制，不剃发。这样的话，一定会死人。因此，我的想法是，明天一早，我们去文庙门口等方知县，他这几天每天一早就去那里进香的。到时，我们再跟他商量一下，能否有缓冲的余地和缓剃发的可能。

夏大人，许用问，假若明天方知县仍是一口咬定要剃发，我们该怎么办？

不是还没天亮嘛。夏维新说，我们最需要的是克制，是理性，是冷静，而不是冲动，头脑发热，鲁莽行事。我已近老朽，死不足道。但江阴城里还有两万多人呢。我们该为他们想想。

沈曰敬虽是一个秀才，但因家境富裕，是花钱买来的，就像20世纪90年代和21世纪初,一些企业家、领导干部的大学本科、硕博研究生的学历文凭,花大钱买来的一样。没吃过千辛万苦就轻易获得秀才这个科举功名的沈曰敬,再加上他又是从商的,思想比较活泛,不那么泥古不化,做什么事都会习惯性地从经济角度去计算,去衡量。他听了夏维新的话后,很是赞成,认为为了头上的一撮头发而死人,不值得,不划算。世上有什么东西比生命还珍贵。于是他表态说,实在不能通融的话,我们就剃发算了。

黄毓祺听了夏维新的话后,则有保留意见,心想,夏举人的话,听起来似乎很有道理,但深究下去,没什么道理。在黄毓祺看来,明清易代不是一个简单的王朝更迭、政权交替的问题,而是夷狄乱华、以夷制夏的千年大变局的大问题,无异于"天崩地解""中原陆沉"。作为少数民族满族人入主中原,已是违背了"裔不谋夏,夷不乱华"的儒学士人心中的坚定信念了,如今,清政府居然还要剃汉人男子的发,是可忍孰不可忍也。士可杀而不可辱。清政府想以剃发来羞辱汉人,我绝不会忍。作为复社成员的黄毓祺,他把气节、操守看得比生命还重要。他宁可死,也不会失去一个士人的气节与操守。可现在,面对夏维新们,他没有把心里想的话说出口来,只是搁在心里罢了。他还要看看情况再说。

年轻诸生许用坐不住了,"呼"的一声从椅子上站起,有点冲动地说,夏举人,往常我一向敬仰你。可听了你刚才的一席话,我总感觉到最怕死的是你。这可以理解。在县城里,你夏家家大业大,人口众多,如果一旦有什么不测之事发生,你夏家确实难以承受。不过,夏举人是否可以这样,你呢从明天起就不要露面了,我们做什么你也不要干涉,出现什么严重后果,我许某一人担当。掉头不就是个碗口大的疤嘛,没什么大不了的事。我把话撂在这里,如果明天方知县还有商量的余地,一切好说;如果不能商量,我们绝不束手待毙。我先走一步了。

听许用这么一说,客厅里的气氛顿时凝重起来,见许用走出夏家后,大家也就默不作声地离开了夏家。走出夏家门后,许用去找了典史陈明遇。只敲了三下门，守夜男仆就来开门了。开门的男仆认识许用。陈典史睡了吗？许用问。老爷还没睡，还在明堂里乘凉。许用熟门熟路地来到明堂，见陈明遇躺在藤椅上有一下没一下地摇着蒲葵扇。见许用深夜来访，陈明遇赶快从藤椅上坐起，把许用延请到客厅。

许生员深夜来访，有何要事？陈明遇问。关于剃发的天大之事。许用把自己去夏维新家里的所见所闻说给陈明遇听。陈典史，你是大明在江阴的最大的官，你该带领我们抵制"剃发令"。我们的头发，不能剃啊，剃了，不要说对不起我们的列祖列宗，更根本的是我们丢掉了大明国的指导思想程朱理学思想，丢掉了孔孟主义的旗帜，这是两种制度斗争、两条道路斗争的大是大非问题。我们决不能含糊，必须旗帜鲜明。跟冯敦厚喝酒不欢而散的陈明遇，听了许用愤青的话，没接他的话茬，只说，时间很晚了，明天的事，天亮后再说吧。

闰六月初一日的早晨，方亨遵从明朝礼制，来到江阴文庙明伦堂孔子塑像前行香，以示对孔圣人的敬重。为什么方亨要去文庙行香？因为自明朝万历四十二年苏松学政驻节江阴后，不仅历任学政、历任知县要到此处烧香祭祀孔子，而且当年的六府一州来江阴赶考的考生在考试前也都会来到此处朝圣，祈求功名。同时还常出现"邻县问礼来者踵相接"的盛况。这说明江阴文庙及儒学在明朝南直隶具有显著重要地位。方亨去文庙进香祭拜孔子，不仅说明江阴文庙地位重要，也说明这位明朝进士满腹还都是儒学，满脑子还都是儒家思想。

见方亨的轿子停在江阴文庙门前，早在那里等候的士绅、耆老一百多人，跟在方亨后面，来到文庙明伦堂，依次进香祭拜孔子。行香毕，冯敦厚问方亨：知县大人，江阴既然早已归顺清朝，想必今天不会有什么其他事吧？方亨面对众人，脸色铁青，双眼血红，说明他昨晚睡得很晚。只有剃发一件事。方亨说。头发一定要剃吗？在场的人七嘴八舌、急忙慌乱地问。必须剃。方亨说，这是朝廷的法令，不得违抗。说完，在侍从的护卫下，方亨坐进轿子回县衙门去了。

方亨走后，上了年岁的士绅们叹息着离开了文庙。如果所有士绅都散了回家去了，也许就没事了。但数十位年轻的秀才就是不肯散去，仍待在明伦堂里议论纷纷。见数十个秀才没有走，在场的十几位耆老也没有走。他们要看看这些年轻的秀才们接下来会怎么干。这时，一位秀才情绪激动地说，自周朝以来的两千多年间，只有"以夏变夷"，怎么允许"以夷变夏"呢？这不是反天了吗？天底下哪有低贱的夷狄之人压迫高贵的汉人之道理？说得好！说得有道理！年轻的秀才们脱口而出地附和，我们绝不剃发，绝不做低贱野蛮的满人的顺民，就算是死，亦断然不剃发。

从秀才们的激烈的言语中可以看出，纠结于他们心中难解的一个结，就是千余年来深深地植根于儒家民族思想之中的"华夷之辨"。"华夷之辨"是儒家民族观的重要的组成部分，是汉人基于华夏（汉族）和夷狄（少数民族）不同种族、不同文化而产生的一种认识。这种认识是偏颇的，是错误的，但有其产生的历史原因：千百年来，由于汉族一直处于世界文明的先进行列，因而汉族士人中产生"华贵夷贱"的偏见，是可以理解的。每一代人都有其历史的时代的局限性。

"华夷之辨"源自北魏，首次强烈敌对于元朝。元朝建立后，蒙古族统治者实行了民族歧视政策，按民族把人分为"四等人"：一等人为"国人"，即蒙古族人；二等人为从西北地区随同蒙古统治者一起进占中原的各少数民族，为"色目人"；三等人为原来居住在中原地区的人，主要包括汉人、契丹人和女真人，为"汉人"；四等人为居住在江南地区的人，为"南人"。

为什么蒙古人如此敌视"汉人"特别是"南人"？因为自辽、金以来的数百年间，统治机构为少数民族首领把持，所以北方地区民族矛盾要相对缓和些。但江南地区则不同。自北魏至辽、金的千余年间，少数民族政权虽然一直希望向江南扩张，然始终未能在江南站住脚跟，由此造成了政治上的长期敌视，军事上的相互残杀，在思想上形成了华、夷有别的观念，并产生了强烈的敌对情绪。当蒙古人灭亡了南宋后，由于元朝政府疯狂掠夺江南财富，肆意残杀江南民众，使得元朝统一后的江南地区，民族矛盾非常尖锐。文天祥北京就义、谢枋绝食而亡，与其说是为了坚守汉族人的气节而死，不如说是为了坚持"华贵夷贱"的儒家民族观而死。

崇祯末年，随着清军入关和汉族与满族间矛盾的加剧，"华夷之辨"作为历史记忆，再次被读书人重新唤起并逐渐强化，也就是情理之中的事。江阴年轻的秀才们在江阴文庙明伦堂内的言辞，就是"华夷之辨"在江阴读书人中被再次唤起的表现。

在其他秀才们慷慨陈词后，秀才许用闪亮登场了。他从后面挤到人群前，站在孔子塑像下，振臂高声地说，我们都是大明的人，只认太祖先皇是我们的祖宗。什么鞑子虏儿，不知从什么地方跑出来，也居然敢入主中原？他欺我们大明没有人了？说完，许用举起一幅早已准备好的明太祖朱元璋的画像。

六月二十九日晚，许用从陈明遇家回去后就没睡觉。他在思考着如何才能迫使方亨取消剃发令。他想，最有效的办法，就是要把士绅们团结在一面旗帜下。那么，什么样的旗帜才能够凝聚人心呢？许用想来想去，认为打出明太祖朱元璋的旗帜或许最有效，因为朱元璋是大明国的开国皇帝、缔造者。没有朱元璋，就没有许用等秀才们幸福的今天。于是他连夜按照文庙君子堂中朱元璋的画像，复制了一幅大体像朱元璋相貌的画像。

见许用突然举起一幅朱元璋的画像，在场的秀才们"砰"的一声齐崭崭地双膝跪地，大声恸哭，哀悼大明王朝的灭亡。哭毕站起，秀才们望着凛然站立着平时不被他们看好的许用，试探性地问：许秀才，接下来我们该怎么办？

许用高声地说，头可断，发断然不可剃！为了保卫住我们头上的束发，我倡议，守城，阻止清兵进城剃发。

好！好！激愤中的秀才们激情响应。守城！守城！

就这样，抵抗清政府剃发令的"江阴事变"的熊熊之火，被许用点燃了。同时，许用也一下子成为年轻秀才们的领头羊了。

离开江阴文庙回到县衙门的方亨，为了维护自己的权威，就立即指示吏书将剃发令简洁为"留头不留发，留发不留头"，写成布告，张贴出去，告示民众。可吏书拒绝写布告，并将蘸满墨汁的毛笔愤怒地投掷到地上。方亨见后生气至极，下令对掷笔的吏书当众施以鞭刑，但随即又收回了这道命令，因为聚在县衙门口的人越来越多，并且开始不满地议论起剃发令了。

至此，江阴已出现反对或削弱方亨权力的三股力量：一是县衙门里不执行方亨指示的吏书们，他们代表着下层官僚；二是在江阴文庙明伦堂结集起来的秀才们的力量；三是前文述说的江阴北门外的以九个耆老为代表的乡村民众的力量，他们是代表反对剃发令最普遍最强大的力量，因为在他们身后站着的是千千万万的民众，即社会底层力量。同时因为反对剃发的共同利益，也缓和了社会底层民众与衙吏、士绅之间的阶级矛盾。吏书本应服务于新政权，平民百姓也没有理由担心皇帝的更易，因为谁当皇帝，对百姓而言都一样。但是，现在清政府的剃发令这一违背汉族人沿袭千余年习俗的行为，把老百姓都激怒了，这就为江阴掀起大规模的抗清斗争奠定了群众基础，并使得士绅们更加坚定地捍卫儒家的民族观了，进而显示出汉人的"高贵"来。

以许用为首的数十个年轻秀才，为什么誓死不肯剃发，并且倡议守城，以武力拒止清政府的"剃发令"？在他们言行激烈的背后，潜藏着深刻的原因。

原因之一，固化的儒家思想观念难以改变。这些年轻秀才们，都是通过学校、书院和私塾等，由儒家的"四书五经"培养出来的，尤其是通过严格的科举考试考出来的，所以，"四书五经"已被他们教条化，已变成了僵化的桎梏，严重束缚住了他们的思想，使他们不能面对和认识新的时局的变化。而清政府的"剃发令"，在他们看来，与他们固化的儒家思想观念是格格不入，是根本相悖的，所以，他们会拼死捍卫他们头脑中的根深蒂固的哪怕是过时的甚或是错误的思想观念，不惜性命抵制清政府的"剃发令"。

原因之二，害怕断绝了他们的科举仕途。许用只有三十三岁，其他年轻的秀才们的年龄有的与许用差不多大，有的比许用年龄要小些。他们正年轻着，以后还有乡试要考，乡试通过了，还有会试、殿试要考，殿试通过了就是进士，就可以做官了。现在，鞑虏来了，夺取了大明江山，还未坐稳，就要逼着汉人男子剃发？如果他们江山坐稳了，鞑虏不就会取消汉人的科举制度？如果是这样，他们的仕途不就被断绝了吗？这对做梦都在想着功名利禄的许用这帮年轻秀才们来说，怎么会甘心？所以，表面上看，许用他们激烈抵制"剃发令"，不仅是为了维护汉人束发的习俗，而且也是在极力维护符合他们根本利益的科举考试制度。

　　原因之三，为了维护秀才们的既得利益。元朝设儒户，明朝取消儒户并入民籍，但户籍上会注明儒籍，一般从童生始就被列入儒籍，直到中进士。为什么明朝注重儒籍呢？因为在明朝，有田必有役，军田出军役，民田出民役，灶田当灶差，匠田当匠差，但生员（秀才）以上的士人，不仅本人可以免役，家里还能享受免除徭役两人的特权。除免除徭役外，还可免除税赋2石大米。此外，秀才还可享受不菲的经济利益。一是享受廪禄，每月可获得1石廪米，一年12石，如是闰年，一年就是13石；二是享受膏火费，也就是秀才的学习津贴，每月获银3分；三是享受会课费，每月可获会课饷银2分。还有，秀才参加府、州县季考，不但可以享用茶饼，而且还有赏银、花红、月银可得，一般是一等每人1.2两，一等中排名第一的，获银2.4两；二等8钱；三等中前30名则备纸笔。秀才一旦获得乡试资格，就可获得盘缠银，少者5钱，多者1两。秀才所获上述银两，大多派自民间。所以，保存至今的明代四部《江阴县志》中都将其置于赋役卷中记载。秀才除以上合法正当的收入外，还有好多非法获利的途径：一是请托帮人家办事时收取好处费；二是包揽钱粮税赋，瞒报差役，从中获利；三是请名宦、乡贤参加祭祀时，管分斋膳、廪粮，从中揩油捞好处；四是保荐学生入学，收取充异费；五是抢夺授课学生，勒索束修；六是霸占佃租的学田，占种抛荒地，收成归己；七是放债收租，过度收取利息；八是手提秤斗，"作牙侩而不辞"，赚取好处费；九是当行坐铺，赌博赢钱……

除享受合法正当的经济利益和非法获利外，秀才还有一定的社会地位，在当官者和平民面前，均具有一种身份。上司对秀才，"有礼貌之施，有爱养之义，有勉励之道"，秀才可以"齿于衣冠，得于礼见官长，而无笞、捶之辱"。在平民面前，秀才穿着用玉色布绢缝制而成的宽袖圆领襕衫公服，头戴纱帽，显得体貌隆重，平民不可以与秀才平起平坐，只能"惟秀才之容止是观，惟秀才之言语是听"。同时，在一定程度上秀才还可以决定县吏的职务升降，因为自宣德始，秀才与乡绅开始在地方事务中发挥重要作用，表现在两个方面：一是县里若要发展重大社会公共事业，首先要听取和征求秀才、里老、甲长们的意见；二是布、按两司及巡按监察御史考察当地官员时，主要听取秀才、里老和甲长们的意见。所以，秀才与县官们往往沆瀣一气，相互勾结，相互利用。

秀才本也是明朝社会的精英分子和中坚力量，但从明代中叶后，由于秀才人数急剧膨胀，而官职有限，因而使秀才的仕途受堵，真正能当官的秀才少而又少。据顾炎武估算，每县以三百个秀才计算，明末全国有五十多万个秀才。由于不能做官，又不愿放弃既得利益，再加上科举考试制度衍生出来的空疏腐败的学风，使得只会清议空谈、满口仁义道德却没什么真才实学的秀才们，整天无所事事，闲着心慌时，就纠众滋事，干预和破坏地方事务，搞得地方上乌烟瘴气，鸡犬不宁；或者勾结不法官吏，胡作非为，而官府又不能惩治他们。官府如果"一拂其意，则群起而哄"。这主要是由明朝的官吏制度造成的。鉴于此，顾炎武撰写了《生员论》，严厉批判了秀才们的上述种种丑恶行径，并强烈主张废除秀才："废天下之生员而官府之政清，废天下之生员而百姓之困苏，废天下之生员而门户之习除，废天下之生员而用世之材出。"

所以，以许用为首的年轻秀才们积极性高涨地主张守城抗清，抵制清政府的"剃发令"，除了坚守"华贵夷贱"的民族观，捍卫汉族男子束发的文化习俗外，也不排除他们同时也是为了极力维护自己不愿失去的既有利益。一个人或一个集团，其所作所为，都是为有其追求的利益所驱动。古今中外，概莫能外。

闰六月初一的下午，江阴北门外有点拳脚功夫的年轻人，听说上午在江阴文庙明伦堂的年轻秀才们决定守城，以抵制清政府"剃发令"的事后，兴奋不已，立即响应，并推举季世美、季从孝等人为首领，一面敲锣，一面手持器械，张扬高调地向江阴县衙门进发。江阴北门外的年轻人为什么会第一个自发地热情高涨地响应许用他们"守城"的倡议呢？这是有原因的。

首先，江阴北门外的住民，大多是从江北、安徽等地来的，有的经商，有的当客佃，有的当商店雇工，有的是以捕鱼为生的渔民，民风强悍。其次，自明朝嘉靖三十一年（1552）江阴知县，亲自训练以北门外青壮年为主体的乡兵，奋勇抗倭，保境安民后，历任江阴知县都注重乡兵的训练，北门外住民家中，大多备有御倭的器械。同时，北门外住民历来尚武，青壮年男子一般都有点拳脚功夫。第三，根据崇祯《江阴县志》记载，明朝晚期特别是崇祯年间，江阴游民之风炽盛。江阴有两大恶俗："抢客攒篦"和"扛讼打行"。这两大恶俗都由游民为之。游民们"寔繁有徒，贮钱助敌；歃党勾连，公然以天罡自命"，致使"良民侧目"，"民害甚矣"，因而官府有"孑孑有斩木揭竿之虑"。至于"其他游手刁风，笔不能悉"。这些游民中年少者居多，他们"以赌饮为事，以打降为能，三五成群，出入酒家茶肆，呼庐酣歌，言无忌惮。少年子弟往往为其所惑，耗业败名，丧厥身家，浪游乡曲"。他们"勾结棍匪，遇事兴波，或伙谋诱骗，或借端讹诈，懦民畏其无赖，隐忍吞声。甚且自恃拳勇，帮人斩殴，见有雀角者，攘臂而起，助其所私，不问曲直"。

北门外拳勇季世美、季从孝等人，不排除他们本就是"遇事兴波"、唯恐天下不乱的游民。他们之所以响应"守城"，因为好玩，因为他们可以"自恃拳勇"，"以打降为能"了。同时，他们的态度也是以"惟秀才之言语是听"的体现。

季世美、季从孝等二十多个拳勇少年，推倒守卫县衙门的衙役，闯进知县视事大堂，责问正在升堂视事的知县方亨，江阴归顺了为什么还要剃发？见一群愣头愣脑的少年，不仅大胆私闯公堂，而且还居然大闹公堂，知县方亨怒不可遏，命令衙役驱赶聚众闹事者，并要没收他们手中的器械。北门外拳勇少年则大声喊叫，我们手中的器械是用来防御坏人的，被你们收缴后去为坏人所用，休想，门都没有。我们死也不会交出手中器械的！衙役与北门外拳勇少年发生了激烈的肢体冲突。

此时，方亨的老师、效顺学使宗敦，派遣由无锡至江阴向方亨道贺的家人，有点不识时务，或叫火上加油，听到知县视事大堂内人声汹涌，就从一扇侧门走了进去，不管三七二十一，也没经方亨允许，就破口大骂那帮小伙子：你们这些奴才，年纪轻轻，乳臭未干，什么规矩都不懂，竟敢大闹公堂，个个都该杀头。北门外拳勇少年也对骂：你这个投降鞑虏的软骨头，不知从哪个狗洞里钻出来的狗杂种，轮得到你来老三老四地教训我们江阴人？你算老几？你是在作死！边骂边围殴那个人，结果把那人打死了。北门外拳勇少年一不做二不休，索性卸下大堂里面的几扇木门，将那人的尸体抬到一扇木门上，再用大刀把另几扇木门劈成木柴，其中一个少年将木柴点燃，焚其尸体。几个衙役吓得退到墙边，双腿发软。

见北门外拳勇少年无法无天、目无王法，方亨急忙从太师椅上站起，趋前捉拿正在点燃木柴的那个年轻人，但众少年拦住了方亨，并相互拉扯起来，结果，方亨的官服被扯破。三五个少年揪住方亨不放，逼他允诺江阴不剃发。此时，方亨害怕了，声音颤抖地答应大家，江阴可以不剃发。众少年说，空口无凭。你立即书写"江阴可以不剃发"的告示，我们帮你张贴出去。急中生智的方亨，哭丧着脸说，剃发这件事太大了，我做不了主，我必须与上级商量，征得上级同意才行啊。这样吧，你们放开我，今天我一定写一份详细的书面材料呈报常州府，请求上级免去江阴的剃发。见方亨说得诚恳，不谙官场人事的北门外拳勇少年，也就相信方亨，便放了他。但他们没想到，这竟是方亨的缓兵之计。于是，这些激情有余、理性不足、四肢发达、头脑简单的年轻人，信了方亨的话后，也就散了。

但作为清廷命官方亨，不可能践行他对江阴北门外那帮拳勇少年的诺言，也不可能缓办、更不可能不办清廷交办的"剃发"之事。人在官场，身不由己，古今中外，概莫能外。可以这样说，无论为官者及皇帝，还是平民百姓，每个人往往都是历史的人质。历史的车轮常常就是在不可预料中轰隆前进的，谁也无法阻挡。我们设身处地地为方亨着想一下，他能屈从于民众吗？他能违抗清政府的"剃发令"吗？他不能。那么，如何能弹压民众的反抗？唯有军队。江阴虽有千余名南明水陆兵留守在江阴，但方亨指挥不动。他唯有向常州府讨清兵。这样，方亨就把控制江阴局势的权力，主动地交给了强势且残酷的清军将领了，他便成了"江阴事变"的局外人，以后发生的一切都由不得他了。他的死也就成了必然的结局。

当江阴北门外的拳勇少年走后，年少气盛的方亨走进办公室，关上门，坐在太师椅上，气得喘不过气来。他气江阴北门外的年轻人竟敢目无法纪，当着他知县的面，把他老师家的人当众打死，并当场焚尸，这让他如何向老师交代？江阴城里的老百姓将会怎样看他？他气自己的软弱。他在心里不断地责备自己：方亨啊方亨，你是堂堂的正七品官，是江阴知县，后面有国家政权和军队给你撑腰，你怎么对比你还年少的人竟然束手无策，竟然被他们左右，竟然被他们挟持？你的血性呢，哪儿去了？

气过，方亨心里滋生了仇恨。我一定要报复，一定要把那些无法无天的人捉拿归案，绳之以法，极刑惩处。否则，我知县大人的威严何在？于是，他铺开纸，提起毛笔，蘸饱墨汁，悲壮地一挥而就，给常州知府宗灏写了一封密信，汇报了江阴拒不执行剃发令，并且出现了滋事生乱、恣意杀人的严峻局面，请求宗知府快速派兵来江阴，捉拿杀人放火者，以维护江阴社会稳定。将信纸塞进信封，用蜡封好口，然后叫来南明守备陈瑞之，当面嘱咐他，让他骑快马去常州府，把密信交给宗灏。陈瑞之飞马驰向常州。

傍晚，县衙门里的一个小科员偷偷地去了江阴北门外，找到季世美等人，急切地告诉他们：你们下午离开县衙门后，方亨就躲在办公室里给常州宗知府写了封密信，把你们今天下午在县衙门杀人放火的事报告给了宗知府。密信已由守备陈瑞之骑快马送去常州府了。你们说，怎么办？要不，你们几个领头的是否到外面去躲躲，避避风头？

避风头？季世美听后愤怒地说，依我看，在清兵还未派来之前，我们先把方知县拿下，控制在我们手里，把他作为人质，看到时清兵还敢不敢捉拿我们？

听季世美这么说，季从孝等人表态同意。于是，他们又手持器械、群情激愤地摸黑来到县衙门，把关闭的黑漆大门擂得震天响。当值班看门的衙役把大门打开后，季世美一行二十多人，蜂拥而进，大声嚷着，方亨，你这个狗知县，快给我滚出来。

听到院子里的吵嚷声，因天气热，方亨还没睡，就打开屋门，走了出去。吵什么吵？方亨说，你们下午还没胡闹够？

对，还没胡闹够。季世美说，知县大人，我问你，你是不是派人去常州，让知府派兵来捉拿我们？

方亨心头一震，想道，是谁把陈瑞之去常州送密信的事泄露了出去？怎么回答？方亨问自己。撒谎搪塞，还是如实相告？斟酌一番后，方亨决定实话实说。是的。方亨说，清兵会连夜赶来江阴。

县衙门的院子里顿时安静了下来。方亨以为自己的话起作用了，但他哪里知道，季世美他们的短暂沉默，是为了酝酿更大的风暴。你们夜闯县衙门，是重罪。快散了吧，免得再罪加一等。方亨说。

方亨话刚说完，季世美一个箭步冲上去，用早已准备好的一条布巾，勒住方亨的脖颈，问：你想活，还是想死？方亨说，任你们处置。季世美他们还没胆量勒死方亨，便把他绑到一家客栈。晚上九十点钟，方亨一个劲地哭喊着夏维新，夏举人，快来救救我。

季世美他们听方亨不停地呼唤夏维新救他，就威胁客栈老板，不许报信。若偷偷去给夏举人报信，就烧了你的客栈。

客栈老板点头哈腰，唯唯诺诺，一个劲地说，不敢。不敢。

方亨叫喊不止，把客栈里的旅客吵得睡不着觉，都起来开着门，站在走道上边议论边看热闹。为了防止方亨趁乱逃跑，季世美决定把方亨押送到夏维新家。

夏维新看到衣衫不整、狼狈不堪的方亨，既好气好笑，又怜惜心疼。他和方亨都是读书人，看重的就是斯文、体面，而江阴北门外的那些不上学不读书的无知少年，竟如此轻薄方亨，使读书人斯文扫地，体面不存，心里不免有点愤慨。他板起脸对季世美他们说，你们回吧。方知县就交给我了。

好的。季世美说，夏举人，你德高望重，我们信任你。不过，我们有一个请求，就是请求你说服方知县公开承诺：绝不派兵来捉拿我们。

我会跟方知县好好商议的。你们回吧。夏维新说。

季世美他们走后，夏维新派人去把士绅沈曰敬等五六个人请到家里，一起与方亨商谈，如何处理当天下午与晚上发生的事件。至此可以看出，在危急时刻，方亨之所以会大声求救于夏维新，是因为在方亨看来，夏维新在江阴城里有声望，能服人；季世美他们为什么愿意把方亨交给夏维新，也是因为夏维新在他们心中有分量，是值得信赖的公众人物。也就是说，像夏维新这样的士绅，在农耕社会的乡镇治理中发挥着重要作用。他们的作用是官府所不能替代的，也是替代不了的。换句话说，乡贤文化是中华优秀传统文化中的重要组成部分。如今，我们要传承中华优秀传统文化，也应该传承乡贤文化，并不断地培育当今的"新乡贤"，使他们在社会治理中发挥凝聚力、稳定器的作用。

给方亨松绑并让他洗了个澡后，坐在客厅里，夏维新先开口了：方大人，我先说说我的想法。从目前的情况来看，县衙门要做的头等大事，就是降温，要缓和，不能再火上加油了，否则，江阴肯定要出大事，而且会一发不可收拾。

夏举人说得有道理。沈曰敬说，对北门外那帮无赖少年，不能一味地硬碰硬。他们是出了名的一群无赖游民，惹急了他们，他们敢把你知县也杀了。

其他士绅也都说了自己的想法，大体意思跟夏维新、沈曰敬说得差不多。但方亨不肯妥协，一口咬住非要杀几个人不可，以此来树立自己的威严。

夏维新他们陷入了困境：如果方亨不答应季世美他们提出的条件就把他放了，这必然会激怒季世美他们。如果把方亨仍然交还给季世美他们，那么季世美他们必会处死方亨。如是这样，清兵必定会攻打江阴县城，那么县城将不保，百姓会血流成河。这样的悲惨局面，夏维新他们是根本不愿看到的，也是根本不希望发生的。毁掉一座城市可以在弹指一瞬间，但要建设一座城市不易啊。

谈判双方谁也不肯让步，最终未能达成任何协议。一夜未眠的夏维新他们，见方亨已很疲惫，在天刚亮时，就一起把方亨护送到县衙门。由于官府的强硬，终于迫使江阴揭竿抗清。吊诡的是，江阴抗清军事行动的指挥者，既不是江阴县除知县方亨以外的主要领导，也不是江阴城里有名望的士绅，而是南明典史陈明遇，一个浙江上虞人。这也表明，江阴县衙门、江阴城里的士绅，已失去了对江阴揭竿抗清后局势的控制，没有了理性力量的制衡。

第六章　江阴揭竿抗清

闰六月初二凌晨，江阴知县方亨经过一夜的折腾和惊吓，回到县衙门后随即倒床便睡，鼾声如雷。但家丁们被吓坏了，不是被方亨几乎一夜未归而吓坏，而是被江阴北门外君山校场上近万群众集会的浩大声势吓坏了，因为集会的群众都在愤怒地声讨"不为民做主"的方亨。几个家丁你推我攘地不敢去敲方亨的房间门，怕被方亨责骂，甚至被棍责。最终，平时比较讨方亨喜欢的一个家丁，壮着胆子去敲了方亨的房门，并在得到允许后走了进去，急切地向方亨禀报君山校场上群众集会的事。方亨听后，一下子全没了睡意，并脱口而出：不好，要出大事了。于是，赶紧起床洗漱更衣，早饭都顾不得吃，就坐进轿子，在轿夫的扛抬下，急忙赶往君山校场。

为什么君山校场会聚集近万人？

事情是这样的。

方亨被季世美他们由客栈绑送到夏维新家，在夏维新答应季世美他们，他和城里的几个士绅一定想办法说服方亨不抓不杀他们后，就忐忑不安地回家去了，但一夜没睡好。第二天天没亮，季世美他们就来到夏维新家听结果。夏维新告诉他们，他和几个士绅未能说服方亨，他仍坚持要捕杀季世美他们。夏维新劝他们，你们能逃则逃，能躲则躲，避避风头再说。

季世美他们离开夏维新家后，心里害怕了，一路上默不作声。季从孝站住，问季世美怎么办？季世美抬头望望已露出鱼肚白的天，说，找许秀才去，听听他的意见。季世美平时跟许用多有交集，许用也时不时地让季世美为他办些摆不到台面上的事。来到许用家，刚睡下不久的许用，打着哈欠，惊愕地问季世美，天不亮来找我，有什事？季世美说了方亨要抓捕他们的事。

其实，对于昨天下午和晚上季世美他们的所作所为，许用了如指掌。他大半宿没睡，就是在谋划如何利用季世美他们，把已发生的事情做大，做出影响来。没想到季世美主动找上门来了，这正中许用下怀。许用说，最好的办法，就是把事情闹大，这样，方知县就不敢捕杀你们了。怎样把事情闹大？季世美差点哭出来，带着哭腔问。许用说，利用民众的力量。于是，许用给季世美面授机宜。季世美边听边点头。许用说完，季世美他们就分头行动了。

季世美他们干什么去了？

他们去找平时熟识的"流民"头儿，去找士绅家里平时与其相互勾结的"劣仆"，让他们再去组织人马，到君山校场集中，抗议方亨请兵来江阴，给方亨以压力。那么，这些"流民"的头儿、士绅家的"劣仆"，能发动群众吗？能。关于"流民"头儿能够组织"流民"去校场，这或许容易理解。那么，士绅家的"劣仆"，怎么有能力去组织民众呢？

前文已述，不要说进士，就是秀才，都有享受国家的优免特权。他们享有了优免特权，不但不感恩国家，反而利用国家政策的不完善，钻天打洞地滥用优免特权，采用冒领滥替的卑劣手法，兼并大量民田，导致庶民承担更多的徭役负担。同时，自正德、嘉靖后，江南的奢靡之风快速蔓延，士绅消费水平日益提高。为了维持高消费，士绅纷纷吸引他人投靠他们。而庶民为了生存，或为了逃避徭役，争着投靠士绅，投献之风日炽，致使投靠的庶民，或沦为奴仆，或成为佃农。为方便管理佃农，按时收租，士绅精心培养了一批奴仆，代替士绅向佃农催征粮赋。这些奴仆中，不乏狡猾之辈。他们借主人之势，狐假虎威，为祸乡里，采取欺诈、勒索、威吓、逼迫等手段，占有他人财产，危及他人生命安全。而佃农们敢怒不敢言，在"劣仆"面前，唯唯诺诺，低眉顺眼。

这些"流民"头儿、"劣仆"，听说知县方亨要请兵来江阴剃发，还要捉人杀人，很是愤慨，纷纷按照季世美他们的要求，采用胁迫等手段，组织起"流民"和佃农，从县城周边乡村，蚁附蝇集到君山校场。如果一个村庄上有谁不去君山校场，必遭"共讦之"。同时，在许用等秀才的鼓动和组织下，江阴全城罢市，商人、居民也都赶往君山校场。由此可以看出，参加集会的近万民众，除部分人被胁迫而来外，大多数人是出于一种从众心理，跟随大流，因而带有很大的盲目性、不确定性和不可控性。

参加集会的人排好队，树起旗帜，"鸣金进止"，依序进入校场，大家都相信一个传言，说知县方亨为了剃发，要杀一儆百了，进而群情激愤，扬言要冲击县衙门，找方亨讨个说法。由于人多场地小，因而"填塞道路，容足无处"，集会人群只能"分途出入"，从早晨7点到下午5点，君山校场上始终挤满人，久久不肯散去。

因为这次民众集会是由许用仓促决定的，并由季世美、季从孝等拳勇少年串联组织实施的，没有一言九鼎的人物主持集会，只有许用像节目主持人似的在客串，没有声望，根本压不住阵，因而整个集会现场嘈杂、混乱。当方亨坐着轿子赶到君山校场，走上校阅台时，喧哗的人群才逐渐安静下来。因为那时没有麦克风，方亨只得放开喉咙，大声说：不要相信传言。我方某根本没有什么"杀一儆百"一说。愤怒的人们打断了方亨的话：你的"杀一儆百"说，是由一个姓陆的县衙役传出来的。姓陆的在你身边当差，他会乱说你吗？不要相信当差小人的话，应该相信我方某的话。方亨说，你们如果不信，可以派人去把陆衙役找来，我当面跟他对质。

于是，五十多人在季世美带领下，赶往城里，去陆家抓人，可陆衙役全家已逃离了县城。陆衙役家是开酒坊的，没抓着陆衙役，气愤的民众将陆家酿酒的器具全部砸坏。看热闹的一个小偷，趁乱偷了陆家的一只鼎，被人发现，抓获后当场将其砸死，根本不用知县开堂审理，众人皆目无法律，草菅人命。

在没有人证的情况下，徒有一腔激愤的民众，也不能把方亨怎么样。于是，季世美等数十人又把方亨挟持到江阴文庙明伦堂，后面跟了一大群士民。到这时，作为在现场的典史陈明遇、县儒学训导冯敦厚、举人夏维新、贡生黄毓祺、中书戚勋等有名望的士绅，仍没有出头。他们在观察风向变化。他们跟随着方亨，也来到江阴文庙明伦堂。

到了明伦堂，方亨一颗恐惧的心暂时放了下来。面对大部分是读书人的人群，方亨知道他们不会把他怎么样的。于是，他从公文包里取出一份文件，是常州府刚下发到江阴的文件，要求江阴不得生乱，不得违抗清政府的"剃发令"，否则，后果自负。方亨传达完文件，众人拒不接受。

众人七嘴八舌地问方亨，你的态度怎样？

见势不妙的方亨，圆滑地回答，听从大家的意见。

这时，仍是许用，故伎重演，又在明伦堂里挂出了一幅朱元璋画像。许用高声说，如果在场的人还认为自己是大明的臣民，那么就请你们和我一样，高举起右手，攥紧拳头，向明太祖宣誓。在这种情势下，谁敢公开站出来说，我不是大明的臣民？谁敢？于是，在许用造势造出来的难以拒止、难以逆转的忠于大明国的态势裹挟下，在场的所有人，无论是自觉的或不自觉的，无论是情愿的或不情愿的，都没有选择，没有退路，只得举起右手，跟着许用，向"朱元璋"宣誓：头可断，发不可剃。生为大明人，死为大明鬼。不投降，不叛变，誓为中兴大明，血战到底……宣誓毕，许用又提议，江阴揭竿抗清，由县典史陈明遇任主帅。

众人像着了魔似的，顺从着许用手中的一根魔棒，居然都赞同许用的提议：一致同意江阴揭竿抗清，发动"江阴事变"，推举陈明遇为守城抗清主帅，成立"江阴事变"指挥部。指挥部就设在明伦堂。陈明遇也不推辞，担起了主帅之职。他当场宣布命令：贴出布告，昭示天下，宣告江阴揭竿抗清。

就这样，江阴部分士民在事先没有充分的准备、没有周详的计划、不知前途怎样、后果怎样的情况下，情绪化地拉开了"江阴事变"的帷幕，而且把"江阴事变"的掌控权拱手让给了仅任江阴县典史不足半年的浙江上虞人陈明遇。这是江阴的宿命。这是江阴的命门。

迫于形势，方亨也无奈地宣誓揭竿抗清。参加宣誓的顺化坊、太凝坊、来昭坊的坊长当场要求方亨，将县里军备库里的武器弹药发放给各坊，这样就可以迅速地武装团练。方亨爽快答应，但这是方亨做的表面文章。士民们也没有识破方亨的假面具，总以为，方亨既然和他们一起宣誓抗清了，也就会和他们站在同一条战线上的，于是放了方亨，方亨才侥幸地回到县衙门。

方亨刚走出明伦堂，陈明遇就宣布命令：严格把守四座城门，无论谁进出，一律搜身，严防奸细混入城内。于是，人为制造的紧张气氛，立即笼罩在江阴县城上空，使城内的居民生活在恐惧之中。可不知这一情况的方亨，一回到县衙门，就偷偷地快速地给常州知府宗灏写了一封十万火急的密信，信中称江阴已造反，请求宗灏速派大兵来江阴剿杀。密信写好，封好信封，在派谁去送信的问题上，方亨颇费思量。派衙役去送密信，他不信任，因为衙役都是江阴本地人，怕他们出卖自己。陆衙役就是教训，险些要了他的命。派家丁去，他又不放心，因为家丁都是河南人，容易暴露。想来想去，方亨想到了夏维新。在方亨看来，夏维新是站在他立场上的人，是一个讲究社会秩序的人，很警惕不安定的人和事。刚才，夏维新虽然也宣誓揭竿抗清，但这并不能说明夏维新就站在了清政府的对立面。自己也不是跟着宣誓了吗？那是迫于形势。好汉不吃眼前亏。于是，方亨派家丁把夏维新请到县衙门，想让夏维新的家人去常州府送密信。夏维新犹豫踌躇一番后，才点头应允了。

夏维新派了一个他信任的仆人，怀揣密信去常州送信，刚到西城门，就被守卫城门的民兵，以盘问搜查奸细为名，进行了搜身，结果从仆人身上搜到了那封密信。那个仆人被押送到指挥部。指挥部里有人认识那个仆人是夏维新家的，但那个仆人就是不开口。陈明遇命人用刑，经过严刑拷打，那个仆人仍是不开口。无奈之下，陈明遇命人将其斩首。一些对夏维新早已不满的人，本想抓住这次难得的机会整死夏维新的，结果，他们未能如愿，很是失望。

陈明遇是聪明人，也知道那仆人是夏维新家的，但那仆人死不开口，不供认，没证据，只能是心里有数而已，不好对夏维新进行深究，也不能深究，因为夏维新在县城里是一个声望很高的人，也是很有势力的人，平时跟陈明遇多有交往，对陈明遇的工作很支持，因而不能轻易动他。于是，陈明遇使了个阴招，派人通知夏维新去收尸，结果夏家没一个人去收尸。

指挥部里的人知道方亨写给常州府知府宗灏的密信内容后，顿时炸开了锅，强烈要求抓捕方亨。于是，陈明遇命令十几个民兵，赶去县衙门抓捕了方亨，同时把早已顺清的县主簿莫士英也抓了。好笑的莫士英，竟可笑地哭着恳求民兵不要抓他，说他愿意再次"降为明官"。抓捕他的民兵根本不听他的鬼话，把他和方亨一起投进了监狱。

把方亨、莫士英关进监狱后，指挥部里的人又对陈明遇说，既已动手，索性把常州府派来江阴监督执行"剃发令"的住在都察院的四个清兵也杀了。陈明遇同意，并速派数十人，手持大刀、弓箭，包围了都察院。见四个清兵闭门不出来缴械投降，失去耐心的十几个人，砸开门冲进了都察院，被躲在暗处的清兵发射的矢箭射中，伤了五六个人。见状，其余的民兵迅速退到门外。但有几个大胆的民兵不怕死，提着大片刀冲进都察院，追杀清兵，吓得四个清兵四处乱逃，其中一个坠到茅房的粪坑里，一个躲匿在茅房内，一个钻进夹墙里，一个爬到屋顶上，但都被一一抓获。没经陈明遇授权，民兵们就把四个清兵押到都察院大堂私自审问。四个清兵说满语，吃生的东西，还当庭小便，席地而卧，很是野蛮愚昧的样子。审问的民兵听不懂满语，不知四个清兵叽里咕噜说些什么，以为他们真的是满人。可当有人到他们住的屋里一看，只见床席、蚊帐，跟江阴人用的一模一样，于是怀疑起了他们。再经过拷打盘问，四个清兵终于承认他们不是满人，是苏州人。他们匍匐在地，哭求饶命，但民兵们未经请示陈明遇，当即把四个清兵剁成肉饼。死前，四个清兵哭道，是莫士英主簿要我们来江阴的。他害死了我们，死得冤啊！

"江阴事变"没有章法，谁都有权杀人，市面乱成一片。

"江阴事变"指挥部成立的第二天下午，陈明遇主持召开了第一次扩大会议，成员季世美、黄毓祺、夏维新、冯敦厚、许用、王华、陈瑞之等，城内各坊坊长、县城近郊的顺化、来春、昭闻、太宁四乡乡长，有关特邀人士近百人参加会议。会议的主题是：加强军事部署，随时歼灭来犯清兵。陈明遇发表重要讲话。他讲了三个问题：一是江阴现有的军事力量。崇祯八年（1635），明朝政府在江阴黄山的大、小石湾修筑炮堤，配置红夷小口径炮百余门，并置游巡营；十七年初，又置江阴黄田港参将营，设参将一人，守备一人，哨官十一人，屯驻水陆兵千余人。除参将张宿弃职离开江阴外，守备陈瑞之、十一名哨官都在，指挥系统比较健全。此外，全县三坊十七乡，每个坊乡都有团练，按每个坊乡两百名民兵估算，全县有四千个民兵，再加上千余名专业军人，也仅有五千余人。这些兵力是远远不够的，必须尽快招兵买马，招收乡勇。陈明遇强调说。

二是江阴现有的储存战备物资。有前兵备道徐世荫、曾化龙、张调鼎制造或窖藏的武器，再加上南明福建勤王水军败退时丢下的器械，共有火药三百瓮、铁子和铝丸千余石、鸟铳千余杆。这些武器弹药是用不了多久的，必须从现在起，加快制造和购买武器弹药，才能保证揭竿抗清斗争取得胜利。陈明遇警告说。

三是紧急筹措军饷。通过查账，县财政已严重赤字。没有军饷，怎么能招兵买马？怎么能购买武器弹药？怎么能够买军粮及有关军备物资？陈明遇最后说，今天会议要解决最迫切最紧要的问题，就是军饷问题。如何解决？捐饷。在这非常时期，今天的与会者，必须带头，做出示范。谁第一个捐饷？

会议室里鸦雀无声，静到连一根针掉在地上，都能听到声响。

见会议室里没人响应，陈明遇就开始站起来脱稿演讲，大讲"革命"大道理，却收效甚微，还是没有一个士绅、没有一个商人站出来说"我捐"。就连最"革命"的秀才许用，也舍不得捐饷。他信誓旦旦，死都不惧，为什么不带头捐饷呢？他家境也不错呀。所以，革别人的命是容易的，但要动革命之人的奶酪是万万不行的。这样的人历史上屡见不鲜。

如果始终没有人站出来主动捐饷，或许陈明遇会动摇抗清的决心，或许以许用为首的年轻秀才们也会失去守城抗清的信心，或许也就不会发生后来的清兵"屠城三日"的江阴大悲剧、大惨剧。虽然是假设，但符合历史逻辑。

然而，就在大家默不作声、就在陈明遇开始唉声叹气的时候，在江阴城里开典当行的徽商程璧，此时既不适时宜又很适时宜地站了出来，自告奋勇地捐银三万五千两。程璧的这一慷慨的伟大之举，让陈明遇感动得"拜而纳之"。但有意思的是，在程璧带头捐银三万五千两的榜样下，江阴的士绅们、商人们，似乎无动于衷，还是没人站出来响应捐饷。鉴于这一史实，是否可以这样说，"江阴事变"首先是由江阴年轻秀才许用和北门外拳勇少年季世美、季从孝等人挑起来的，接着是由浙江上虞人、典史陈明遇和安徽商人程璧坐实的？仍然是否可以这样说，如果没有程璧捐巨资支持，陈明遇是无能力守城抗清的？所以说，是客籍人领导、支撑起了"江阴事变"。这是江阴区别于昆山、嘉定、常熟、太仓等县抗清斗争的地方，是江阴抗清斗争的特殊性之一。

按理说，在"江阴事变"前，程璧本可以携带着自己在江阴城里开典当行所赚的银两细软回徽州老家去，如他这样做了，也决不会有一个江阴人对他有任何非议的。可他非但没有离开江阴，反而捐出了巨款？他图的是什么？

这得简要说一下徽商。

徽商又叫新安商人，是旧徽州府籍（歙县、休宁县、婺源县、祁门县、黟县、绩溪县）商人组成商人集团之总称。徽州人外出经商的原因是山多地少，真可谓是"七山一水一分田，一分道路和庄园"。在那个天下之民寄命于农的年代，土地稀缺，生存维艰，迫使徽州人"前世不修，生在徽州，十三四岁，往外一丢"地"寄命于商"。徽州人早在东晋时就开始经商了，以后代有发展，至明成化、弘治年间形成商帮集团，明嘉靖以降，徽商经营达至极盛，从清道光、咸丰时期至清末民初渐趋衰弱。

徽商以经营盐、典当、茶、木为最著，其次经营米、谷、棉布、丝绸、纸墨、瓷器。其中，婺源（今属江西）人多茶、木商，歙县人多盐商，绩溪人多茶馆业主，休宁人多典当商，祁门、黟县人以经营布匹、杂货为多。植根于新安文化土壤中的徽商们，在商业经营活动中，大多能自觉用儒学思想来规范自己的经营行为，在商不仅言商，而且更言道，极力将自己的事业同一向由读书人追求的"道"——"士志于道"联系起来，并在发达致富后，也将科举和官爵作为他们追求的目标及自我保护的手段。所以，明代徽商代言人汪道昆发出了"良贾何负闳儒"的呐喊。同时，在经营活动中，徽商讲究义利之道，见利思义，以义得利，诚信经营，不欺不诈，货真价实。这些都是儒家思想所要求的。因此，徽商在经营活动中处处传承和发展着传统文化，所以，徽商"贾而好儒"，且"崇儒重儒"，本质是儒商。

作为徽商的程璧，之所以甘愿捐出3.5万两银巨款，因为他是个国子监生，被时人称为"上舍程璧"，所以他虽是商人，但没忘读书人的"思义"，担当起了在江阴经营获利后再回报江阴的一种义不容辞的社会责任。

在得到程璧的巨款支持后，陈明遇也不计较江阴人不支持他的态度，仍充满信心地要求与会者落实好会议精神，然后宣布散会。

与程璧相反的是，在大敌当前的形势下，参将营守备陈瑞之父子却在闰六月初三夜里逃出城去了。陈明遇命令手下人将陈瑞之的妻儿逮捕入狱。初四上午，江阴城外的乡兵把匿伏在黄豆田里的陈瑞之逮住，并把他五花大绑押送到江阴守城抗清斗争指挥部。陈明遇审讯陈瑞之为什么要逃跑？陈瑞之诡辩说自己没有逃跑，谎称自己是负伤后走不动路，天又黑，才无奈躺在黄豆田里等天亮的。

实际情形是，初三中午，有传言说清兵要从西面方向攻打江阴城。于是，江阴县城的周边乡镇都派乡兵前来护城，并在夏港、葫桥一带扎营。可到了傍晚也未见一个清兵的影子，于是乡兵们也都各自散了。忽然，又有一个谣言传遍县城，传说一队清兵已从杨舍出发，在杨舍守备沈廷谟向导下正赶来县城剃发。于是指挥部在全城鸣金，结集队伍，奔赴东城门，"奋勇争拒"。可是，队伍到了东城门才知道又是讹传，于是又返回城里。这时，守备陈瑞之父子刚好骑马到东城门，早就不相信陈瑞之的乡兵，看到他肩挎的褡裢袋沉沉的样子很像携款逃跑，就齐声大骂陈瑞之是方亨的走狗，是野心家，要抢夺陈明遇的指挥权等等。陈瑞之听后大怒，策马掉头，拔起指挥刀砍杀乡兵，有一乡兵被砍死，两匹马被砍伤。乡兵也大怒，群起攻之，陈瑞之身负重伤，在夜色掩护下，冲出了东城门，并在一片黄豆田里躲伏了起来，逃过了乡兵的搜捕。

疑心病很重的陈明遇可不听陈瑞之解释，总怀疑陈瑞之跟他不是一条心，要夺他的指挥权，因而在证据不凿的情况下，凭长官意志，以奸细罪，除陈瑞之长子会造军械有用不杀外，把陈瑞之一家老少六口人全杀了。杀了陈瑞之一家人后，陈明遇宣布全城戒严，东西南北四座城门全部关闭，除持有指挥部颁发的特别通行证的人可以进出城门外，城里人无论男女老少，一律不准出城，但允许城外的乡兵和运输供给城内的车马进城，然必须经过守卫城门卫兵的严格盘诘和搜身。

清兵未来，江阴城里已是如临大敌，草木皆兵了。闰六月初五，陈明遇召开会议，与士绅们商议如何守城，如何作战，如何争取外援，但众说纷纭，莫衷一是，吵闹了一天都没商量出一个结果来。俗言道，秀才遇到兵，有理说不清。其实，秀才遇到兵，往往是能说服兵的。最难的是，秀才遇到读书人，有理真是说不清，谁也说服不了谁，谁都不买谁的账，谁都认为自己说的话就是金科玉律，就是普遍真理。这就是"秀才造反，十年不成"的注脚。

商议不出结果，城还得守，不守也不行。江阴抗清的布告早已贴出，江阴周边县城的人都已知晓。如果不守城抗清了，人们会怎样看陈明遇？陈明遇丢不起人。开弓没有回头箭。硬撑也要把守城撑下去。那么怎么守城？靠人嘛。如何凝聚人心？最有效的办法，就是人为制造恐怖，清查城中的所谓奸细。中国历史上的奸细，小部分确因证据确凿而被搜查出来的，但更多的是被怀疑出来的，是被屈打成招出来的，是被以"莫须有"的罪名诬陷出来的。果然，在西城门有个奸细被盘诘出来了。一个叫簿靠谱的中年人，江阴城里人，口吃毛病很重，初一说了一句完整的话，要到月半才能听到他说第二句完整的话，且是个流浪孤儿。他感到城里整天闹哄哄，人挤人，好多店门也关了，感到不好玩，不自由，想出城自由自在去，但因他行迹有些可疑，又因重口吃，说不清话，便被守西城门的卫兵当作里通外敌的奸细抓了起来，并把他押到指挥部。

陈明遇为了"杀一儆百"，震慑城里的一些"意志不坚定者"，便与游巡营守备顾元泌一起，在指挥部公开审问簿靠谱，近百名士民旁听。陈明遇把惊堂木敲得越响，簿靠谱被吓得越发说不出话来，只得满脸涨红，青筋凸暴。陈明遇命人把簿靠谱拖出去砍头。这时，旁听席上发出了笑声。陈明遇循声望去，只见黄毓祺站了起来，说，陈典史，这个簿靠谱我认识。他没少讨吃我家的饭，也没少偷我家里养的鸡。他不可能是奸细。算了，别审了，把他放了。黄毓祺在江阴城里既是一个富豪，又是贡生，文名很响，有身份有地位，说话有分量。听黄毓祺这么一说，陈明遇有些尴尬。此时夏维新站起来打圆场说，西城门卫兵能把簿靠谱当作奸细抓起来，说明卫兵们忠于职守。陈典史、顾守备严审簿靠谱，更说明你俩革命警惕性高，阶级斗争的弦绷得紧，是从严治城的表现。在这非常时期，我们宁可错杀一百，也不能轻易放过一个可疑之人。不过，刚才黄贡生黄大人说了，簿靠谱不可能是奸细。

陈明遇把簿靠谱给放了，但旁听席上的人也见识了陈明遇这个"素长厚，与民无怨"者在特定时期铁腕手段的可怕。

刚放走簿靠谱，又押来了一个奸细，名叫时隆，江阴城里人。经酷刑审问，时隆屈招自己是奸细，并交代还有七十多个像他一样的人隐藏在城里。他说他们是奉常州知府宗灏的命令潜伏在城里的。宗灏给他们每人四斤火药、四两白银、一百二十文开元钱，潜伏江阴城内，刺探江阴布兵摆阵的情报，初定于闰六月初八晚上，以他们在城里放火爆炸为信号，里应外合，一举攻下江阴城。听时隆说得有鼻子有眼，陈明遇遂命令全城大搜捕，根据时隆的招供，又捕获了时隆的四个所谓同党，也不经审讯，就直接砍了头，并被挂在四个城门上

"枭示"。还有六十多个奸细哪去了？陈明遇扩大了搜捕范围，命令乡兵搜查城内的几座寺庙，六十多个外乡人全被捕获，但没搜到火药和银两，也没经审讯，就被当作奸细当场处死。受时隆牵累，哨官王珑及其父亲、妻妾儿女也被"诛之"，住房被烧毁，满门被抄斩。

搜捕"奸细"大有成果后，陈明遇下达命令，城中有谁抓获一名奸细，指挥部赏白银五两。

试想一下，住在江阴城里的平头百姓时隆，有可能结交常州知府宗灏吗？常州知府有可能派六十多个外乡人到江阴城里潜伏当特务间谍吗？那么，时隆为什么会"招词凿凿"？只有一个解释：屈打成招。还有，陈明遇为什么要如此执着于抓奸细，滥杀无辜？最好的解释也只有一个：巩固他的权力宝座。自宣布江阴抗清起，陈明遇成了江阴实际上最大的官，掌握着生杀予夺大权。这几天他过了一把自己说一不二的权力瘾，但他深感自己的权力宝座还未坐稳。陈明遇是南明江阴县典史，知道江阴城里士绅们的势力和社会地位。许用等秀才及一些铤而走险的人，虽然全力拥护陈明遇当总指挥，上了年纪、家境殷实的士绅们也表面上赞同，但在捐助军饷问题上，他们的沉默，甚或叫袖手旁观，或许能说明他们心里不以陈明遇总指挥为然。他们当时仅是迫于形势所逼罢了。

而陈明遇呢，虽"素长厚"，但也不失精明，工于心计，心如铁硬。一个心肠柔软的人，能担当典史一职吗？不能。因为典史是整天与地痞流氓、盗贼、江匪等打交道的人，他会心慈手软吗？他能心慈手软吗？因此，他精明地计算出，只有通过开展抓奸细活动，才能达到削弱士绅们的权势、巩固自己权力的目的。现在，陈明遇的目的达到了。他可以放手大胆地干了。

至此，我们可以梳理一下，江阴揭竿抗清，目的只有一个：拒不执行清政府的"剃发令"。为什么拒不执行"剃发令"？因为在明代的江阴人特别是士子们看来，"剃发令"严重违背了汉人千余年来束发的习俗，是对儒家思想的严重挑战，是对汉人特别是读书人的严重的侮辱，是欺祖辱宗的严重的不恭行为。一句话，在江阴人看来，

"剃发令"就是满人消灭汉人儒家文化的野蛮行为。为了维护汉人的儒家文化，江阴人会以死相拼，试图确保儒家文化的独立。

其实，江阴人拼死维护的是已过时的已不适应时代发展的已僵化的"华贵夷贱"的儒家民族观。江阴人拼死不肯剃发的表现，仅是民族主义的表现。民族主义是贬低其他民族文化的，是片面地把本民族的文化视为唯一优秀的文化，而排斥其他民族的文化。江阴人表现出来的这种文化自大，其实是明末清初文化危机的表现，是丧失民族自信心的表现，是文化自卑的表现，是对文化自暴自弃的表现。文化自大绝不等同于文化自信。从某种意义上也表明，明末清初起，世界上经济最发达、国力最昌盛的中国，已开始逐渐走向衰败。

江阴人拼死不肯剃发的表现，也是文化强制力的表现。在清兵未入关前，明人包括江阴人，并不感受到文化强制力，因为他们习惯了这种社会文化，习惯了这种思维模式、价值观念和行为规则。可当清兵入关特别是占领南京后，江阴人和当时的明人一样，深感自己早已习惯了的这一切，已被满族统治者彻底打破，此时，文化强制力就非常明显地表现出来了，因而固守儒家传统价值观念的江阴人和当时的明人，把清政府的"剃发令"视为是对儒家文化的"叛逆"，于是，他们就起来反抗，就起来斗争，甚至不惜以生命为代价。

儒家文化是以人伦为核心的伦理文化，注重人们之间的关系调整，强调名正言顺，强调等级身份，所谓君臣、父子、夫妇，各有地位，各有职责，不能错乱。从根本上说，儒家文化是比较保守的，它是不准革命，不准造反，更不准犯上作乱，表面上有利于社会稳定。同时，儒家文化中没有阶级，只有等级，只有君子与小人的区别。它处理贫富关系的方法，就是"贫而无谄，富而无骄"。儒家既讲尊君，也讲民本；既提倡"杀身成仁""舍生取义"，仁和义是付出生命代价的原则，也提倡仁政爱民，敬畏生命。

综观"江阴事变"初期的表现，参与者特别是领导者，摈弃了儒家文化中的精华，如理性、民本、包容等，却以"忠"和"义"为招牌，采用法家的暴力手段滥杀无辜，把自己变成了盲目杀人的机器。

第七章　常州府遣兵收江阴

　　闰六月初三下午，"江阴事变"指挥部第一次会议后，各坊、乡贯彻会议精神，扩大团练队伍，加强对民兵的训练。但在招募民兵时，农村各乡遇到了一个共同的难题，那就是没有人愿意当民兵。清兵还未到江阴，江阴城乡早已风声鹤唳，东乡的都在传言清兵已到了西乡，而西乡的都在传言清兵已到了东乡。人们知道，现在招募民兵不同于以往。以往参加民兵仅是为了护村护街，抓抓小偷，难得与江盗、河盗交交手，顶多受个伤，一般死不了人，且还有一定的经济收入。现在招募的民兵，是要直接与清兵打仗的，这怎么行呢？清兵打仗有多么多么厉害，早在坊间传开了。甚至一提到"清兵"两字，人们就被吓得头皮发麻。再加上受根深蒂固的"好汉不当兵，好铁不打钉"的观念的影响，生活过得去的家庭的青壮年男子，往往千方百计地躲避被招募为民兵。鉴于这种情况，有关各乡决定，提高民兵待遇，并刚性规定，每满四口人的家庭，必须出一个男子当民兵。违者加重税赋徭役。即使采用这些举措，新招募的民兵也不是很多，而且在新招募的民兵中，外地"流民"居多，同时士绅家里的男仆，也大都迫于无奈，参加了民兵。

　　来春乡虞门都（相当于民国时期的保）的曹氏，是江阴的名门望族。南宋至清代，虞门曹氏出一品官员十三人、进士二十二人，堪称豪门大族。至明末清初，虞门曹氏又出了一个人物，名叫曹燧，生于1613年，十六岁时就游学郡庠，博学能文，遗憾的是未能获得科举功名，连秀才都不是。但耕读诗礼的良好家风，以社稷为重的家训，使曹燧从小起就怀抱治国安邦之志。明末，由于地主阶级与农民阶级矛盾激化与恶化，社会极不安定，诱使江滨盗獗。虞门北濒长江，西傍虞门大河，盗哨经常出没，使乡民极为恐惧。为了防盗抢劫，二十多岁的曹燧，对父母晓之以理，分析利害，说服父母拿出钱来，支持他组建虞门团练。曹燧得到父母支持后，一面招兵买马，购买武器；一面训练乡兵，并经常派出暗哨，侦探江盗的动向。在团练的护卫下，虞门地区未遭江盗的抢劫，曹燧因而受到当地民众的赞许。

　　1644年农历四月二十九日，崇祯皇帝身亡的"凶闻"传到江阴，曹燧捶胸顿足，恸哭不已：有愧未致匡国难，唯望捐躯报圣恩。1645年六月底，常州府限江阴三日内必须剃发。这一消息传到虞门，遭燧大怒，坚决不从，决心为"留发"而斗争到底。闰六月初二一早，曹燧带了几个乡兵，骑上马，奔赴君山校场，参加了抗议清政府"剃发令"的群众集会，并跟随着城里的士绅，挟持着知县方亨，来到江阴文庙明伦堂，参加了抗清宣誓，并接受陈明遇的指挥。初三下午，曹燧参加了"江阴事变"指挥部成立后召开的第一次会议。在会上，曹燧尽管没有像程璧那样慷慨捐巨款支持抗清，因为家里还是父亲当家做主，所以未能表态。但他参加完会议后回到家，把会议精神跟父亲一说，父亲表态说，支持曹燧购买武器，但不准备招募新民兵，而是强化对原有的近百名乡兵的军事训练，提高作战能力。曹燧听从了父亲的意见，一面派信得过的族人去外地购买武器弹药，一面亲自强化对乡兵的军事训练。

　　再说陈明遇。

　　有了程璧的巨额捐款作支撑后，陈明遇一面命人速购火药和其他兵器，命令驻扎在黄田港和黄山大、小石湾的参将营与游巡营火速撤至城内，将红夷炮架在城墙的垛口处，炮兵与水陆兵进行优化搭配，并昼夜在城墙上巡视。同时命令专业军人对城内三个坊的团练乡兵进行军事训练，加强敌情侦察，严防奸细混入城内搞破坏，加紧备战；一面派其军事助手季世美等人赴县城周边的顺化乡、来春乡、昭闻乡、太宁乡，组织乡兵入城守御，并许诺，凡进城守御的乡兵，除保障让其吃饱饭外，每天还发给五文零用钱（在当时大约可以买2.5斤大米）。

钱从哪里来？由谁出？

"江阴事变"指挥部的命令是，各乡自筹解决。同时，对各乡派出多少乡兵进城，都有刚性指标任务。这就为难了四乡乡长。为难之处有二：一是去哪里新招募那么多乡兵？二是去哪里筹措那么大一笔钱？只是军令如山，在乡长的高压下，四乡乡绅不敢不从，有的甚至把家底都掏出来了。

更让四乡乡长为难的是，当时江阴出现了两个权力中心。一个是以方亨为知县的县衙门，尽管方亨、主簿莫士英已被关进监狱，由于四座城门把守严格，只进不出，城内消息被严重封锁，乡村还不知道方亨已被关进监狱的事。这个由清政府任命的也为江阴人承认和接受的权力中心所布置的登记造册税赋印册的工作还照常进行，同时自倡议守城抗清后，这个权力中心的政令已出不了县城了，特别是自方亨、莫士英被关进监狱后，清政府江阴县衙门已名存实亡了。另一个是以陈明遇为主帅的"江阴事变"指挥部，这是由江阴城里的士绅们推举出来的，实际上行使着比县衙门还要大得多的权力，其政令、军令在县城十分通畅，但在广大乡村，农民们并不承认以陈明遇为中心的新的权力中心。

尽管四乡有很大的难处，但他们不敢违抗指挥部的命令，迅速行动起来，设立招募报名点，每天接待、登记、编队训练新招募的乡兵。短短两三天工夫，四个乡就组织了四千多乡兵进城守御。在这四千多乡兵中，新招募的占大多数。这些新招募的乡兵中，有三分之一是外来的"流民"，三分之二是江阴本地人，但大都是佃农家的男丁和士绅家的男仆。外地"流民"和江阴本地佃农家的男丁，听了当乡兵后不但能每天吃饱饭，而且每天还有五文零用钱发，以为是天上掉下来的馅饼，高兴得不得了，与其天天挨饿，不如当乡兵快活实在，所以纷纷报名应征了。至于士绅家的男仆当乡兵，那是出于主人的威逼所致，实属无奈。所以，从招募的乡兵兵源看，这些进城守御的乡兵，有种潜在的亡命徒的底色。他们强悍，进攻性强，如果组织得好，他们将会有很强的战斗力。以至于后来从其他乡纷纷进城守御的乡兵来看，其兵源也大致类似。这也许就是江阴之所以能坚持守城抗清八十一天的一个很重要的因素。

"江阴事变"、知县方亨被投进监狱的消息传到常州后，知府宗灏坐不住了，急忙向南京的多铎报告，要求南京军事枢纽速派大兵去江阴镇压，但南京军事枢纽一时调不出大部队去江阴镇压。多铎是亲率十万满、蒙兵南进的，一路上虽收编了三十多万南明的降军，但自清兵占领南京后，这些有限的兵力，一方面要进剿浙江的抗清武装力量，一方面又要进剿南直隶诸府的抗清力量，哪有多余的兵力来对付江阴啊！还有，多铎同时也认为，江阴是区区弹丸小县城，又没有多少南明的正规部队，用不着派大部队去弹压，只要常州府出府兵去弹压就解决问题了。多铎根本不把江阴的抗清力量放在眼里，也根本不把"江阴事变"当回事。

闰六月初五凌晨，宗灏派出三百府兵（其实是顺清的南明军队，仅是穿了一身满服，剃了发而已，貌似清兵，士气低落，战斗力不很强），没从三井头、龙虎塘、璜土等地由西向东进击江阴，因为他获悉了在江阴西郊布防严密的情报，为避实击虚，就改从经过东青、郑陆桥、黄山桥、芙蓉、月城，由南向北进击江阴，企图打江阴一个措手不及，不费吹灰之力就拿下江阴县城。可宗灏没料到的是，三百府兵到达月城的秦望山脚下时，正值午饭时刻，就原地休息，炊事兵赶忙置灶做饭。在饭快要做熟时，早已设伏在秦望山半山腰的千余名乡兵冲下山来，与惊慌失措的清兵短兵相接，凭着人多势众，又不怕死，几个回合下来，大部分清兵被歼，小部分清兵负伤逃往常州。

作为乙酉年江阴守城抗清八十一天的首次战斗——秦望山之战胜利的捷报传到江阴，举城欢庆，大家喜不胜喜，认为清兵不堪一击，没像传得那么神乎，进而更加坚定了守城抗清的决心。与此同时，宗灏决定，第二天继续派兵征剿江阴。他不信就拿不下小小的江阴县城。

就在江阴庆祝秦望山之战胜利的时候，巡逻的乡兵发现有一个穿青衣的男子在街上行走时，不时地东张西望，形迹很似奸细，便一拥而上，擒住那个穿青衣的男子，并从其身上搜出了一张地图、一封私信。地图上标记着兵马出入之路以及江阴诸山瞭望埋伏的地方。经盘问，那个穿青衣的男子供认，他是璜塘夏中书家的仆人。夏中书（从七品文官）派他给知县方亨送一封信，让方亨请求常州府遣师江阴，执行清政府的"剃发令"，尽快遏止乡村动乱，维护社会稳定。

从璜塘的夏中书派仆人给方亨送信，要求方亨请求常州府派兵江阴，执行清政府"剃发令"这一史实中可以看出，一是地处江阴东南隅的璜塘，只知清政府的"剃发令"，不知江阴城里因抵制"剃发令"而揭竿抗清；二是江阴城里已把满、汉之间的民族矛盾上升为主要矛盾，而江阴农村，主要矛盾仍是地主阶级与农民阶级之间的矛盾，所以，农村还处于因阶级矛盾激化而导致社会动乱的局面之中；三是以夏中书为代表的乡村士绅，与江阴城里的士绅在"剃发令"问题上立场相左：乡村乡绅巴望尽快执行"剃发令"，目的是借助清兵的力量，镇压佃农及无业游民抢劫地主的财物而引发的社会动乱，尽快恢复稳定的社会秩序；城内的士绅因抵制"剃发令"，已揭竿抗清，人为制造恐怖，将江阴城内的无辜百姓推上了人亡城毁的不归之路。因此，在仅有约一平方千米面积的江阴县城内发生的事，能否掩盖或抹杀或替代在一千多平方千米的江阴广大农村发生的事？江阴城内一两百人的士绅和明朝官吏的利益诉求，能否代替全县二十三万多民众利益的诉求？这些问题，是值得深入研究的，更值得深刻思考的。

巡逻的乡兵把那个穿青衣的人押送到指挥部，游巡营守备顾元泌亲自审讯，对其逼供。在酷刑下，青衣人招供，说城里的秀才沈曰敬和县衙门里的吏书吴大成、任粹然等人，曾在城里的秀才马三家里秘密策划如何配合清兵屠洗县城的事。这还了得！顾元泌立即命人火速捉拿马三、吴大成、任粹然等人，并将其"磔于市"。沈曰敬因与吴大成们撇清切割得快，才"仅以身免"，但被关进了监狱。

闰六月初六晚，指挥部接到报告，常州府又派马步兵千余人，已从常州出发，估计第二天凌晨到达江阴外围。同时还派出水师五百人，也乘船从水上西进江阴。指挥部当即召开紧急会议，陈明遇作战斗动员和军事部署的报告，除严查城内奸细、严守四座城门外，还决定成立由北门外拳勇少年组成的冲锋营，季世美任营长，去申港布防，阻击清兵东进；任命顾元泌为前线指挥，率五千乡兵在西郊布防，迎击从陆上、水上来犯的清兵。

这天晚上，虞门的曹燧也听到线人报告，说清兵已从常州出发，东进江阴，可能会在初七凌晨经过良信乡后梅都苍墩图。于是，曹燧率虞门团练，在子夜赶到苍墩，埋伏在苍墩制高点上，以袭击清兵。初七凌晨，清兵经过苍墩时，曹燧率乡兵袭击清兵，遭到数倍于乡兵的清兵的反击。面对强敌，虞门团练奋勇作战，最终全部阵亡。已负伤的曹燧没有后撤，而是奋然迎敌，高喊"此吾授命之日也"。怒吼着冲入敌阵，挥刀砍杀，砍杀数十个清兵后，终因数处负伤血流尽而身亡，年仅三十二岁。苍墩之战，为江阴守城抗清的第二次战斗，虽然失败了，但体现了以曹燧为首的虞门团练的英勇刚烈。

苍墩之战后，清兵没有立即东进，而是移师至后梅进行休整，到傍晚才继续东进江阴。

初七一早，冲锋营营长季世美，以鼓炮声为号令：三鼓一炮声是做饭，四鼓二炮声是吃饭，五鼓三炮声是部队出发。当五鼓三炮声响后，冲锋营三百余人拿起武器，先行出发，过了浮桥后，他们就把浮桥给拆了，"经夏港亦然"。因当时的桥梁大都是木桥，所以拆起来比较容易些。留守的近两百个中老年男人，把当地的铁桶全部集中起来，再用漆黑的锅底灰涂在铁桶表面，佯装成红夷火炮，安放在闸桥上，像诸葛亮唱空城计似的企图威吓清兵。

下午1时左右，季世美率领的冲锋营抵达申港，一路上没遇见清兵，才想起做饭的事。于是，季世美命令伙夫置灶做饭。这时，有几个老农路过，看见一群毛头小伙子，有的背上背着大刀，有的背上背着弓箭，聚在申港河东岸等饭吃，很是好奇。其中一位老农问，你们这是在干什么？季世美回答，我们准备在这里迎击清兵。凭你们这帮嘴上无毛的人？又一位老农说，今天半夜里，虞门的曹燧率领百多人，在苍墩跟清兵干了一仗，你们知道结果怎样吗？结果怎样？

几个乡兵急切地问。一个都没竖着回。一位老农说,曹燧有一身拳脚功夫,他的团练练了好多年,都打不过清兵,就凭你们这些骨头嫩滋滋的,能打得过清兵?年轻人,不要瞎胡闹了,回家去吧。你们娘老子养到你们这么大,不容易。季从孝听后,火冒三丈,挥起拳头要打老农,被季世美制止住了。别跟这帮老不死的一般见识。我们准备吃饭。不听老人言,吃亏在眼前。老农唉声叹气地走了。

当冲锋营刚端起饭碗时,忽听传报说,清兵已到了后梅,距离申港仅有四五里路了。鉴于申港周围没有设伏的高地,村墟又稠密,不利于冲锋营设伏袭击清兵,季世美决定冲锋营后撤至虞门桥,利用虞门河旁的高伏击清兵。季世美命令冲锋营撤向虞门桥时,众乡兵齐声高喊"等打败了清兵再吃饭也不晚",对战败清兵夺取胜利,充满着盲目乐观的信心。

冲锋营奔跑三五里路,赶到虞门河东岸旁的高地设伏,在暮色降临时,清兵才到虞门桥。季世美连放两个炮仗,以两声炮仗声为指挥号令,指挥冲锋营施放弓箭,射中不少清兵。由于清兵人多,再加上指挥官弄清情况后,迅速命令士兵组合成进攻队形,向冲锋营发起反攻。由于冲锋营占着地形优势,清兵发起的第一轮攻击,很快被冲锋营击溃。清兵毕竟是专业军人,经过专门的军事训练,又身经百战,富有作战经验,在指挥官指挥下,很快调整战斗队形,以黑云压城城欲摧的气势,向冲锋营发起第二轮攻击,并很快占领高地,双方进行了血腥激战。冲锋营虽勇猛,还有一定的武功,单打独斗尚可,但由于缺乏军事训练,缺乏团队作战经验,又是各自为战,再加上都饿着肚皮,人数又少,禁不住清军骑兵的分割包围,最终大多战死,季从孝乘着夜色掩护,和几位乡兵夺路而逃,保住了性命。季世美突围不出,被清军骑兵的马刀拦腰一劈两段。

冲锋营大多阵亡的消息传到指挥部,陈明遇立即命令顾元泌把乡兵撤回城里。虞门之战的惨败,终于使陈明遇头脑清醒起来,让他冷静地意识到,乡兵人虽众,但在城外没有屏障依凭的情况下,是根本禁不起清兵一击的。同时,陈明遇自担任"江阴事变"主帅之时起,就把季世美视作自己的军事助手，把北门外乡兵作为他抵御清兵的有生力量。可是，在虞门之战中冲锋营大多阵亡，季世美被劈死，可以说是击溃了陈明遇的心理防线，使他更加倾向于求助于专业军人来抗清了。于是，寻求外部的军事援助，就成了陈明遇军事指挥的主要抓手了。眼下的陈明遇必须面对明天的敌情。他判断，明天清军陆兵、水师肯定会攻打江阴县城。他必须作好战斗准备。

翌日一早，听说清军大部队快要攻打县城了，城里大户人家为了不绝香火，纷纷带领未成年的男丁逃出县城，去相对安全的无锡、常州、江阴西乡、江北靖江等地避难。据《王氏三沙全谱》记载，1645年闰六月，住在江阴城里的望族西沙王氏十九世孙王清芳（在守城战中战死）面对危难时局，对兄长说："君父之恩不可负也，祖宗之祀亦不可斩也。兄宜去，我宜留。"又对亲人说："明知此举（指守城抗清）无益，然使置身事外，草间求活，如国恩何？吾惟以此城为死所耳！"于是，王清芳的哥哥带着儿子出城避难去了，保住了西沙王氏在江阴的香火。看到大户人家出城逃难，平民百姓家也纷纷携妻挈儿地出城避难。城门卫兵见这么多城里人往城外逃，不知道怎么处置，便一面让人报告指挥部，一面阻拦百姓出城，但因出城避难的人多，卫兵拦不过来，逃出去了不少人。很快，指挥部的命令下来了，凡城内男女老少，皆不准出城，违抗者，"当市磔之"。

但城外诸乡的两三万乡兵陆续进城了。他们一路走一路振臂高呼口号："誓死保卫县城"，"坚决不当逃兵"……

见这么多乡兵涌进城里，早已抵达江阴县城西门、南门下的清军陆兵，没有进攻，而是在观望着，要仔细看看江阴的这些乌合之众究竟要干什么。

从水路东进江阴的清军水师，指挥官叫王良，江阴人，是当时出了名的江河大盗，沿江乡都的人都认识他。多铎攻占南京后，王良投降了清军，南京军事枢纽将其手下和船只编入清军水师序列，驻扎常州，归宗灏节制调遣。初八日上午，当王良部的船只经过葫桥时，被在河边水田里劳作的农夫认出来，并破口辱骂王良不止。王良部下听后大怒，停下船来，欲跳上岸去，擒斩辱骂王良的农夫。农夫则操起水田里的烂泥，掷到船上，由于泥滑，在船头甲板上站立不稳的水兵纷纷坠入河中，因水流湍急，被淹死者逾半。登上岸的清兵，被闻讯后从四面八方赶来的众多乡民围住，面对乡民手中的铁耙、铁锄和铁叉，吓得双膝跪地，把大刀举过头顶，表示投降。但乡民们不买原本是江盗的清兵的账，他们欠乡民们的血债太多了，今天终于逮着机会了，一定要报仇雪恨。在乡民们的"镰锄交下"，清兵"浮尸蔽河，积如木筏，直至石撞，水为不流"。

陈明遇获悉葫桥、夏港、文富地区的百姓将恨之入骨的王良部基本消灭、王良带伤逃跑的消息后，心里一点也高兴不起来。他曾率领乡兵们与江河大盗王良交过几次手，虽没捉拿到他，但也重创过他。他认为顺清的王良部大部被歼，是罪有应得。他担心的是城外的千余名清兵，因不知道他们也是顺清的南明军队，所以以为清兵战斗力强，可以以一当十，且一点也没有攻城的迹象，使得陈明遇心里反而是七上八下的，没有底。要与强大的清军作战，必须要有既勇敢又智谋的军事指挥员。此时，陈明遇心里承认自己不是一个很好的军事指挥员，他缺乏大规模战役作战的指挥经验和才能。他不禁又想起了他的前任典史阎应元。在指挥部会议上，陈明遇曾提出过由阎应元来当主帅的建议，但"持论纷纭，各出一见"。其中"持论纷纭"最多的是，阎应元已是广东英德县主簿，虽未赴任，但由他来当主帅，则名不正言不顺。

自己不是一个将帅之才，助手季世美也阵亡，前任典史阎应元又请不来，面临强敌，陈明遇只得顺从大家的意见，起用曾担任过游击的徐观海为前线指挥员。徐观海，江阴人，1645年五月跟随操江提督收复常熟福山港，六月初一到苏州，被清军打败后潜回江阴。徐观海是清军的手下败将，如果答应陈明遇的要求，担任前线指挥，带领乡兵与清军作战，肯定会吃败仗，但又不好直接回绝，左思右想后，便以身体有恙不能胜任为由，婉拒出任前线指挥。可军中无将不行啊，通过协商，徐观海让一直跟随他的五弟，暂时负责一些军事上的事。

同时，陈明遇还采纳徐观海的建议，造十支令箭，用"大明中兴"的旗号，"人执为信"，以防假传军令。

见城中无将，徽商程璧遂向陈明遇推荐自己的同乡邵康公为前线指挥。邵康公是程璧的护卫和随从，管理着程璧家的一支五十多人的私家武装力量，熟悉军事，还会一些武功。因为是程璧推荐，陈明遇和顾元泌也就完全相信，认为邵康公真的是"人材出众"，真的有"力敌四五十人"的大本事，因而也没有对邵康公进行必要的面试，就有点饥不择食地"率众拜为将"。邵康公担任前线指挥后，就开始招兵买马，组织军训，守城自卫。

到此时，陈明遇才宣布命令：举人夏维新，秀才章经世、王华，掌管粮饷；举人、中书戚勋，贡生黄毓祺、秀才许用等二十余人为参谋；县儒学训导冯敦厚全面负责乡兵的政治思想、文化宣传工作。指挥部还决定，为鼓舞士气和斗志，处死方亨和莫士英。

处死方亨的堂皇理由："方亨在狱，尝使作书退兵。后清兵日进，乃密谋杀之，以绝内应。"处死方法："夜二鼓，带兵二十人拥入，赤身擒出，斩于堂上，并家亲知。"

斩莫士英的理由，莫士英是降臣，是方亨的同党同谋。斩法：先斩莫士英，后斩莫士英的父亲与儿子，再斩莫士英家的仆人。之后，再将莫士英的妻妾关进监狱。

方亨之死，有其必然性，因为方亨是清廷命官，在政治立场上，与江阴抗清者根本相左，是势不两立的政敌，因此，在清兵压境之时，斩杀方亨，是城中起义举事之需要，出于"势不能不除之"。然而，莫士英之死，则是枉死而已，因为莫士英"不善立身"。如果莫士英当初也弃职不干，或许不至于死。

然而，为什么不公开审讯后再斩杀方亨、莫士英，而要将其秘密处死，而且还要株连莫士英的父亲与儿子，甚至连家中仆人都不放过？"陈明遇们"的这种做法，究竟说明了什么呢？

尽管陈明遇相信邵康公"人材出众"，也"率众拜为将"，但并没有全心全意仰仗邵康公，因为他不相信邵康公有能力将来自不同乡的乡兵训练成军令畅通、纪律严明、相互配合、步调一致的守城防御劲旅，对乡兵有多强的作战能力也不抱幻想，而是再次选择向外部的专业军事力量寻求帮助。

这时，南明抗清将领、江南总兵吴志葵部下都司周瑞龙，率领的一支数百人的舰队，正停靠在江阴黄田港口。陈明遇迅即派特使上舰面见周瑞龙，以高酬劳为诱饵，终于说服周瑞龙答应从北面攻击清兵。于是，特使夏维新当即拿出千两银票，并按商定的口头协议，再给舰队数量可观的大米、食油、蔬菜，其中大米全由北门外人赠送，不够再由"城中出典米给之"。

周瑞龙率领的水师，其许多特点与驻扎在江阴城外的清兵相似，都是惯用弓弩、大刀、戟和火枪的雇佣兵，而且四处漂泊，军饷要自筹解决。当陈明遇特使夏维新说周瑞龙部如果能从北面攻击清兵，江阴就愿给他们充裕的补给时，周瑞龙听后心里暗喜，认为获得酬劳和捞点个人好处的机会来了。然而，周瑞龙拿了江阴给他的千两银票和他的舰队接受江阴的充裕补给后，并没有认真地为江阴办事。

按照事先商定好的，闰六月初十上午，周瑞龙部从北面攻击清兵，邵康公率乡兵出东城门从东面进攻清兵。由于周瑞龙不想"尽命"攻击清兵，为避免不必要的伤亡，其部下稍触清兵，就佯装败下阵来，退到停泊在黄田港口的船上。邵康公则率众乡兵奋勇杀敌，迫使清兵退至麻皮桥，三天没敢进攻县城。原本逃到乡下避难的城里人，以为清兵走了，便"络绎归来，数日间，民人复聚"。

闰六月十五日一早，淮安巡抚田仰统率大兵下午就到江阴的传言，传遍江阴城的角角落落，居民们"疑喜交集"。他们盼啊，等啊，到中午还未见田淮抚的人影。可靖江的夏起龙不请自来了，他的部队已到了江阴黄田港。夏起龙曾是弘光政府江北四镇之一高杰骑兵部队中的一位低阶军官，高杰被许定国谋杀后，夏起龙随高杰原部，从开封杀回睢州，一路杀烧抢掠。弘光政府灭亡后，夏起龙就回到老家靖江，把渔民、江盗们组织起来，拉起一支擅长水上作战的八百人沙兵队伍。自江阴倡议守城、揭竿抗清后，夏起龙就关注着江阴局势的发展，企图浑水摸鱼，火中取栗。他派出的信使一到"江阴事变"指挥部，就受到了主帅陈明遇的热情接见。信使夸夸其谈，说靖江与江阴原本是一家人，现在江阴有难，我们靖江沙兵决不能坐视不管，一定要来支援江阴。听夏起龙信使如此高调、满嘴大话后，陈明遇感动得快要热泪盈眶了。信使突然话锋一转，说，兵马未动，粮草先行。这你是懂的。我们靖江沙兵出征江阴，总需要一些回报吧。陈明遇问信使需要什么回报，要多少？信使说，要多少，你懂的。你们江阴有的是钱。陈明遇说，好。我会考虑的，决不会让靖江的沙兵弟兄见笑的。

信使站起，陈明遇命令夏维新、章经世跟随前往犒师，"议给赏银四千两"，还有"俱极丰备"的猪肉、羊肉、酒、米、火药等。然而，陈明遇轻信靖江沙兵了，错误地先给了夏起龙这么丰厚的酬劳，结果夏起龙的部下们像饿煞鬼似的，很快就消耗了大半补给，醉履蹒跚，挺着吃喝得饱饱的大肚子，到城南作战去了，结局可想而知，"大挫，杀伤五百人，四散逃往"。可是，打清兵不行的靖江沙兵，在逃散中沿途抢劫却很行。夏起龙和残部登上船，丝毫不敢耽搁，扯起船篷就拼命往江北遁去。

短短几天中，陈明遇当了两次肉头，慷江阴人的财物之慨，一点也不肉痛，结果，肉包子打狗一去不复还。粮饷给了不少，无论是周瑞龙的水师，还是夏起龙的沙兵，这些所谓专业军人，其战斗力未见得比江阴乡兵强多少。周瑞龙和夏起龙这两条"龙"的战败，说明南明军队根本靠不住。可陷入迷信之中的陈明遇，还是没有清醒过来，反而对专业的南明军队的迷信到了痴迷的程度。江阴士绅怎么把自己的命运拱手交给了外乡人陈明遇？他到江阴履职县典史不足半年时间，他能代表江阴吗？明末江阴二十三万多人民的利益，他代表得了吗？

靖江沙兵于闰六月十五日下午败逃后，驻扎在江阴南门外麻皮桥的清兵，就于十六日上午开始攻打江阴县城。由于江阴守城乡兵凭城守御，居高临下，再加上有红夷炮，射死射伤了百多个清兵。为此，守城乡兵为首战首捷欢呼雷动。陈明遇也抑制不住胜利的喜悦。然不懂军事、只会之乎者也的冯敦厚，却看出了危机的存在。他认为，江阴守城乡兵第一次与清兵交战获胜，并不能说明江阴守城乡兵作战能力有多强，而是全凭坚固的城防和拥有的百多门红夷炮。清兵之所以首战告败，并不能说明清兵没有战斗力，而是在于清兵不占地形优势，他们处在城墙下，其大刀、戟等冷兵器够不着城墙上的乡兵；在于清兵的武器不占优势，清兵最好的武器是火枪，而且不很多，而守城乡兵，不仅有火枪，更有红夷火炮。冯敦厚不知道"江阴事变"的结局会如何，但他知道以后的仗会越打越大，越打越残酷。于是，本来好酒的冯敦厚，这个晚上居然滴酒不沾，草草地扒了一碗饭后，就让老夫人收拾行囊，将两个未成年的老来子冯彭与冯博，叫到门人姚世昌跟前，说，你们千万千万要听姚师兄的话，乘天黑赶往老家，船已给你们准备好了。今晚不走，或许就永远走不掉了。他握住姚世昌的手，沁着泪说，我冯家已三代单传。彭和博是我冯家的香火，万万不可断哪！我把他俩托付给你了。

  冯敦厚凭借自己在指挥部里仅次于陈明遇的地位和特权，凭着他的超前洞察力，聪明地将自己的两个年幼儿子送出了城，回金坛老家去了。可还处于头脑发热的江阴城里人，包括士绅们，还没有一个人像冯敦厚那样具有预见性，没有一个人想到还未乘在没有彻底戒严前，将自己的儿子送出城去，连最高指挥陈明遇都没意识到这一点。

  从闰六月十六日起，距离江阴县城四五十里的东乡、东南乡诸乡的乡兵，以乡为单位，在各乡团练首领率领下，手持铁器，身背干粮，"弃农活于不顾"，欲先后进城打仗，但遭到城外清兵的追杀。这些乡兵是第一次与清兵交战，没有作战经验，一触即乱，进退无节，但他们"死无憾"，各自为战，尽力攻杀清兵，即使打不过被清兵擒获了，也不肯"俯首效顺"，宁死不屈。经过搏杀，还是有一些乡兵能杀出一条血路来，进入县城，壮大守城力量。

  陈明遇每次巡城，只要看到有搏战至城下的乡兵，必开城门迎接，并以功论赏。如果是提着清兵的首级进城的，则每一个敌首赏银三两，或下拜，"鼓以忠义"。尽管乡兵忠勇不惧死，但终究敌不过清兵，乡兵伤亡惨重。站在城墙上的陈明遇，目睹着城墙下的一幕幕惨剧，除怒火中烧外，也更坚定了他"乞师"的决心。于是，也是在闰六月十六日这个晚上，陈明遇命令程璧出城"乞师"。

陈明遇为什么"乞师"决心如此坚定？因为他心中的那盏灯，虽忽明忽暗，但始终未熄，那就是大明虽亡，弘光政权虽垮，但"大明中兴"的希望仍在，因为组织带领乡兵拼死进城的各乡团练首领带来的以下这些消息不断传进其耳：赵王起义于太湖，义阳王起义于崇明，潞王起义于杭州，保宁王起义于河南，罗川王、永宁王起义于湖东，益王集二十万人起兵……特别是闰六月初九，明朝官绅张国维、张煌言等人，在浙江绍兴拥立明太祖第十世孙鲁王朱以海监国，建立了南明浙东政权；初十，明朝礼部尚书黄道周和都督总兵郑芝龙，在福建拥立明太祖第九世孙唐王朱聿键为帝，建立了隆武政权。这两个南明政权后来在大敌当前的严峻形势下，没有以国家利益为重，反而为了争"正统"水火不相容，各自内部又钩心斗角，热衷于权势争夺，无法形成统一指挥，协同作战。纵然有像黄道周、张国维这样坚定主张抗清复明的忠臣在，也无济于事，到头来清军还是把鲁王、唐王灭了。然而，这两个政权成立之初，确实给了陈明遇莫大的鼓舞，使他仿佛看到了光明的前程，使他坚信大明定能中兴，使他相信南明还有相当的军事实力，而这些握有兵权的南明将领，也一定会和他陈明遇一样，忠于大明、尽命抗清的。正是基于这些考虑，也鉴于有千余清兵围困江阴县城不松动的这一严峻形势，陈明遇才命令徽商程璧连夜出城讨兵。他相信程璧是一定能完成他交给的艰巨而光荣的任务的。

程璧出城乞师前，当着掌管粮饷和二十多位参谋的士绅们的面，又捐出了十四万两白银。陈典史，这是我的全部家底。你收下吧。

陈明遇搂住程璧，万分激动地说，知我者程璧也。程璧前后两次共捐银十七万五千两，支持江阴不剃发，支持江阴抗清，支持"江阴事变"。

程璧能讨到外兵来增援江阴吗？

第八章　刘良佐劝降

　　自闰六月初六常州知府宗灏发陆兵千人、水师五百人（未至江阴，王良的五百水师在葫桥，就被乡民围歼得差不多了）收拾江阴，依宗灏当初的想法，这一千五六百水陆两军夹攻江阴，不出三日，县城定能拿下，头发百分之百地给剃了。可出乎他的意料，攻打了十多天，清兵还未攻下县城，人马伤亡倒不少。其实宗灏犯了轻敌的错误：他派出的兵所持的武器大都是大刀、长戟等，少部分是火铳。而江阴的乡兵，手中的武器虽然也很简陋，打仗不懂兵法，但毕竟人多势众，在与清兵的交战中也没吃什么大亏。此外，江阴城中还有南明驻军的红夷炮等重型武器，在战斗中更是发挥了十分重要的作用。

　　宗灏派出的兵，本是驻防常州的，不是野战部队，所以缺乏红夷炮等重型攻城装备。同时他自己也自顾不暇，自剃发令复行后，常州城外也是乡兵四起，来自卜弋、孟河等地的乡兵，还分别从西南、东北两个方向夹攻常州城，弄得宗灏顾了头顾不了腚。所以，江阴的清军指挥官数次"羽檄乞师"，可宗灏就是派不出增援部队。无奈之下，宗灏向多铎乞师围剿江阴，多铎终于命令刘良佐率四千人马，带上十几门小口径红夷炮，在闰六月二十日东进江阴。

　　刘良佐何许人也？

　　刘良佐，山西大同左卫人，因常骑一匹杂色马，人称"花马刘"，为明末总兵。崇祯年间统兵于宿松、庐州一带，与张献忠领导的农民起义军作战，因战功卓著，升任总兵官。1644年三月李自成进入北京城后，应凤阳总督马士英邀请，正在河南正阳的刘良佐率部挺进南直隶，一路淫劫，淮民对其深恶痛绝。五月，南京兵部尚书史可法欲立潞王朱常淓，刘良佐与凤阳总督马士英、总兵刘泽清、黄得功、高杰，则拥立福王朱由崧。朱由崧当上皇帝后，刘良佐与黄得功、刘泽清、高杰并列江北四镇（淮安、扬州、庐州、泗州四个军事重镇）统帅，被封为广昌伯，专辖凤、寿两县，驻临淮，经理陈、杞一路。1645年五月，豫亲王多铎率军下江南，攻占南京，朱由崧逃往芜湖。刘良佐没有与以"清君侧"名义起兵谋反的左良玉之子左梦庚交锋，而是选择了顺清，带领自己手下十多万将卒投降了多铎，并被多铎命令"以原官从征"，跟随八旗兵追击弘光皇帝至芜湖。之后，他和部下被临时安置在南京附近。

多铎仅率十多万满、蒙兵一路下江南，占领南京后，清军一下子猛增到四十多万，其中三十多万为南明的降军。多铎就是采用"以汉攻汉"的策略，令降将前驱，攻城略地。这样，既可以减少满、蒙兵的伤亡，并消耗降军的力量（多铎对顺清的明朝将领向来是不放心、不相信的），又可以加深汉人彼此之间的仇恨，可谓一石两鸟，险毒至极。

那么，多铎为什么到了闰六月二十日才命令刘良佐出兵江阴？其中是有原因的。

原因之一，是考验刘良佐的忠诚度。刘良佐率十余万人马顺清后，即刻被多铎编入清军序列，并进行整编，将刘良佐手下的原十多万兵马分解到各八旗兵部队，结果，刘良佐军职军衔仍保持，但手下的兵仅有四五千人了，而且是置放在多铎的眼鼻子底下——南京附近的镇江以西地区。他要看看刘良佐有没有什么异样举动。而刘良佐倒也乖顺听话，没什么非分之想，安分守己待在那里，一切听命于多铎。如此，多铎似乎对刘良佐放心了。

原因之二，自清朝的"剃发令"复行后，使多铎没料到的是，几乎在同一时间，江南各地民间反弹激烈，有的聚众捕杀清朝政府任命的知府或知县，有的直接揭竿抗清，血腥杀戮。为了镇压江南人民抵抗剃发令的斗争，多铎派兵围剿，但因兵力不够，一下子应付不过来，同时又生怕南京有虞，便把刘良佐部当作预备队，以应不测。

原因之三，经过一个多月的征剿，上海、川沙、南汇、昆山、太仓、常熟、苏州等地因"剃发令"而引发的抗清斗争,先后被清军镇压下去了。南京以东的丹阳、溧阳、金坛等地的抗清斗争,因规模小,也被刘良佐部很快平息了。在大局可控的局势下,多铎才命令刘良佐率部去镇压江阴的抗清斗争。

闰六月二十一日上午9时,城内的指挥部得到传报,说清军大部队将于二十一日下午3时左右到达江阴。陈明遇立即召开军事会议,进行作战部署。陈明遇命令邵康公为前线指挥,率守城乡兵出城门,在西郊的文富一线布防,迎击清兵。上午10时军事会议结束,各级指挥员按照作战部署,各自率领所辖乡兵,迅速到达指定位置,构筑工事,痛歼来犯清兵。

下午5时左右,刘良佐部抵达文富,邵康公首先跃出战壕,手抡大刀,杀入清兵阵营,双方顿时陷入混乱。经过一小时左右的激战,乡兵亡五十多人,伤百多人,而刘良佐部无一卒伤亡,于是,邵康公没有恋战,命令乡兵迅速撤回县城。见夜幕降临,又不熟悉江阴城四周的地理形势,也不知城内的指挥官是谁,战法如何。所以,在部队还未站稳脚跟的情况下,刘良佐没有贸然命令部队攻打县城,而是命令部队移驻江阴南门外,与驻扎在麻皮桥一带的常州府清兵会合。

刘良佐部到达麻皮桥后,士兵们忙着搭毡篷,马夫们忙着喂马,伙夫们赤着膊在做晚饭,刘良佐冲了个冷水澡后正躺在藤椅上哼着荤腥味很重的山西小调。这正是夏日夜晚安详休憩的良辰佳时啊。

晚上,城内的指挥部又召开紧急军事会议,听取邵康公对战况汇报和对敌情的判断分析,以便制订下一步作战计划。陈明遇听了邵康公的战况汇报后,很是愤怒,一向温文尔雅的他,竟然破口大骂,把邵康公骂得脸上红一阵白一阵,恨不得要把自己的脸藏到下面的裤裆里去。

这也不能怪陈明遇,要怪只能怪邵康公自己。在未战前,人们把邵康公视为战无不胜的战神,把他视为江阴城的救星,而邵康公也不掂量掂量自己的分量,竟然不自量力,太把自己当棵葱了,竟夸下大口,首战必胜。而结果呢,死了五十多人,伤了百多人。

一贯要强的邵康公，听陈明遇骂完，猛地站起，拍起胸脯，又向陈明遇和在场的江阴士绅们夸下海口了：会议后，我就率部下潜出南门，趁天黑摸进敌营，杀他们一个人仰马翻。

好。陈明遇一拍桌子，说，再给你一次立功的机会。记住，不要轻敌。

晚上11点多钟。天很闷。突然，远边的天际，突然响起浑浊的雷声。接着，起风了，风越刮越大，再接着，雷声由远及近，在江阴上空炸响。雷声清脆但不悦耳，而是震撼人心。炸雷过后，倾盆大雨似从银河倒灌下来。就在这样的夜晚，邵康公率一百多个乡兵，潜出南城门，迅捷向麻皮桥奔去，企图偷袭清兵。岂料，富有指挥作战经验且又狡猾的刘良佐，早就料到江阴守城乡兵会偷袭他的军营，已做好了反偷袭的准备，命清兵设伏在军营的周围，因而当邵康公他们冲进军营还没辨清方向时，就遭到了预先设伏的数百清兵的反偷袭。经过混战，除邵康公负伤后，在十多个乡兵护卫下逃脱外，其余乡兵全部阵亡。邵康公夜袭清兵的惨败，再次震动了陈明遇和城里的士绅们。邵康公这尊战神，终于在他们心中猛然坍塌了。

被众人捧出来更是被众人造出来的战神邵康公接连两次战败后，众人没有反思自己为什么要造邵康公这尊神，反而是责怪神的种种不是。这是神的不幸，更是造神者的悲哀。结果，被众人抛弃的战神邵康公被关进了监狱，罪状两条：一是指挥不力，严重失责；二是在负责守卫南城门时，私自放熟人出南城门，有通敌之嫌疑。当时群情激愤，一致要求处死他，但陈明遇说服了众人。陈明遇说，邵康公罪该万死，但他是程璧的人。程璧为了守城抗清，两次捐银十七万五千两，做出了巨大的贡献。如果没有程璧的巨款支持，我们"江阴事变"能坚持到今天吗？如今，我又命令程璧外出乞师去了，不在江阴，我们怎能这样薄情地处死邵康公呢？要杀，也得等程璧回江阴后再杀。诸位，你们觉得怎么样？见陈明遇把话说到这份上，在指挥部里负责掌管粮饷、司职参谋的二十多位江阴城里的有头有脸的士绅们不说话了，因为他们无话好说。

从这一史实中可以看出，到1645年的闰六月二十一日，"江阴事变"的领导权、决定权，仍是掌握在陈明遇和程璧手中。江阴城里的士绅们竟没有人能替代陈明遇和程璧。江阴城内的士绅们中，有钱人多了去了，为什么没有人像程璧那样？首倡守城、抵制"剃发令"最坚决、革命口号喊得最响的秀才许用，家境也不差，为什么没有像程璧那样，为了坚守士子心中的"道"而甘愿倾家荡产？还有夏维新、章世经、王华、戚勋……他们都是有钱的主，为什么不肯拿出一个子儿出来闹革命，而是"江阴事变"的所有费用，吃的用的，在一个多月中全都是程璧的？

击败邵康公的偷袭后，刘良佐命令部队"历东门至北门，分十六营围城"，围而不攻，企图把五万多兵民困死在城内，迫使其不战自降。刘良佐则是把重点放在清除城外的抗清武装力量上，命令部队纵火烧毁东城门外的村庄，实行焦土政策，大肆抢劫东城门外的富裕人家，但他们遇到了由地方乡绅领导的团练乡兵的奋勇抵抗。乡兵分三路抵御刘良佐部的进攻，两路皆溃败；一路拼死抵抗，数十名乡兵据桥力战，不仅杀死了二三十个骑兵，还杀死了刘良佐骑兵部队的一个尉级军官。在双方互有伤亡、清军不占上风的情况下，刘良佐命令部队撤回营地。

由多铎授命，刘良佐将原来由常州府派来攻打江阴的千余名清兵与自己的部队进行整编，由他统一指挥。接下来的一天，刘良佐又命令部队在江阴北城外实行烧杀抢掠。他还嫌不过瘾，又命令部队到江阴顺化乡东部大肆抢掠，同样遭到崇仁乡乡兵抵抗。这支乡兵队伍由葛辅粥父子领导，共有五百人。

葛辅粥，江阴崇仁乡泗港人，本为盐盗，彪悍凶猛，1644年四月二十九日夜，崇祯皇帝吊死在煤山的"凶闻"传到江阴后，引发了民乱。葛辅粥也是江阴民乱的肇始者之一，他因乱发了一笔横财后，就以原盐盗成员为班底、招兵买马了一批人，组建了一支五百人的团练，根本目的不在安境保民，而在以此洗白自己，试图使自己成为地方上合法的有名望的角儿。南京弘光政府成立后，江阴社会安定了许多，但匪患不绝。在这一年中，葛辅弼没干什么打家劫舍的事，倒是一门心思花在团练上，训练乡勇。弘光政权垮台后，江阴城里突然闹起事来，原因是为了不肯剃头发，还居然把清政府派下来的知县大人给杀了。起初，葛辅弼看不明白江阴城里发生的事，后来渐渐地明白了，那就是汉人决不能受满族人的欺侮。葛辅弼虽是盐盗，有凶残的一面，但也有讲义气的一面。他认为自己是大明朝的人，头上束发是老祖宗传下来的规矩，你一个异族人，有什么资格、有什么权力要剃我们汉族人的头？葛辅弼很有些义愤。当宗灏发兵收拾江阴后，清兵无所作为，奈何不了江阴城里的乡兵。这也使得葛辅弼有些瞧不起清兵。当刘良佐率部进抵江阴城下，并两次打败了邵康公，而且在之后的几天里，对江阴东门、北门外的村庄大肆纵火焚烧，对富裕人家肆意抢劫的事传到葛辅弼耳朵里后，他又气又急又恨，既怕刘良佐，又不服刘良佐。他为了保住自己的既有利益，不肯投降刘良佐，同时也想露一手，欲让江阴人好好看看他葛辅弼的本事。

于是，葛辅弼打着"入城赴援"的旗号，在各都乡兵的支持配合下，于闰六月二十三日上午，率部向江阴城进发。当他们来到江阴顺化乡白沙都时，突然与东进扫荡的刘良佐部相遇，就这样，一场遭遇战打响了。可是，"素为盐盗，不谙纪律，亦至民家劫掠，酣饮樗蒲"后的葛辅弼部，勉强与清兵交战半小时，就被清军全歼，葛辅弼父子被刘良佐当众砍首。

清军乘胜东下，扫荡化成乡的大桥、周庄两都，所有村庄被烧毁，女人被奸淫。虽有乡兵抵抗，但大多数人被杀害。至此，江阴城东部、东北部地区的村庄大都被烧毁，抗清武装力量基本被消灭。大户人家能逃的都逃到了江阴以外相对安全的地方，也顾不得家里的田契被佃户们烧毁，未被清兵抢劫的财物被佃户和外地"流民"抢走。同时，由于江阴"兵乱日久，政令不能出城"，导致"远乡叛奴乘衅索券、焚宅"，"弑主者络绎而起。烟光烽火，相杂蔽天。大家救死不暇"。也就是说，除江阴城内有陈明遇领导抗清外，广大的江阴农村则处于极度动乱的无政府状态，一度收敛的江盗、河盗又开始兴风作浪，一些佃农和外来"流民"又寻机作乱，趁火打劫。

与此同时，增援江阴的清兵日益多起来。他们扎营在君山、黄山一带，昼夜"烧掠四城民居"，完全切断了城内与城外的联系通道和城内军事后勤保障的供给线，使江阴成了一座彻彻底底完完全全的孤城。

闰六月二十四日，也就是刘良佐部围城的第四天，刘良佐采取了劝降的策略，企图从内部突破，尽快攻下江阴城。刘良佐亲笔写了一封劝降书，用箭从东城门外射进城内。劝降书中这样写道：

传谕乡绅士庶等知悉，照得本府原为安抚地方，况南北两直、川、陕、河南、山东等处地方俱已剃发。唯尔江阴一处，故执违国令，何不顾身家性命？即令本府奉旨平伊江阴，大兵一二日即到。尔等速剃发投顺，保全身家。本府访得该县程璧，素系好人，尔等百姓即便具保，本府题叙管尔县。如有武职官员，亦具保状，仍前题叙，照旧管事。本府不忍杀尔百姓，尔等皆系清朝赤子，钱粮犹小，剃发为大。今秋成之时，尔等在乡者即便务农，在城者即便贸易。尔等及早投顺，本府断不动尔一丝一粒也。特谕。

细读劝降书便可知道，刘良佐的这封劝降书，既是写给县城内居民、乡兵和士绅的，也是写给江阴全县民众的。劝降书中透露出的信号非常明白：一是到闰六月二十四日为止，南直隶，也就是应天、镇江、常州、苏州、松江、凤阳等十四个府，即与如今江苏省、安徽省和上海市行政区域相当的广大地区，都已剃发，唯独江阴一县"故执违国令"，问题严重到已引起朝廷震怒，所以刘良佐部"奉旨平伊江阴"，并且"大兵一二日即到"。这一信号要让江阴官民认识到江阴不剃发后果的极其严重性。二是江阴百姓如果从现在开始"剃发投顺"，不仅能"保全身家"，而且到"秋成之时"，"在乡者即便务农，在城者即便贸易"。三是刘良佐部"不忍杀尔百姓"，在他看来，"尔等皆系清朝赤子"。刘良佐在劝降书中传递这些信号，目的是要让江阴百姓迅速剃发,同时也是在离间城内居民与士绅、官吏之间的关系。四是要让士绅们相信,新王朝清政府并不想干扰士绅们对地方的控制;要让武职官员相信,只要他们愿意投降,仍旧可以当原来的官,管原来所管的事。

此外,刘良佐劝降书中的"本府访得该县程璧,素系好人,尔等百姓即便具保,本府题叙管尔县"一席话,值得玩味。刘良佐为什么要在劝降书中特别提到程璧呢?深意有二:一层深意是刘良佐在离间程璧和城内的陈明遇之间的关系。明着说程璧可以"管尔县",也就是说让程璧当江阴知县,言外之意是在诱降陈明遇,只要你陈明遇投降归顺清朝,江阴知县的位置就是你的了。另一层深意是在暗示城内的士绅,促使他们投降。刘良佐要让城内的士绅心里明白,程璧之所以"素系好人",不就是他倾其所有捐献十七万五千两白银支持陈明遇的守城抗清斗争吗?而你们没捐一分钱,家产没受一分损失,只要你们归顺,带头剃发,不是照样可以当江阴的知县、县丞、县主簿等职了吗?你们付出的成本太小了,而可以收获的却是多多啊。

刘良佐劝降书中的"钱粮犹小,剃发为大"一句特别吸引眼球。刘良佐的意思是,只要江阴归顺,愿意剃发,至于缴纳多少赋税,都可以商量,甚或也有可能减免半年的赋税。那么,刘良佐为什么要把"剃发"看作是"犹为大"的事呢?因为"剃不剃发"是严重的政治原则问题,关乎清政权的合法性问题,而"钱粮"仅是经济问题,所以"犹小"。政治问题大于经济问题,自古以来就是中国的传统。刘良佐的"钱粮犹小,剃发为大",是与已深植于江阴士人骨髓中的"饿死事小,失节事大"的观念水火不相容。

收到刘良佐的劝降书后,陈明遇召开由军事干部、秀才和部分士绅参加的会议,共同商量如何回复刘良佐的劝降书。此时城里的大部分士绅早已将守城抗清的领导权交给了陈明遇这位军事领导人了。而那些参与领导抗清斗争的部分士绅,其动机并不全是为了坚守汉民族气节,也不全是出于英雄主义的牺牲精神,而或多或少是为了谋取某种属于自己的私利,比如像"留取丹心照汗青"之类的。至于军事干部，大都已感到自己的末日将临，但又不能溢于言表，只能深埋心中。秀才们呢，作为读书人，本应该发出理性的声音，警醒当局者理智决策，而不该站在道德制高点上，以毁废一座千年古城为代价，以无辜牺牲四五万生命作筹码，来圆满他们所谓"忠义"之美德。遗憾的是，当陈明遇要求大家发表意见时，军事干部与参会的士绅，大都缄默不语，唯有秀才们发言踊跃，而且很煽情。此时，负责掌管粮饷之一者、秀才王华，在结束一番高调空洞的发言后说：回复刘贼良佐的信，由我来执笔。

陈明遇第一个鼓掌，接着有第二、第三个人鼓掌，此后，掌声像瘟病一样，传遍了整个会议室，直至排山倒海般的掌声响彻云霄。但在这掌声后，王华根本不知道死神已逼近他。

王华执笔的回复信是这样写的：

江阴礼乐之邦，忠义素著，止以变革大故，随时从俗。方谓虽经易代，尚不改衣冠文物之旧。岂意剃发一令，大拂人心，是以乡城老幼，誓死不从，坚持不贰。屡次兵临境上，胜败相持，皆以各乡勤王义师闻风赴斗。若城中大众齐心固守，并未尝轻敌也。今天下大势所争，不在一邑，苏杭一带俱无定局，何必恋此一方，称兵不解？况既为义举，便当爱养百姓，收拾人心，何故屠戮奸淫，烧抢劫掠，使天怒人怨，怆目痛心？为今之计，当速收兵，静听苏杭大郡行止。苏杭若行，何有江阴一邑？不然，纵百万临城，江阴死守之志已决，断不苟且偷生也。谨以诸公约：总以苏杭为率，从否唯命。余无所言。

仔细分析王华代表江阴士民写给刘良佐的回信，值得注意之处有三：一是江阴乃"礼乐之邦，忠义素著"，所以为了捍卫不剃发这一"礼乐"制，即便承认朝代已易，也要与你死磕到底。二是苏州、杭州这样的郡府你们都没拿下来，为什么偏偏揪住江阴这个小地方不放？三是只要苏州、杭州这样大城市里的人带头剃发，我们江阴人二话不说，也一定剃发。

那么，如何咀嚼给刘良佐复信中的这三层主要意思呢？

一是彰显了明末江阴士人的傲气。"江阴礼乐之邦，忠义素著"，源于季子。季子是春秋时期的吴国人，是吴泰伯十九世孙、吴王寿梦的第四个儿子，亦是最小的儿子，由于其聪颖、明礼、尚德，深受父亲的器重和三个兄长的敬重。公元前506年，病危中的寿梦要让季子继承王位，季子的三个哥哥也没意见，可季子执意辞让了。寿梦死后，季子的大哥诸樊虽已继承了王位，但还是真心实意地想把王位让给季子，同时吴国的达官显爵也上疏要求立季子为吴王。可季子还是不肯当国王。无奈之下，他抛家弃室，只身来到江阴申港东南的舜过山下，过起了耕读的隐居生活。后来又有两次当国王的机会，他都婉拒了。

季子为什么要三让王位？因为他忠于周朝的宗法制和礼乐制。周朝的宗法制是嫡长子继承世袭王位。周朝的礼乐制是"亲亲"和"尊尊"，即亲其所亲，尊其所尊，也就是说，君臣、上下、父子、兄弟之间的关系，以及衣食住行、丧葬嫁娶、祭祀祖先乃至军制政令，都必须按明文规定的礼乐制度来进行。季子三让王位，时人和后人都将季子喻为忠义之人。

由于季子后来被封为延陵诸侯，史称"延陵季子"，而江阴是延陵的属地，季子死后又被葬在江阴申港镇西南，所以，自古以来，江阴人视季子为江阴的人文始祖，进而把江阴称作为"礼乐之邦"，且"忠义素著"。江阴士人怎么看得起你文明落后的满人？如今，你满人竟要剃我大明江阴士人的头发，这不是大逆不道吗？你这不是在侮辱和作践江阴士人吗？我们江阴士人是你满人可以侮辱和作践的？门都没有。士可杀而不可辱。因此为了维护脸面和尊严，保持"衣冠文物之旧"，江阴士人"死守之志已决，断不苟且求生"。

其实，明末的江阴士人，当然也包括当时江南的其他读书人，犯了严重的本本主义错误，只是一味地死咬住理学书本不放，而忘了儒家思想创立者孔子关于忠义的思想精髓。在孔子看来，忠就是为别人做事尽心竭力，是从积极方面讲爱人，而狭隘的忠君思想是后世法家渗入儒家以后产生的曲解，并不是孔子的本意；义是君子的人格和道德底线，其灵魂是适宜，也就是说，要根据社会发展的不同实际情况，灵活、变通地对待道德价值，实事求是地实践道德原则，而不是刻舟求剑般地死啃住条条框框不放。

二是凸现了苏州、杭州在明末江阴士人心目中的重要的文化地位。"上有天堂，下有苏杭。"苏州和杭州是江南的符号，是江南的象征，是江南的标志。它是江南的政治中心、经济中心和文化中心。明时的陪都南京，仅是军事重镇而已，它被清军占领后，在明末的江阴士人（包括江南士人）看来，并不十分重要，十分重要的是苏、杭不能被清军占领，一旦苏、杭沦陷了，那整个江南就沦陷了。现在，苏州、杭州还姓朱，我们江阴士人怎么能先于苏、杭士人投降你们满人呢？这不是要置我们江阴士人于不忠不仁不义不孝的难堪境地吗？

三是表明明末江阴士人唯苏、杭士人之意是从。江阴士人之所以"总以苏杭为率"，因为苏、杭是江南儒学文化的重镇，代表着儒学文化的发展方向。如果苏、杭士人剃头发了，就说明苏、杭人在文化上已顺从了夷狄文化，那么，江阴士人也就不再坚持不剃发了，而会配合清军很快把头发剃了。

由王华执笔的给刘良佐的复信，虽然过了一把嘴瘾，却也把江阴推向了城碎、家毁、人亡的绝境。遗憾的是，1645年闰六月二十四日的江阴士人还不知道在六月十三日这一天，杭州已顺清，苏州已被清军占领。我们不能责怪明末的江阴士人，因为那时通信十分落后，信息传递十分缓慢，再加上江阴已成了一座孤城，被清军完全切断了与外界的联系。问题是，如果明末的江阴士人一旦知道了杭州已降、苏州已沦陷的消息后，是否还会坚持守城抗清？即便江阴城里的乡兵、居民、士绅们同意，以许用为首的年轻秀才们，被人多势众的秀才们推举为"江阴事变"的主帅陈明遇，会愿意吗？会同意吗？

问题的关键在于王华代表江阴城里士民执笔的给刘良佐劝降书的复信，没有指明"江阴事变"的前景，仅是在打口水仗，渲染"剃发一令，大拂人心，是以乡城老幼，誓死不从，坚持不贰"的表象。史实是，当初城内居民听说清兵很快进城剃发的谣传后，都害怕得纷纷逃出城去避难。还有，广大农村的农民，他们考虑的是如何活下去，如何尽快恢复社会稳定，遏止由佃农和"流民"引发的民乱。

　　从复信中，我们还可以看到江阴士人们的那种轻狂。明明县城周边的村庄，已被清军烧毁；明明县城附近乡、都的抗清武装力量，已被清军基本肃清，可复信中还居然大言"屡次兵临境上，胜败相持，皆以各乡勤王义师闻风赴斗"，进而夸下大口，"若城中大众齐心固守，并未尝轻敌也"，也就是说，与你刘良佐部交战的，仅是各乡的勤王义师"闻风赴斗"罢了，江阴县城里武器装备精良、战斗力强的乡兵，还未真正投入战斗。如果投入战斗，再加上广大居民的支持，兵民同心，有你刘良佐喝一壶的。

　　然而，说这些豪言壮语有什么用？坚持不肯剃发投顺，结果会怎样？守城抗清能坚持多久？能给广大民众带来什么实实在在的利益？这些迫切需要回答和解决的重大问题，复信中根本没有提及。

　　古今中外，历史上无数事实证明，大凡欲成为改朝换代的"上智"者，必定有明确的政治纲领，有明确的让跟随者有满满的获得感的利益好处，这样，才能把"下愚"的庶民动员起来，组织起来，上下抱定信仰，同心同德，形成强大的势不可挡的政治力量和军事力量，才能实现"上智"者的政治目标。而作为江阴"上智"者的那些士绅、那些秀才们，特别是主帅陈明遇，一个个都是愚者，没有明确的政治目标，仅是死攥住不肯剃发不放，以其昏昏，怎么能使百姓明白，坚持不肯剃发会给自己带来什么利益好处？或者顺从剃发后，又会获得什么利益好处？没有告诉百姓。在这样的"上智"者领导下，"江阴事变"会有一个好的前景吗？

　　当然，王华执笔的复信内容，只有陈明遇等军事干部、一部分江阴士人知晓，还有刘良佐知道，广大的守城乡兵，广大的城内居民，广大的农民，一个都不知道。

　　假如他们知道了复信的内容，又会怎样？

　　历史是不会爽快地给予你答案的。

第九章　阎应元接任主帅

刘良佐阅毕江阴士民的回信，立时火冒三丈，右拳将一张八仙桌面擂得嘭嘭响，桌面上的一把宜兴紫砂茶壶，也跳舞似的扭了几下后，掉到桌下的地砖上，摔碎了。刘良佐气愤地说，不识时务的江阴人，气死我了！我劝降你们，是为了避免你们城毁人亡，不是我花马刘怕你们，更不是新朝大军怕你们。北都已亡，南都亦灭亡，大片江南土地已归新朝，新朝还收拾不了你们江阴这块拳头般大的地方？我倒要看看，在我大部队的压卵下，你们江阴人是怎样"不苟且偷生"的。于是，刘良佐命令部队对江阴城西面的来春乡、太宁乡和东南面的凤戈乡实行清剿，一路焚劫。在这种危难下，穷人家则四处躲避，富人家则包裹细软，一家老小远走他乡避难。据三槐堂东沙王氏的《江阴夏浦（港）王氏宗谱》记载：1645年闰六月，清兵沿兵马道往凤戈乡清剿劫掠，居住在凤戈乡华塘（今峭岐前旺村地区）的书香之家主人王克用携家眷避难到常州，一路上"星行露宿，黯然魂销"。战事稍平，王克用转徙到夏港孟济里，后携次子王仲玉回华塘，长子王芹玉则由孟济里迁居至夏港於王村。王克用是笔者的先祖。

乡兵见清兵人多，武器又好，为了保命，纷纷逃跑，没有抵抗者，更没有支援者。刘良佐则命令骑兵追杀逃跑的乡兵，在清军的骑兵面前，这些逃跑的乡兵，一个个成了刀下鬼。刘良佐欲斩尽杀绝，命令步兵搜杀藏匿在水稻田里、黄豆田里、河湾兜里、坟地、村庄中的星散乡兵，终于"乡兵断绝"。在基本清除江阴城外围抗清武装力量后，从七月初一起，刘良佐开始一门心思地计划攻打江阴县城了。

见势不妙，龟缩在黄田港口外江面船上的前都司周瑞龙，没有了当初的豪言壮语，怀揣着从陈明遇那里骗到手的千两白银后，也不跟陈明遇打声招呼，就命令舰队偷偷地逃离了江阴，返回崇明岛。周瑞龙部的逃离，使得江阴更加孤立无援了。

七月初一早晨，清军从东城门外、南城门外两个方向，向江阴县城发起进攻。由于只有十几门小口径红夷炮，火铳的射程又不远，根本奈何不了坚固的江阴城墙，刘良佐只得命令弓弩手射箭，"箭如雨注"。城墙上的乡兵，起初不还箭，不开炮，只是左手高擎木锅盖，作为掩护，以防被清兵的弓弩射中，右手则不停地拔下清兵射在锅盖上的矢箭，一天下来可获得三四百支清军的矢箭。刘良佐见状，以为是城内的陈明遇被他的"箭如雨注"的阵势吓坏了，便命令部队攻城。但当攻城部队逼近护城河时，城墙上也顿时"箭如雨注"，并且数十门红夷炮同时开炮，打得清兵死的死，伤的伤，没伤的则掉转头狼狈逃窜。刘良佐只得干着急，攻了半天城，也未有一将一卒爬上城墙，遂命令部队撤回军营。

七月初五，江阴城内出事了。守城将领之一、前游巡营守备顾元泌通敌。证据有二：一是清军每次攻城时，顾元泌都登上城墙射敌，但乡兵们发现，他每次射出去的箭都到不了清军阵地，在半途中就坠地了，因而怀疑他是故意的，是在暗中帮助清军。二是顾元泌有一个亲信，外号叫马矮子，偷了火药欲从城墙上系绳下城墙投敌，被夜间巡逻的乡兵发现后抓获。经审讯，马矮子招供说，他是在顾元泌授意下才偷火药投敌的。于是，陈明遇命令卫兵押着马矮子，前往顾元泌公寓搜查，结果搜出了一封请兵文书。陈明遇看后，不禁心中大骇，心想，这封请兵书是自己的亲笔信，不是在闰六月初十日就让顾元泌转交给周瑞龙，再由周瑞龙转交给南明江南总兵吴志葵，恳求吴志葵发兵增援江阴，怎么到今天的七月初五日还在顾元泌家里？

指挥部里的参谋们知道后，强烈要求抓捕顾元泌，杀鸡儆猴。可陈明遇心里还在犹豫，心想，大敌当前杀将领，妥当吗？陈明遇知道，现在真正懂军事指挥的只剩顾元泌一人了。如杀了他，将会产生什么后果？陈明遇决定，先抓捕审讯顾元泌。

顾元泌被押送到指挥部。在人证物证面前，顾元泌还矢口否认自已有通敌之罪，后在严刑拷问下，才从实招供：闰六月初十，顾元泌把陈明遇让周瑞龙回崇明后向江南总兵吴志葵借兵的亲笔信压下，由他亲书一封让吴志葵缓兵增援江阴的信交给了周瑞龙，目的就是要保存他愿意顺清的证据；他一而再再而三地反对陈明遇请回前典史阎应元当主帅的提议，其企图就是自己想当主帅，这样，他就可以代表江阴顺清，从而捞取政治利益；他派亲信马矮子偷火药下城顺清，就是为了通风报信，里应外合，让清军及早攻下县城。

陈明遇听完顾元泌的招供，破口大骂：叛徒、骗子、小人。骂完，抽出佩刀，双手紧攥刀柄，使出吃奶的劲，挥刀砍下了顾元泌的头。为了肃清顾元泌的流毒，陈明遇还命人诛杀了顾元泌的四十多个亲信，以绝内应。顾元泌的头颅被挂在了东城门上示众。城内贴满了罗织顾元泌罪状的告示。城内居民和乡兵看了被砍的顾元泌的头颅和指挥部的告示，议论纷纷，有的说砍得好，这个叛徒的头不砍砍谁的头？有的说砍得晚了，如早砍了，说不定清军就退兵了……但也有相当一部分人沉默，心里骇然，不敢再有归顺的念想。

这天傍晚，狂风大作，暴雨倾盆，连续下了三个多小时，致使城里内涝严重，民宅被淹，搭在空旷地上的给守城乡兵住宿的帐篷被狂风掀走，街道上水深近尺，城内一片混乱。

陈明遇一面命令参谋们组织人员抗洪，把军用物资转移到安全地方，严防受潮；一面亲自登上城墙巡视，鼓励守夜岗哨提高警惕，严防清军偷袭。当陈明遇回到指挥部时，已近子夜了。自担任主帅之日起，两个月来，陈明遇没回过一趟家，始终是吃住在指挥部，真可谓是殚精竭虑，鞠躬尽瘁。

指挥部里的积水刚被清理，地砖上还很湿滑。明伦堂柱子上蜡烛座上的粗大的蜡烛，闪烁着炽白的光。身心疲惫至极的陈明遇，手摇一把蒲扇，赤着双脚，不停地在湿滑的地坪砖上来回踱步，似焦虑，似沉思。狂风暴雨造成的严重水涝，陈明遇并不十分担心，因为过几天，城内河中的水就会退去。他担心的是顾元泌被处死后，城里已没有一个专业军事指挥员了，他自己又不是军事指挥员的料，对军事指挥几乎是一窍不通。因此，接下来的仗该怎么打？由谁来统兵指挥？也就是说，"江阴事变"已走到了十字路口。该下决心了。陈明遇思考着，无论谁反对，无论有多少人反对，他觉得自己必须行使主帅权力，谁反对，就斩谁。此时，一个前漕粮官走到陈明遇身旁，耳语道：陈典史，可以下决心了。机不可失呀！

  陈明遇站定，威严地扫视了一下指挥部里的军事干部、作战参谋、后勤保障人员，声音沙哑地说：我决定，恭请前任阎应元典史出山，由他任主帅。指挥部里气氛凝重。谁若反对，我就斩谁的头。见指挥部里个个噤若寒蝉，陈明遇坚定地说：我命令，由武举人王公略率一支小分队，连夜出城，带着由我签发的委任状，去化成乡的砂山脚下，恭迎阎典史进城。

  雨还在下，只是小了点。王公略率领一支由十六个专业士兵组成的特战队，身披蓑衣，蹚着水，登上东城墙，趁着夜色和雨天的掩护，缒城而下，急行军三四个小时，一身泥水地摸到阎应元的栖息地——砂山脚下黄姑墩上的海会庵。

  阎应元与王公略是老相识。王公略说明来意后，出示了由陈明遇签发的关于阎应元任主帅的委任状。阎应元没有接王公略递给他的委任状。他只是要求王公略把城里目前的局势详细地跟他说说。王公略把城里的情况详详细细跟阎应元一一道来。阎应元听后，无语，只是从椅子上站起，双手抱在胸前，在厅堂里来回踱步，陷入了沉思。

  阎应元对目前形势的基本判断是，江阴县城还能防守一阵子。多久？一个月？两个月？甚或一年半载？阎应元心里没底。那么，到县城守不住的那一天，后果将会怎样？对于这个问题，阎应元心里既清晰，又模糊，清晰的是必定要死人，模糊的是将会死多少人。他犹豫了，心里告诫自己，决不能接下这只烫手山芋。

  可是，转念一想，阎应元又想接下"主帅"这只烫手山芋了。为什么？因为是生计。自今年二月被南京弘光政府任命为广东荣德县主簿后，阎应元就不是江阴县典史了，又未去荣德县赴任，因而没有了月俸收入。他一家老小有七口人，还有三五个男女仆人，更有四五十个家丁，开支庞大，虽有一些积蓄，但已坐吃山空五六个月，所剩不多了，庞大开支已支撑不下去了。如果接任了"主帅"，阎应元想，我就是江阴最大的官了，如能这样，还怕生计成问题？

阎应元拥有的家丁，不同于大户人家的家丁。大户人家的家丁，其职责是给大户人家看家护院，其费用是由大户人家承担的。阎应元在当江阴县典史的近四年中，根据县典史的权限，建立起了一支四十多人的家丁队伍。这些家丁都是专业军人，是保护阎应元人身财产安全的，其费用是由地方财政负担的。也就是说，阎应元用县财政供养了一支四十多人的私人武装力量。那么，在明末，为什么像县典史这样不入流的最基层的小吏，居然有权建立自己的私人武装力量？说到底，还是明军制度的使然。

家丁出现于万历年间，其中有的是招募来的，有的是直接从卫所抽调出来的，也有的是将领的子弟。起初家丁费用由将领负责解决，后来家丁得到了朝廷认可，便由官府拨给粮饷。家丁是将领的私人武装，战斗力强，将领凭依他们，既可以夺战功，也可以博官位。但阎应元不是明军将领，怎么也拥有家丁这种私人武装？这与县典史权限的扩大密切相关。据史书记载，在明朝，最初县典史的职责是"主管文书出纳事宜"，换句话说，是负责监管文职人员的。但进入16世纪后，从明朝正德年间起，县典史的职责中增加了组织地方防御。随着县典史权力的扩大，相应地也导致了常规京营和卫所地位的下降。同时随着世袭军户人数的减少，地方防御就越来越依赖于第二个独具特点的军队系统——乡兵。

阎应元身材魁梧，长相凶狠，小孩见了都要被吓哭的。他原籍浙江绍兴，其四世祖阎某当了锦衣校尉后，才将家从绍兴搬至通州，成为通州人。小时候，阎应元家境一般，再加上其资质一般，读了几年私塾后就没有继续走科举之路，而是回家啃老了。因受祖上影响，阎应元从小喜刀棍，爱练武，二十多岁时才考上通州县武秀才并被聘为掾史（相当于现在机关里的办事员，比科员还低一级），负责某个部门的公文誊抄和收发；三十出头官至京仓大使（相当于现在的县粮食局副局长）；三十五岁那年三月，即1641年三月，赴江阴任典史，成为"正科职"领导干部。阎应元上任不久，盘踞在崇明的海盗顾容，时人称顾三麻子，率海盗船百艘，乘涨潮靠近黄田港，欲抢劫江阴县城。阎应元临危不惧，跃上战马，率千余乡兵"布列江岸，矛若林立，士若堵墙"。阎应元骑在马上，搭弓射箭，连射三箭，三箭三中，三个海盗中箭而亡。顾三麻子见状，吓得胆战心惊，掉转船头就逃，从此再也不敢侵犯江阴。右佥都御史兼江南十府（松江、苏州、常州、镇江、徽州、宁国、池州、太平、安庆、广德）巡抚张国维听说后，以"钦依都司"的身份视察了江阴，阎应元则鸣锣开道，陪同视察，很是威风，"邑人以为荣"。视察中，张国维对阎应元赞赏有加，并鼓励阎应元要进一步筑牢江阴抗击海盗袭击的防线，加强江阴军事防御力量，确保江阴一方平安，进而确保江阴上游镇江、南京的安全。

阎应元乘势而上，下功夫把沿江沿河村庄的乡兵组织起来进行严格规范的军事训练，逐步地将他们训练成一支纪律严明、战斗力较强的地方武装力量。同时，他从千余名乡兵中挑选了军事素质过硬、对其死心塌地忠诚的四十多名乡兵，作为其家丁，为其所用，除保卫其安全外，主要是当作官场博弈的工具。

阎应元威慑顾三麻子后，凭借手中掌握的千余乡兵的军事力量，又很快平定了盐盗，平息了民乱。至此，阎应元在江阴的威望，已远远超过了知县和县丞。为了昭彰阎应元保境安民的卓著功勋，江阴城里的士绅秀才们，代表全县人民，请画师画了一幅阎应元画像，挂在县学，以供生员们顶礼膜拜。

阎应元赋闲近半年，又是暂栖海会庵里避风遮雨而已，家中庞大的开支给了他很大的压力。他曾想辞退大部分家丁，但家丁们谁都不愿意离他而去。这些家丁都是上无片瓦、下无寸土的赤贫者，离开了阎应元，去哪里谋生？怎么谋生？而留在阎应元身旁，不仅不愁温饱，还很有尊严，普通人不敢轻视他们。见家丁们对自己如此忠心耿耿，阎应元也就打消了辞退他们的念头，但他要求家丁们，除每天保持军事训练外，还要在砂山脚下开垦荒地，种粮种菜。家丁们欣然答应。

尽管粮食、蔬菜可以自给，但这么多人的穿衣、生病时请医抓药的费用、购买武器的费用等等，还是庞大的开支。阎应元这个也可谓是英雄式的人物，在孔方兄面前，也常常唉声叹气。当官真好啊，阎应元想，自己在位时，一年的收入是那么可观，可如今寄人篱下，尽管当地一些乡绅还不时地去孝敬他，但油水实在不多了。如今，南明弘光政权已亡，阎应元手中的荣德县主簿的任职文件，已是过时不候的作废船票了。何去何从？他也曾想回通州老家，那里还有他的族人，可是作为大明典史，还回得去吗？北都早已是满人的天下，自己又没顺清，回通州老家后靠什么谋生？他不会种地，不会教书，不会做生意，只会做官。可清政府会给他官当吗？想来思去，阎应元还是决定留在江阴，看看局势发展情况再作新的打算。

现在，陈明遇派人来请自己出山，主持江阴的抗清斗争，阎应元认为这既是一次难得的机遇，更是一次严峻的挑战。说是机遇，阎应元认为，如果自己接任了主帅，一切都可以按自己的意志办，至于生计问题，那就根本不是问题了。同时，阎应元对南明还没绝望。自栖寓在海会庵后，他仍关注时局的变化，并派亲信家丁四处打探消息。如今，浙东鲁王政权、福建唐王政权比较巩固，抗清斗争如火如荼，阎应元由此认为，大明中兴有希望。如果这个前提成立，阎应元进一步想，自己担任主帅，有效歼灭清军，军功显赫，那么，到大明中兴之时，就可凭功讨赏，当个总兵不成大问题。

说是挑战，阎应元又不得不想，假若大明不能中兴，假若江阴县城被清军攻克，自己战死，那么，这到底值不值？阎应元想到这些，内心顿然焦躁起来。自己死了也就算了，如果清军也搞株连法，自己死后，还把自己的父母、妻儿、仆人、家丁全杀了，那么，这是值还是不值？人生自古谁无死。阎应元的头都想大了，但还得想，因为问题还没想清楚。就算像现在活着，也仅是苟活着，这种日子自己早就不想过了。阎应元想起了自己的人生。阎应元家境虽不很佳，但总体来说，阎应元活到近四十岁，心情是比较舒坦的，活得也是比较有面子的，特别是在江阴的四年中，被人们当作神来敬奉。这种感觉太好，太美妙了。阎应元站定，想定，活要活得体面，死要死得风光。

该考虑的问题，阎应元大都想清楚了，利弊得失也权衡了再权衡，决定接受委任状了，但心里还有一种担心，担心自己有职无权，被人架空。见阎应元还在踱步，王公略问，阎公，还在犹豫什么？

我出山可以，阎应元说，但你们必须答应我一个条件。王公略说，什么条件都可以提。来之前，陈典史就交代我了，你提任何条件，我们都答应。阎应元说，只有一个条件，就是你们一切要听从我的指挥，否则，我不进城。行。王公略说，我们一切唯你马首是瞻。

阎应元终于答应进城：你们先走一步。我把家里安排一下，过几天就进城，你们不用来接我。

阎应元上有父母，且母亲还病得不轻；下有小，生有士望、民望两个儿子和一个女儿阎氏。1645年，阎应元三十九岁，长子阎士望二十一岁，次子民望十八岁，女儿十五岁。阎应元进城前两天的晚上，把全家人召集在一起，开了一个家庭会议。会议是在父母房里开的，父亲脸色凝重，端坐不动。母亲则躺在床上不停地拭泪，抑制住不哭出声来。女儿依偎在阎应元妻子身旁，哭泣不已。两个儿子神色紧张，嘴唇发抖，盯视着双眉卓竖、双目细而长曲、面色苍黑、微有髭的父亲。

父母大人在上，阎应元说，这两天儿子寝食难安。明天，我就要进城去了，这一去是凶吉难卜……我放心不下父母呀。可是，我是大明的典史，长期受惠于浩荡皇恩，我不能眼睁睁地看着北兵（清兵）破我河山，践我国土，杀我男胞，淫我女胞，毁我家园。我不能漠不关心清军剃我汉人头发，欺我祖宗，坏我传统，让我们做不肖子孙。父母大人在上，为了对得起阎氏的列祖列宗，对于清政府的"剃发令"，我决不能坐视不管，决不能袖手旁观。父母大人在上，阎应元站起，走到双亲面前，双膝跪地，哽咽着说，请受我不孝儿子一拜。

父亲满颊老泪，颤巍巍地站起，扶起儿子，说，儿子，放心地去吧，忠大于孝。父亲为有你这个忠臣儿子而骄傲。

阎应元扶父亲坐下后对妻子说，父亲年逾花甲，母亲病重在床。我走后，你代我尽儿子的孝道吧。昨天，我已借了一些银两，你就凑合着用吧。过段时间我会让家丁再带些银两回来。我把这个家交给你了。妻子饮泣着点头应允。与阎应元结婚二十二年来，她太了解自己的丈夫了。阎应元虽外表凶相，刚烈不屈，但也不失大丈夫温情的一面。更主要的是，阎应元一旦决定了的事，是九牛二虎都拉不回来的。

阎应元又对儿子和女儿说，父亲走后，你们要听你母亲的话，要听祖父祖母的教诲，侍奉好祖父祖母。尤其是士望，你是长子，务必要撑起这个家。然而，阎应元真实的内心世界，他的父母、妻儿了解吗？他们看到的是光鲜一面的阎应元。

阎应元进城领导抗清的消息不胫而走。因化成乡遭到清兵的血洗，所以这一地区的乡兵及其他青壮年男人死的死，逃的逃，躲得躲，没人跟随阎应元进城去。但未遭到清兵劫掠的西顺乡祝塘地区的青年人，听说阎应元要进城抗清的消息后，兴奋得个个摩拳擦掌，都誓言跟随阎应元抗清到底，可又不知阎应元进城的确切时间。为了摸准阎应元进城的确切时间，祝塘青年派出人去化成乡的华士集市上打听，经过两天时间的打听，终于知道阎应元进城的准确时间：七月初九晚上。

七月初九那天，暮色刚降，祝塘地区近百个青年人，步行一二十里路，由南至东北，从祝塘来到华士的砂山脚下，在阎应元进城的必经之道路口等候。天很热。知了叫个不停。近百个年轻人放下背着的器械和干粮，和着碧清可口的河水，啃着用面粉做成的大饼，边吃边兴奋地说着话。有的说，我长到二十多岁还没去过江阴，这次进城后，我要好好逛逛县城。这人话刚说完，另一个就呛他了，说我们这次跟随阎典史进城，不是去看花花世界的，而是去打仗的。是呀，是呀，众人附和。年轻人就这样漫无目的地散淡着。

晚上9时左右，祝塘青年看见一群人向他们走来，就兴奋地迎了上去，一攀谈，知道走在最前面的魁伟之人就是他们心中的偶像阎应元时，就围住了他，问这问那。阎应元则劝祝塘青年回去，他们不肯。阎应元问祝塘青年，你们跟我进城抗清为的是什么？祝塘青年回答，为了保住头上的头发。就为这？阎应元问。就为这。祝塘青年答。为了赶路，阎应元无暇跟祝塘青年多说什么。他们就一直跟在阎应元和他家丁的后面。阎应元一路上闻到被清兵屠杀后抛弃于野外的乡兵尸体发出的异臭味，心里很是难过，更是愤怒。他的步伐加快了，恨不得一步跨进江阴城狠狠地收拾清兵，为死去的乡兵报仇。

为了躲避城外清兵的阻击，阎应元又在东城外的棉花田里待了一段时间，当侦察的家丁回来报告说没发现敌情、可以安全进城时，才带领大家疾步通过东城门进了城。进城后，阎应元见祝塘青年战斗热情虽高涨，但仅是一群未经过军事训练的热血青年而已，根本不能制胜清兵。为了避免无辜的牺牲，阎应元做了好长时间的说服工作，才说服祝塘青年回去。为了感谢祝塘青年持械护送自己进城，阎应元备酒发银圆，厚犒他们，让其开开心心地回家去。阎应元与四十个家丁留下守城抗清。

送走祝塘青年，阎应元连夜听取陈明遇介绍战事情况。听取介绍前，阎应元故意谦虚地说，陈典史，你虽是我的后任，但你比我年长，经验比我丰富。我这次进城主要是协助你。一切听从你的指挥。

不行，不行。陈明遇诚挚地说，我虽比你年长，比你多吃了几年干饭，但论军事指挥才能和智勇，我远远不如你。我有自知之明，主帅必须由你阎典史担任，我协助你。

这算什么事呀，阎应元有些故作姿态地说，我当主帅，有些名不正言不顺呀。

名正言顺。江阴县儒学训导冯敦厚站起，撸着胡须，朗声说，你和陈典史，实为今日之张、许。

阎应元与冯敦厚是同一年到江阴任职的，是同事，很熟悉，相互知根知底。在县学里悬挂阎应元的画像，既是冯敦厚的主意，也是由他批准的。他钦佩阎应元的智勇双全。阎应元也欣赏冯敦厚，在近四年的共事中，他们成了忘年交（冯敦厚年长阎应元二十四岁）。他很赞赏冯敦厚的"简傲疏阔"的性格,"不喜世法"的为人。去年四月,当崇祯皇帝的死讯传到江阴,阎应元在知县视事大堂当场看到,冯敦厚披头散发,边哭边骂:满朝庸奴,误我皇上!骂完,冯敦厚又伏在地上大哭不已,众人劝都劝不住,搀都搀不起来。当"民情惶惧,四乡不逞之徒咸聚众劫掠无忌,官吏惴惴,莫筹一展"时,倒是冯敦厚出头带领和组织"教谕许公晋、训导徐公廷选、邑绅汤公澄心、贡生章公纪世、诸生陈明时、吴幼学、张鼎泰",奔赴各乡"宣谕",遏制民乱抢劫事件的蔓延,维护了江阴城乡的稳定。至于他搬到砂山脚下海会庵闲居后,冯敦厚又做了些什么,阎应元就不知道了,但他信任冯敦厚,因为两人都是秀才(冯敦厚是文秀才,阎应元是武秀才),因为两人脾性相近,为人风格相似,是说话能够说到一起、尿尿能够尿到一只夜壶里去的割头换颈之人;更因为冯敦厚"数与守令争,而独善典史阎公,时把臂痛饮"。

冯老前辈,你为什么把我和陈典史说成是今日之张、许?是什么意思?说来让我听听。阎应元说。

行。冯敦厚说,但军情紧急,我只能概述之。在唐朝的安史之乱中,唐玄宗都仓皇出逃了。见皇帝逃跑,唐朝的政府军也逃了,但河南真源县县令张巡亲率千余人的地方部队,抵抗叛军,坚守县城一年多。有一天,河南睢阳太守许远,派人给张巡送来紧急文书,文书中说叛将尹子奇率十三万叛军要攻打睢阳,情况万分危急,请求张巡救援。张巡二话不说,率千余兵马昼夜急驰,赶到睢阳,与许远一起摆兵布阵,抗御叛军。在后来具体的作战部署和作战指挥中,许远发现自己的指挥作战能力和水平,远不如张巡,于是就推举张巡为主帅,自己管筹粮和其他战备物资。张巡也不推让,结果证明,张巡当主帅后,指挥有方,有效地杀伤了叛军,虽然睢阳之战失败了,但张巡以区区六千兵马,牵制住了十三万叛军,为唐朝政府军最终战胜叛军赢得了时间。今天,你们陈、阎两人,就像当年的张、许,事情性质虽不同,但围城情形恐怕是一样的;勋业虽不同,但效死心肠是相同的。所以,阎老弟,你大胆地担起主帅之职来,我这老不死的全力支持你。

冯敦厚说完，大家都表示赞同，都表态一切听从阎典史指挥。

那好，既然大家一致同意我当主帅，我也就不推辞了。阎应元说，但是，有一句话我必须说在前头，那就是从目前的守城御敌情况来看，若要想把城继续守下去，必须做到两条：一是在座诸君必须意志坚定，作风顽强，不怕死；二是诸君不要怕死人，怕死人这城是守不下去的。

大家听后又都表态说，一切听从阎典史指挥。阎典史指向哪里，我们就战斗到哪里，死不投敌。

陈明遇当场交出了主帅的令箭和令旗。

阎应元庄重地接过陈明遇手中的令箭和令旗，继陈明遇后成为江阴守城战的第二任主帅，同时也使江阴的守城战进入白热化、残酷化、悲惨化的阶段。

1645年农历七月初九，是使江阴守城之战战局发生深刻变化的日子，是江阴历史乃至明末清初国家历史链条上的一个烙印鲜明的链接点，是有文字记载以来江阴经济社会发展史上的一个重大的挫折点。

这一日，决定了阎应元的命运——死。

这一日，决定了近五万守城乡兵和城中居民的命运——死。

这一日，决定了江阴县城的命运——毁。

第十章 阎应元诈降

成为江阴守城战主帅的阎应元，于七月初十上午，在指挥部主持召开了第一次十分重要的军事会议，因战事吃紧，未来得及与陈明遇和二十多个作战参谋商量，就宣布新的作战计划与措施：

一、调整红夷炮布阵位置，加强北城门防御，加固加高东、南两城墙。

二、把还存放在军火库里的大量火药、火攻器械，全部发放到各作战单位。

三、强制给城内各富裕人家摊派资饷任务，把各家各户所有的粮食、油盐等集中起来，统一管理，统一分配发放，违抗者，杀。

四、城内顺化、太凝、来昭三坊，重新以图为单位统计户数、人口，其中壮丁有多少、老幼男丁有多少，务必统计准确，不得漏报、瞒报，违反者，杀。

宣布完作战计划和措施后，阎应元又宣布了一项决定：释放邵康公。

许用等人听了释放邵康公的决定后，脸色很是难看，很想与阎应元辩驳一番，但慑于阎应元浑身透露出来的看不见但能感觉到的那种阴森可怖的杀气，也就把要说的话搅和着唾液，不情不愿地咽进了肚里。

夏维新他们虽未语，但默认和欣赏阎应元的做法，自认为他们在阎应元心中有不一般的分量。

见没有人有不同意见，阎应元就宣布散会。会后，大家都按各自分工忙去了。

那么，阎应元为什么要急于释放邵康公呢？原因是：昨晚忙完准备就寝时，夏维新找了阎应元，建议他尽快释放被关在监狱里的邵康公。夏维新说，这不是他一个人的意见，而是好几个人的意见。夏维新们认为，邵康公虽两次战败，但责任不全在邵康公身上。那是敌强我弱。清军是正规部队，乡兵是地方部队，两者不能比。同时也说明，在平原上，乡兵就是人再多终究打不过清兵。清兵有骑兵，很是厉害。他们对陈明遇从重处置邵康公很有意见，认为他是被许用等人的情绪和偏见所挟持了。就算邵康公有罪，在这急需用人之际，也该让他戴罪立功呀。不管怎么说，邵康公是懂些军事的，又有点真本事，总比我们这些举人要强吧，更比许用那帮只会耍嘴皮子的秀才们强吧。在阎应元看来，释放邵康公，既是在弥合陈明遇与夏维新他们之间已出现的裂痕，又有助于得到德高望重、家中殷富的夏维新他们对守城抗清的更大的支持。陈明遇对阎应元释放邵康公既未表态同意，也未表态反对，只说，你有权决定一切。

陈明遇的真实想法是，你阎应元想释放邵康公，很合我陈明遇的心意。我根本不想关押邵康公，但迫于当时许用他们要杀邵康公的强大压力而采取的妥协办法。既然这样，陈明遇为什么不公开表态同意呢？这就是陈明遇的老到处，既不想得罪许用他们，也不想得罪夏维新他们。同时，这也是陈明遇的最大弱点，不敢得罪人，缺乏果敢的勇气，缺乏血性的担当，所以，他守城战主帅终究当不下去了。他是一个参谋长的料，但绝不是将帅的料。

再者，阎应元与邵康公比较熟。当初在任上时，阎应元曾多次与邵康公切磋过武艺和军事方面的问题，邵康公也有一些真知灼见。阎应元对邵康公还是很了解的。邵康公虽不是一个将帅之才，但也是一个勇武之人。在大敌当前、缺乏中层指挥员的情况下，使用邵康公，在阎应元看来，也是无奈之下的必须之举。有，总比无要好嘛。

根据阎应元的命令，一天之内，户口统计全部到位。阎应元对城内三坊九图的户籍情况了如指掌。城中户数近五千，壮丁不过万。

根据阎应元的命令，一天之内，城中各富裕人家，按规定任务，有钱的出钱，钱不够的以物折钱，捐出了千万贯军饷，同时折钱的财物堆满了都察院。

根据阎应元的命令,一天之内,全城各户都把家里所有的粮食、油盐集中起来,以图为单位,解缴到县衙门,由负责粮饷的夏维新、王华他们,按日按人口发放,不得预支。

表象上看,城内无论富户还是贫困人家,似乎都很积极,很有觉悟,自觉捐献粮饷,但其里子里是很不情愿,很纠结、很痛苦的,尤其是富裕人家。他们一方面将信将疑阎应元所宣传的"城苟完,何患无财";另一方面又慑于阎应元的铁腕手段。他们明白,战争时期是非常时期,军令如山,不得不从,否则,性命不保。富户把家藏的现银、细软、贵重物品及粮食、油盐都捐献出去了,剩下的仅是空壳的几座房子,他们一下子回到了平民阶级。既然家产几乎被充公了,富户们也就没有了什么包袱,就像平民一样,什么都无所谓了,死或活,一切听天由命吧。至于平民家庭,看到富户都这样做了,也就没什么想法了,就随大流了。高兴的是贫民。他们本来就一无所有。如今,他们能与大户、小康人家吃同样的饭,简直是做梦都没想到。无论是富户,还是平民和贫民,都成了无产者。无产者什么都不怕,还怕死吗?

一切准备就绪,阎应元于七月十一日上午祭旗发令:

一、全城各户"出一男子乘城,余丁传餐",所有壮丁准备好衣甲器械,与先期进城的乡兵一起,隆重祭拜"大明中兴"大旗;从近万名壮丁中挑出千名骁勇者,归阎应元直接指挥。

二、四座城门用粗大的木头塞断,任何人不许进出;由原来的五人守一城垛,改为十人守一城垛,两班轮流值岗,在每一城垛上树"大明中兴"小旗一面,每百人树"大明中兴"大旗一面,配置红夷炮一门;千余名专业士兵分配到每一个城垛上,指导乡兵作战。

三、命令武举人王公略负责守卫东城门、把总汪某负责守卫南城门、陈明遇负责守卫西城门、阎应元负责守卫北城门。阎应元与陈明遇总督四座城门,昼夜巡视。

四、命令二十余位参谋分四个小组督战:黄毓祺小组督战东城门、戚勋小组督战西城门，许用小组督战南城门，冯敦厚小组督战北城门。

五、命令章世经、夏维新、王华，负责把全城各户、各米行的粮食和油坊中的油收缴集中起来，实行按人头每天计划发放。

六、命令把城内所有无人居住、无人使用的闲置房全部拆去，拆下来的砖瓦、梁椽，由年壮女人和瞎子传送至城墙上，加高加固城墙。

七、命令组建由北门外千名乡兵组成的冲锋营，季从孝为先锋，何常为旗手，王试为得胜摇鼓手，何泰为司号员。

阎应元还赋予他的四十个家丁很大的权力：以后凡是抓捕、正法通敌嫌疑者，都由家丁执行。同时，家丁更有先斩后奏的权力。也就是说，阎应元实行的是高压专制和家长独裁的政策。

此时，"城内有火药三百瓮、铅弹子千石、鸟机千张、红夷炮百余门、铜铁器万枚，有钱千万贯，有絮帛千万端，米麦万石、豆千斛、酢千酿、果万钟、盐万斤、食油百万斤、牛千头、猪羊千只、干鱼千包、蔬菜千畦"。

从储存的武器弹药、军饷、军用物资的数量来看，似乎不少，但阎应元不知道这守城战要打多久，全城近三万乡兵、两万多居民每天要耗粮耗油耗盐多少。为了持久战，阎应元只得实行严格的军事共产主义配给制：对每个乡兵一天粮、油、盐、蔬菜是多少，成年居民每天是多少，未成年居民每天是多少；每户晚上点灯用的油是多少，四座城门晚上用油蜡是多少，都做出了严格的具体规定，而且实行的是每天分配制，决不允许预支或透支。

为了壮声威、鼓士气，阎应元命令每垛乡兵，卯时齐声高喊"杀——"，午时仍齐声高喊"杀——"，酉时续之，喊完，换岗。夜半刚上岗的乡兵，也每隔三四个小时高喊"杀——"且持续一两小时。这震天响的喊"杀"声，搅得驻扎在城外的清兵心神不宁。

同时，在城墙下设十座垛厂，每一垛厂置一只大铁锅，人员轮换，日夜烧煮。起初用烛，继之用油，后以饭拌油，如此就"风不动，油不泼"。这些烧煮出来的油，主要用于夜间的垛灯照明，开始时两垛一灯，继而是五垛一灯，后来是八垛一灯。一到夜晚，所有垛灯点燃，把城墙内外照耀得亮如白昼，吓得清军不敢轻易夜袭县城。

根据阎应元的命令，城里的兵民齐动手，拆房子的拆房子，搬运房料的搬运房料，川流不息。石匠们更是不敢松懈，轮流三班倒，昼夜不停地加高加固城墙，整个县城成了一个偌大的建筑工地。在这加高加固城墙的建设中，黄毓祺表现得尤为出色。根据阎应元的命令，参谋黄毓祺是督战东城门的小组长，而东城门的城墙最矮，也最单薄，是这次加固加高城墙的主要段落，家住东门的黄毓祺深感责任重大。于是，为了守住东城门，他不惜毁家纾难，命令守城乡兵除了保留黄氏祠堂、住宅外，拆除萃涣园内的亭台楼阁、假山，将拆下来的木头、石头，运到东城墙上做檑木、滚石，杀伤清兵；将拆下来砖块运到东城墙上，用于砌城墙，加高加固东城墙。

在江阴城内的所有士绅、秀才、富户中，唯有黄毓祺不惜毁家纾难。他为何会这么做？这与黄氏的优良家风有关。据《江阴市志》记载，明嘉靖以降，倭寇常进犯江阴县城，烧杀抢掠，无恶不作，使江阴城内居民蒙受巨大的财产损失和人员伤亡。嘉靖三十五年（1556），倭寇气焰十分嚣张。江阴县令金柱、主簿曹廷慧，昼夜训练乡兵，修城隍，治关栅。黄毓祺的曾祖父、秀才黄鏊，先后捐金六千两、银两千两，修葺城东南面城墙三百余丈，新建子城三座；还捐出七百石粮食给县兵及城内断粮的贫民，捐出三千石粮食给增援江阴的客兵。被时人称为"黄半城"的巨富黄鏊，为江阴抗倭斗争取得最终胜利做出了重大贡献。为了传承父亲赈灾济贫、筑城抗倭的优良传统，其儿子亦是黄毓祺的祖父黄道，于万历四年（1576）在自家花园叙伦堂建造了黄氏祠堂。黄毓祺自懂事起至今，每年春秋两次都要来到黄氏祠堂，缅怀先祖的美德，接受优良家风的教育。所心，黄毓祺毁家修城，是对其曾祖父黄鏊筑城抗倭优良家风的发扬光大。

刘良佐获悉江阴守城战主帅已由陈明遇换成阎应元的情报后，心里不免"格登"一下。他从未与阎应元谋过面，但他听说过阎应元三箭吓退臭名昭著的海盗头子顾三麻子的事，认为此人非同一般，不可小觑。再看到阎应元接任主帅后，调整炮位，加固加高城墙，乡兵有序换岗，以及守城乡兵的喊"杀"声……诸种新变化，使他认为江阴城已固若金汤，不能先兵攻，必须先炮击，用猛烈的炮火轰坍城墙，打开缺口，这样，才能一举攻下县城。

　　七月十二日上午9时左右，当弥天大雾被太阳驱散后，乘加固加高城墙工程还未竣工前，刘良佐选择北门第四铺作为炮击的重点目标。尽管炮声很响，声势很大，遗憾的是，清军的红夷炮，由于口径小，射程近，打出去的炮弹够不着江阴县城，就在城外爆炸了，炸出了一个个小土坑来。可刘良佐又不敢命令炮兵移近炮位，怕被守城乡兵的红夷炮炮弹击中，因为守城乡兵的红夷炮，其口径要比清军的大，射程要比清军的远，又是居高临下，占尽了优势。

　　阎应元见清军的炮弹打不到城墙根，就命令不许开炮，准备弓矢、檑木、滚石，迎歼炮击后攻城的清兵。清兵放箭的放箭，准备攻城的清兵，肩扛云梯，蹚过护城河，冲向城墙，但未及城墙下，就被城墙上如雨注的矢、石杀伤一大片，吓得后续攻城清兵，仓皇后撤，不敢攻城。此时的刘良佐头脑发热，大怒：我花马刘身经百战，大仗恶仗打过不少，就不信拿不下你江阴这个弹丸般大的县城！刘良佐传令十营，挑选十名猛将、三千名精兵，扎十张云梯，造十座浮桥架于护城河面上，于明日从十处攻击北门。若有后退者，斩！

　　七月十三日清晨，北门外炮声隆隆，呐喊声震天动地。三千名精兵在十名猛将率领下，在刘良佐指挥下，通过十座浮桥，越过护城河，来势凶猛地冲到北门城墙下，欲从十处架云梯上城墙。城墙上的乡兵用砖石掷之，用火铳拒之，打得清兵无法靠近城墙。有一拨攻城清兵掮着一条小木船作为掩蔽体，抵挡乡兵的砖石、矢箭，在前面开路，大股清兵则在后面跟进。城墙上则开炮轰击，炸得船体粉碎，炸得清兵鬼哭狼嚎，抱头鼠窜。在阎应元的沉着指挥下，根据清兵不同的攻城方式，守城乡兵使用不同的武器，或用阶沿石，或用标枪，或用砖石，或用滚木，或用弓箭，或用火铳，或用红夷炮，使清兵死伤见北城门久攻不下，刘良佐部下有一位身高六尺、腰圆臂粗、力大无比的部下，头戴盔甲，身穿三层甲衣，腰挂两刀，肩插两刀，手执双刀，凭一身武艺，恃勇独登云梯，毁坏雉堞，爬上城垛，举刀乱砍。守城乡兵用棺木抵御，用长矛刺其身，但刺不进去。怎么办？突然有人高喊：刺他的面孔。于是，乡兵抢起长矛齐刺他的面部，那位猛将猝不及防，节节败退。这时，躲在城垛旁的一位汤姓少年，瞅准机会，一个箭步冲上去，说时迟，那时快，用手中的钩镰刀割断了那位猛将的喉管。紧接着，篾匠姚迩用手中的劈篾刀割下了那位猛将的头，并挂在城墙上。乡兵则把那位身首异处的猛将尸体，从高高的城墙上抛到城墙下。

　　刘良佐见自己心爱的一员猛将转眼间身首异处，悲痛之后狂怒，命令部队不惜一切代价前去抢尸。城墙上则梆鼓齐鸣，砖石、矢箭如雨点般射向清兵，清兵伤数百人。刘良佐改变作战方法，命令士兵用牛皮帐顶在头上去抢尸，这个方法有效，挡住了从城墙上射下来的矢箭、从城墙上投掷下来的石块，遂把那位猛将的尸体抢走。于是刘良佐命令撤兵回营。

　　中午，刘良佐部士气低落，士兵们连中饭都不肯吃。刘良佐问其原因，士兵们哭着说，江阴人太凶残了，竟割下我们校官的头，还把他的头挂在城墙上。刘帅，我们一定要为校官报仇！一定要抢回校官的头，还校官一个全尸。刘良佐口头应允了，但心里毫无办法。刘良佐部围城已二十多天，攻城也有七八次，除损兵折将外，根本奈何不了江阴县城。他知道症结所在，那就是缺乏强大的炮火支援。刘良佐部虽有十门红夷炮，但口径小，射程近，根本敌不过对手，而对手有百多门红夷炮，且置在城墙上，居高临下，占有地理优势。他曾几次请求南京军事中枢发兵增援，但南京方面暂时派不出兵来。怎么办？刘良佐问自己。他跟随我多年，多次立下战功，而今天……我得对得住他呀，我得让他有个全尸呀，否则，将士们的心要寒的……

　　下午，刘良佐命令一个营级尉官，率十几个士兵，不带任何武器，举起手，排着队，来到北门城墙下，由纵队形改成横队形，齐刷刷跪下，磕头，哭着索要那位猛将的头颅。城墙上不答应。那位尉官说，我们愿意出钱买，怎么样？城墙上还是没有答复。尉官就命令士兵将银圆装入银鞘。过了一会儿，城墙上答复了：好，你们先付银圆，我们再给狗头。尉官让城墙上放下绳子，让士兵用绳子绑住银鞘，然后让乡兵把银鞘吊上城墙。城墙上收到银圆后，用绳子吊下一只蒲包。尉官急忙打开一看，蒲包里包着的竟是一只狗头。尉官和士兵又跪下，一边磕头，一边高喊：江阴人要守信用。我们付了银圆，你们就该还我校官的人头。在尉官和士兵们的一而再再而三地苦苦哀求下，城墙上才将用蒲包着的那位清军猛将的头颅从城墙上掷下。尉官提着开裂的校官的头颅回营后，刘良佐命人将头颅缝合上去，然后挂孝三日，厚葬了那位猛将。

  对于这一史实，有一种通识，认为它体现了江阴人的智谋，既获得了不菲的银两，又羞辱了清军，更挫伤了清军的锐气。我则以为不然。大凡打仗，无论古今，都要死人，这是常识。但是，无论古代战争，还是现代战争，对于已亡的军人，都该给予其必要的尊严，这是通识。然而翻开中国古代军事史，就会发现，古代有的汉人把少数民族视为动物，把打仗视为打猎。换句话说，古代有的汉人是不把少数民族当作人来看待的，而是当作动物来看待的。为什么会这样？因为在古代有的汉人头脑中，始终存在着"华贵夷贱"的传统观念。江阴守城乡兵对待清军军官尸体、头颅的作为，就是古代汉人"华贵夷贱"观念的体现。作为清代汉族文士，对江阴守城乡兵野蛮地把清军军官的尸体从城墙上抛下，将其头颅从城墙上掷下的行为给予褒赞，情有可原，应给予理解，因为这是他们的时代局限性。但是自20世纪初，梁启超首次使用"中华民族"这个概念起，就包含着汉族与各少数民族。中华民国是亚洲的第一个共和国，是汉、蒙、满、回、藏五族共和的国家。今日的中国，则是由五十六个民族组成。我们的人民币上印有汉、壮、蒙、维、藏五种文字。我们的国旗上的五颗星，就是象征着全国五十六个民族，在中国共产党的领导下，前进在中华民族复兴的道路上。今日的中国，是汉族和五十五个少数民族共有的。汉族离不开五十五个少数民族，五十五个少数民族同样离不开汉族。这应该是今天的民族观。因此，如今，我们再也不能站在大汉族主义的立场上歧视少数民族了。

为什么这么说？因为从历史来看，一部中国历史是汉族和各少数民族共同创造的，少了哪一个都不行。少数民族并不真少，而是很多人通过与汉族通婚互市融入了汉族，并给汉族输入了他们的文化血液，使中华文明一次次地从萎靡不振中重振雄风。从文明来看，中华文明是农牧共生文明，两者是兄弟关系，不是父子关系。中国历史上的征服，一般都是从外征服内，而又归附于内，进而认同被征服者。中国境内的各民族，无论是少数民族统治汉族，还是汉族统治少数民族，谁入主中原，都不允许另一半独立。宋以来，汉族两次被北方民族征服，其结果是中国的领土面积更大，中国的概念更大。明代的疆域承继了元代的遗产，民国的疆域承继了清代的遗产，因而汉族的天下，也是少数民族的天下。

刘良佐攻击北城门虽然失败了，但阎应元并没有轻敌，而是进一步加强备战。他告诫守城的将士们，根据他的判断，不要过多久，清军大部队必到江阴，恶仗还在后头。根据王公略的建议，阎应元急招青阳的制弩大王黄鸣岗，让他带领其助手迅速进城制造弓弩。由于南城外有清军驻扎，为了让黄鸣岗能躲避清军，安全入城，阎应元让王公略带十多个乡兵，半夜缒城，去青阳迎接黄鸣岗，因为王公略与黄鸣岗是朋友，平时交情甚笃。王公略来到黄鸣岗家，说明来意，黄鸣岗听后，二话不说，就出门招呼了住在市镇上的五十多个制弩手，连夜赶到县城。

黄鸣岗他们进城后，三日三夜不眠不睡，在守城乡兵中弓弩手们的辅助下，突击制造出了千张小弩和数万支小箭。阎应元立即将弩、箭分配到守城乡兵中的弓弩手中。

阎应元还命令季从孝他们加紧赶制火药敷箭头。这种箭长一尺，弩长四尺，可以射到百步之外，一旦命中人或马，见血即死，毒性很强。阎应元又把陈瑞之的儿子释放出狱,根据他的专长,命令其制作火砖木铳。火砖长四寸,宽三寸,碰着人就会自动起火燃烧。木铳类似银鞘,长三尺五寸,宽两三寸,用木制成,中间凿空后藏火药,只要从城墙上掷下,一着地就会机发木裂,铁菱角飞出,触人必毙命。又仿制火球火箭之类的武器。这些武器,使清兵"闻之皆胆落","向城畏服"。

一连三天无战事。

刘良佐部经过几次攻城,伤亡严重,原有五千多人的部队已减员五分之一多,再加上缺乏大口径、远射程的攻城火炮,刘良佐不准备再做无效的攻城打算,而是让部队好好休整,同时等待援兵和重型武器的到来。

阎应元见刘良佐部一连三天没动静,不知他在捣什么鬼,心里有些不踏实起来。战争处于胶着时期,越是宁静越说明大战在即。这时指挥员心里所承受的那种煎熬,是常人不能体会的,更是常人不能承受的。没有一个良好的心理素质和坚毅的性格,是成为不了高级军事指挥员的。阎应元在思索对策。每饮必醉的参谋长冯敦厚,指挥打仗确实是外行,但做宣传鼓动工作还是有一套的。自阎应元接任主帅后,冯敦厚就时刻跟随阎应元左右,虽年过花甲,却精神矍铄,他很懂阎应元的心思。他走近阎应元身旁,咕噜一句后就离开了。阎应元没听清楚,就追问冯敦厚,前辈,你刚才说了句什么?我没听清楚,你再说一遍。

可以,冯敦厚呵呵一笑。我们说好了。如果我说出来的点子行的话,主帅你可要请我喝酒。

喝酒是小事。阎应元说,说来听听。

诈降。冯敦厚惜字如金,不肯多说一字。

诈降?阎应元右手的大拇指与食指,不停地捻着他上嘴唇的短髭,沉吟起来。突然,他两手一拍,高声说,前辈,你出的主意太妙了。来,我们合计合计。

冯敦厚为什么会想出"诈降"这一招,其中是有原因的。阎应元未接任主帅前的一天，刘良佐曾派他的一位姓薛的将领，手持刘良佐的令旗，来到城墙下喊话，要招安城里的人。城墙上的乡兵没一个理他，只用石块、砖头把他打回去了。现在用"诈降"这一招，不仅能窥探刘良佐部的军情，而且还可能炸死不少清兵。

这不是一件小事。阎应元又征求陈明遇意见，陈明遇表示赞同。两人就派谁去"诈降"比较合适这一问题进行了商量，最后决定让范、周、朱、季四个年长贡生去薛营门前答话，看看情况再说。

四位贡生接到命令后，手持阎应元主帅令旗，来到薛将军指挥部，洽谈"招安"事宜。双方就"招安"的时间、地点、守城将领安排、乡兵的遣还费等问题达成共识。薛将军见"招安"谈判总体顺利，心里很是高兴，以为自己立了一大功，心想"招安"成功后，南京军事中枢定会升他三级官职。一高兴，薛将军非但忘了向刘良佐司令报告这一重大事件，而且居然设宴款待了四位贡生。酒足饭饱后，这位薛将军送四位贡生出指挥部门时，还送给每人四锭银元宝。

四位贡生回城后，把薛将军送他们的两百两银元宝拿出来，交给了阎应元和陈明遇，然后献计说：必须牺牲百余人的性命，让前面的五六个人执降旗，后面的手握木铳，冒充银鞘，只要骗得薛逆贼打开军营的门，事情就成了。听后，阎应元、陈明遇相视一笑，会意点头。

翌日，手握火砖木铳的百余名勇士已集合完毕。在挑选勇士时，阎应元许诺，凡挑选出来的勇士，当场犒赏每人百两银圆。勇士们也知道，自己被挑选上，不去是死，去也是死。同是一死，何不死前挣那一百两银圆呢，虽然自己不能花了，但他们可以托熟人等守城战打完后，带给他们的父母或妻子花。乡兵们都畏惧阎应元。阎应元在巡历时，只要发现"偷安假寐""摴蒱不法者"，当即鞭抽、罚站示众，吓得乡兵们再也不敢违抗阎应元的命令了。乡兵们又敬佩阎应元。如有乡兵"劳苦困顿"，阎应元会亲手"注汤酌酒"。如有乡兵牺牲，阎应元必"立治棺衾"，"拜跪酬奠，哭而殓之"。每次接见敢死队乡兵时，阎应元从不直呼其名，而是"呼为弟兄"。凡遇棘手之事，阎应元就会对众乡兵说："我弟兄谁任此事？"阎应元就是凭左手握着胡萝卜，右手握着大棒，恩威并用，使守城将士个个服从他，顺从他，听从他的号令和指挥。

弟兄们，准备好了吗？阎应元站在勇士队伍前问。

准备好了，主帅。百余名勇士高声回答。他们要以自我牺牲的方式，袭击清军营，毁伤清兵，争取胜利。

阎应元又命令昨天去清军营假谈"招安"的四位贡生走在队伍前当先导，不料四位老贡生面面相觑，犹豫不已。见状，阎应元不说一言，抽出指挥佩刀，当众把四位老贡生斩了。接着又命令另外四个白发耆老，手持降旗，焚香前导，"缒城出"，跑到薛将军军营门口通报说，他们是来献银买命的，恳求清兵不要杀他们。薛将军听完卫兵报告，心里大喜，猪脑子想都没想，就命令"升帐放炮"，打开军营大门，让诈降的乡兵将银鞘抬进帐中。正当薛将军命令副官验收银两时，假装银鞘的第一把火砖木铳霎时爆裂，并引爆了帐内帐外的百余把火砖木铳。顿然烟雾蔽天，震响如雷，触者皆死。"诈降"的结果，阎应元派去"诈降"的人全部殉难。清军方面除薛将军被炸伤外，还炸死炸伤数百位清兵。

阎应元"诈降"让刘良佐部遭受重创后，他心里那种对阎应元的愤恨、恼恨、痛恨、仇恨，可谓无法言传。刘良佐为了解恨泄愤，为了报复阎应元，遂于七月十七日，把所有兵力都压了上去，开始了疯狂的攻城战斗。他改变了正面攻击北门的战术策略，命令炮兵移炮至江阴县城的西南炮击县城，命令步兵在炮火掩护下，掘壕攻城。

阎应元命令守南城门的炮兵集中炮火轰击清军炮兵阵地，清军的火炮险些被摧毁，不得不后撤，撤到城墙上炮火的射程之外；命令乡兵用火球、火箭击杀掘壕攻城的清兵。清兵在城墙上强大火力攻击下纷纷后退，刘良佐挥刀砍杀后退者，后退清兵又掉头冒死掘壕攻城，结果，数百清兵躲避不及，被从城墙上掷下来的砖石砸死砸伤。刘良佐又改变战术，命人架设三层牛皮帐，中设九梁八柱，让士兵擎着这牛皮帐作为掩护体，继续掘壕攻城。城墙上没有在意敌情变化，仍然射箭投石，但箭石投射在牛皮帐上，均被弹了回去，丝毫伤不了清兵。

根据敌情变化，阎应元、陈明遇、冯敦厚紧急商量应对方法。生姜到底还是老的辣。冯敦厚建议用人粪和桐油放在一起煎煮，然后从城墙上浇下去，只要浇到牛皮帐上，牛皮即穿。阎应元、陈明遇狐疑地问冯敦厚，你说的这办法管用吗？我也不知道管不管用，但这种办法，我是在一本书中看到的。我们的先人曾用过。冯敦厚说。

情况紧急，不要究问了。阎应元说，试试看再说。

正当刘良佐有点得意的时候，城墙上浇下了一种奇臭无比的液体，这种液体一触到牛皮帐即穿，一触到人即溃烂而死。清兵被这种神秘液体吓破了胆，惊慌四散逃窜而去。在指挥所里的刘良佐看到纷纷逃跑的士兵，误以为是守城的乡兵杀下城来了，也不作细究，就命令预备队齐发木铳，结果，死伤的是自己的士兵。

刘良佐命令部队西撤。城墙上的矢箭在后面紧追着，逃得慢的清兵背部中箭，仆倒在地无数。由西门经闸桥到了君山脚下，刘良佐依其为营，命令部队再渡护城河攻城，遭到北门城墙上的炮击，渡河清兵前仆后继地坠入河中。刘良佐打红了眼，命令士兵搭建大浮桥，自己从黄田港暗渡锡澄运河登上君山上，俯瞰城中，只见守城将士严阵以待，运送武器弹药的人忙碌有序。正当刘良佐欲命令部队再次强渡护城河攻城时，突然遭到城墙上猛烈的炮击，刘良佐险被炮弹击中。无奈之下，刘良佐命令部队撤至邓墓。同时"羽檄清兵"。终于，这一次多铎答应了刘良佐的请求，决定遣兵增援。

第十一章　刘良佐再次劝降

当初，豫亲王多铎以为，江阴这个滨江小县城，用不了几天就会被刘良佐摆平的。然而，多铎根本没想到，骁勇善战的刘良佐指挥五千余兵马，经过近一个月的围攻，居然还没解决江阴守城的那些"乌合之众"。当接到刘良佐的请兵"羽檄"后，多铎才高度重视"江阴事变"问题的解决。同时，到此时他也有条件解决"江阴事变"了。

为什么这么说？

因为在七月十五日前，苏州、昆山、太仓、常熟、宜兴、金坛、丹阳、溧阳等地，已先后被清军攻克，松江、嘉定等地的抗清斗争也基本被镇压下去，大局已定。于是，多铎从上述地区调兵遣将，增援江阴，并在七月十八日亲赴常州府坐镇指挥。这是多铎自进入南京后第一次也是最后一次前往江南其他地区，足见清政府对"江阴事变"的极端重视。

自清政府限江南地区三日内剃发的"剃发令"颁布后，激起了强烈的反弹，无论是已归顺的和正准备归顺的地区，纷纷聚众抵抗"剃发令"。江南地区的这种抵抗"剃发令"的抗清斗争，都有其共同点：一是大多由地方士绅组织领导，二是藉城抵抗，三是抵抗时间大都在一个月左右。由于抗清斗争是由地方士绅组织领导的，他们不懂军事，再加上他们凭借抵抗的城墙工事不够坚固，禁不住清军红夷炮的轰击，以及他们手中没有足量的武器弹药，没有红夷火炮，更没有足够的粮饷支撑，所以在较短时间内就被清军镇压下去了，其抵抗的顽强程度、惨烈程度、悲壮程度，远远不及江阴，其抵抗时间更没有江阴抵抗的时间长——八十一天。

江阴守城抗清战的特殊性就在于：一是由懂军事的县典史领导指挥，且大多是外籍人；二是江阴自明朝嘉靖起，就有军事抗击倭寇与海盗的传统，乡兵的战斗力要远远高于其他地区乡勇的战斗力；三是江阴有千余名专业陆兵、炮兵，有百余门红夷火炮，军事指挥体系比较健全，作战效率高；四为江阴是军事重镇，自唐朝中叶起，历代都十分重视江防要塞和江阴城防工事建设，工事完善坚固。江阴独具的这些特点，使得江阴的抗清不同凡响，也使得其他地区的抗清不可能与江阴相比拟。

可是，刘良佐不了解江阴的这些特殊性，所以久攻不下江阴县城。就是后来的满族八旗兵高级将领贝勒博洛，刚开始也不懂江阴的这些特殊性，攻城也很不顺利。

当刘良佐部败退至邓墓后，阎应元深知，增援刘良佐的清军大部队不日就会抵达江阴，因为一个月前派出去乞师的几个使者，其中有一个已机智地越过城外清军的封锁线，缒城而入，向阎应元汇报了外面的极不利于江阴守城抗清的情况：淮安巡抚田仰在绍兴，跟随鲁王在浙东地区进行抗清，已根本不可能率部增援江阴了；松江也被清军拿下，江南总兵吴志葵等已降清……面对清军大部队即将来到江阴和外援无望的严峻局面，阎应元立足于孤守县城，同时还在等待另外几个外出乞师使者的回来能给他带来惊喜的消息。

曾是阎应元的手下败将、盘踞在崇明的原海盗头子顾三麻子，自清军占领南京后，摇身一变，竟以"忠义王"自居，对外宣称自己的盗贼人马为抗清义师。顾三麻子听说自己曾经的老对手、江阴县原典史阎应元，作为主帅指挥守城将士有效地击退清军多次攻城的事后，心里似乎被感动了，于是大脑一热，率几百号人乘船沿江西进，增援江阴。在黄田港待了三天，经部下侦察，说是刘良佐部败退后正移师去南城外的十方庵的途中，顾三麻子便认为有机可乘，遂命令手下上岸追击刘良佐部。岂料，经过不到一小时的交战，顾三麻子的"义师"严重受挫，败下阵来，逃到船上就扯帆远遁。

还有一个人叫"义阳王"，弘光皇帝时的太监季太传，在田军门、荆监军、总兵胡来贡辅助下，树义旗于崇明，号称海上雄兵十万。江阴派出去的乞师使者来到崇明，先拱手献出万两银票，再乞求"义阳王"出兵救援江阴。"义阳王"季太传收下银票后，"温词慰劳"，仅以"空言塞责"。在江阴乞师使者的跪地哭求下，"义阳王"才答应派数百僧兵赴援江阴。僧兵们乘船来到常熟的福山港驻泊，然后登陆，来到华士的砂山脚下时再也不往前走了，就扎营在砂山脚下。过了几天，"知不可敌"，数百僧兵又都逃往驻泊在福山港的船上，回崇明去了。

江阴的另一个乞师使者听说南明兵部一位叫张名枙的军官在守御常熟时，就前往乞兵。起初张名枙始终不松口应承。常熟有个秀才叫金贡南，与江阴乞师使者相熟，就劝说张名枙出兵救援江阴，理由是江阴、常熟唇齿相依、唇亡齿寒。看在金贡南的面子上，张名枙才应允增援江阴。为了增强张名枙赴援江阴的信心，金贡南先率领四百多精勇乡兵赴援，屯驻砂山，欲等到张名枙部队到达后一起进取江阴。然而等了八九天没见张名枙部队的影子，心急的金贡南就率部先出发了。刘良佐获知这一情报后，速派骑兵百人，来到周庄阻击，经过激战，四百多常熟乡兵全部阵亡，金贡南侥幸逃脱，得免一死。

江阴派出去的乞师使者，该回来的都回来了，没回来的只有程璧一人；该来赴援江阴的"义师"也都来了，但都是败北而逃。江阴已是孤立无援了，彻彻底底完完全全隔绝了与外界的所有联系，标标准准成了一座孤城。

但这座孤城，还可以抵挡一阵子清兵的围攻。据江阴地方志书记载，江阴城始筑于南梁绍泰元年（555），占地约六百亩，并以"水南为阴"定名为江阴。自此后，江阴持续开发建设城池，并运用取象比类的方法，将自然山河的灵气，仿建于县城的形状、区位与结构之中，渐成四平八稳的古城。城外还凿有护城河，附设城南漕运区、城北贸易港区，形成防护有序、设施完备的城防格局。

由于江阴是一个控江扼流的兵家必争之地，所以历朝历代都很重视城池建设。五代十国时期，江阴地属十个割据政权之一的吴国。

江阴事变

杨吴天祐十年（913），吴帝杨隆演率军与吴越国军队大战于无锡，并获全胜。杨隆演十分重视江阴城池建设，向西扩建周长十三里的城池，并筑四座城门：东"延庆"，西"钦明"，南"朝宗"，北"通津"。南宋庆元五年（1199），增设城东门"新津"；绍定三年（1230），增筑子城门三座：南门"观凤"，北门"澄江"，西门"望京"；又增筑外城门五座：东"春晖"，南"朝宗"，西"天庆"，北"爱日"，东北向"建寅"。

1267年，忽必烈开始讨伐南宋，至1279年消灭南宋。元朝统治者实行军民异籍、军民分治的政策，杜绝军职人员干涉民事，同时下令拆除江南地区所有的城郭。作为军事重镇的江阴城更是首当其冲，瞬间尽毁。至正十一年（1351），为了抵御农民起义军红巾军的军事进攻，元朝政府又命令江南各地修筑城池，江阴遂重建土城。1357年朱元璋基本平定江南后，施行"高筑墙、广积粮、缓称王"的政策，江阴又开始用砖石增筑土城，城墙加高至一丈五尺，并增建堞垛，周长九里三十步（约合5232米），重修春晖、天庆、朝宗、爱日四座高大的城门楼。

入明后，岁久城圮。正德元年（1506）开始修建西城门天庆和南城门朝宗，六年继续修城，并绕城拓浚护城河，外城河自南外陈家桥经永安桥循城西流，经天庆门转西北至龙须河，史称南转河；自南外米行桥循城东流转北经春晖门折西至澄江门，史称东转河。两河长七千三百余米，并在河上建东、南、北三座水关，沟通城内外河道。次年，一股流寇逼近城门，江阴凭借坚固的城防得以免难。嘉靖十二年（1533），为防倭寇入侵，知县李元阳在城池的空隙处又建造八座城楼，便于瞭望，利于巩固城防。二十二年（1543）又加固城墙，垒大块麻石五层做墙基，用特制每块重五十斤的大窑砖砌墙面。三十一年（1552）新任知县钱镈见江阴城北面还有一段城墙缺口未补好，即令抢修城郭。倭寇抵达城墙下时，见城防坚固，知难而退，城内免遭劫杀。三十三年（1554）知县金柱将城墙加高到七米，并新造四座子城、三座城铺、二十二座瞭望敌军的窝铺楼。全城周长五千余米。

三十五年（1556）倭寇大举进犯江阴，攻城四十多天，终因城墙坚固，护城河开阔，城防设施完善，再次丧气退去。自此以后，江阴历任知县屡次增修县城。崇祯八年，知县冯士仁修筑城楼，铺设马道；十一年又修南、北水关，在冷兵器面前，江阴城更加坚不可摧。然而，面对清军的百余门红夷火炮，江阴城还能屹立不倒吗？

1645年七月十九日上午，清军的百余门红夷炮分别从松江、苏州等地先行运至江阴。刘良佐意识到，要想得到清政府的器重，就必须在满族八旗军大部队未到之前攻下江阴城。是日下午，屡战屡败的刘良佐，集中刚运来的百余门红夷炮，疯狂炮击江阴北城，彻夜不息，轰塌北城墙数丈。阎应元命令石匠们到城下取石料，石匠们不敢，怕被清军炮火击中。阎应元双膝跪下，向石匠们叩拜，恳求他们抢修被清军炮火轰塌的城墙。石匠们被阎应元感动了，在城墙上强大炮火的掩护下，冒死抢修城墙，"修固后，严御如初"。

邓墓是一处墓地，在江阴君山东面，距江阴城不到两公里，那里是一片树林，树木参天，枝繁叶茂。刘良佐部躲在这树林里，避免了被城墙上射来的矢石所伤。为了尽快攻克江阴城，刘良佐命令部队把附近村庄上所有的房屋拆毁，用梁柱、门窗作护城河上的浮桥，渡河逼至城下。城墙上各堞垛相互配合，协力拒守，矢石交下，打得清兵不敢靠近城墙架云梯，掉头后退。其将立斩争先后退的士兵，见状，其余后退的士兵，又掉头十人一小组，肩扛着云梯，共有三十多张云梯抵达城墙下。一位尉官率先登上云梯，城墙上用炮横击之，那位尉官的尸体与云梯一起从城墙上坠下。在城墙上炮火轰击和矢箭的射击下，清兵丢下尉官尸体和云梯，像退潮般后撤。城内乡兵缒出城来，打扫战场，收拾清兵后撤时只顾逃命而丢下的云梯和器械，把清兵做浮桥用的房屋梁柱、门窗抬到城内，梁柱作滚木用，门板作掩体，抵挡清军的矢箭，窗棂当作做饭用的柴火。

事实说明，刘良佐部攻城根本不行。刘良佐也不是指挥打胜恶仗的良将。他那种天女散花般的人海战术，根本不适应攻克城防坚固的江阴守城战。所以，虽从松江、苏州等地运抵江阴的百多门红夷炮，再加上原有的十多门，共有近两百门红夷炮，但仍然奈何不了死守着的江阴孤城。

刘良佐部攻城虽每每失利，伤亡不少，但城内也死伤很多。特别是在七月十九日上午的炮战中，因为刘良佐部用近两百门红夷炮集中轰击北城墙，在数量上占优势，而守城乡兵虽有百多门红夷炮，但布防在城墙四周，不可能全部集中架设到北城墙，因而在数量上处于劣势，进而除导致北城城墙被清军炮火轰坍数丈外，不少清军炮弹还打进城内，造成数百兵民伤亡，还炸毁不少建筑物。

刘良佐部从邓墓移营途中，遭遇顾三麻子"义师"突袭，经过一个多小时的交战，击溃了"义师"，遂命令部队到十方庵安营。

十方庵坐落在江阴南城门外吴家桥东面，于万历年间，由江阴华士市镇上的贡安甫等人捐田建造。贡安甫曾任京师都察院南台御史、浙江道御史，因参奏太监刘瑾弄权，而遭刘瑾矫旨"廷杖"酷刑后，被削职还籍。回到华士后的贡安甫，为了平安地度过余生，就看中了十方庵那块地，由他牵头，联合其他几家大户，捐田兴建了十方庵。建造十方庵的初心是，既为捐田建造者提供养生场所，也为十方庵僧人提供养老修炼的处所，故又称"十方禅庵"。庵内设有五殿，有一百四十多间房屋，原有僧人百余人。"江阴事变"后，大多数僧人离庵而去，留下来的三十多位僧人，都是年老没有去处的。

七月十九日夜，乘刘良佐部刚扎寨十方庵还未安顿妥当之机，阎应元挑选千名勇士组成敢死队，由他的十个亲信家丁各率百人，夜袭清军指挥部，生擒或处死刘良佐。敢死队从南城墙缒下，有的手拿板斧，有的手持短刀，有的手握毒箭……在夜色掩护下，摸到了十方庵附近，但吃不准刘良佐是住在庵里，还是住在庵外的帐篷里。因此，没有侦察和偷袭作战经验的敢死队，见到某营区的一个帐篷里，还亮着灯光，以为是清军的指挥部，就冲了进去，乱砍乱捅，伤亡百多清兵，速战速决，待其他营区的清兵赶来增援时，敢死队已撤回城内。

躲过一劫的刘良佐，在子夜时得到江阴守城乡兵夜袭军营、致伤致死余百名士兵的报告后，内心十分震怒，气得上下牙齿咬得格格响，失去理智地命令炮兵炮击县城，把所有的炮弹都打出去，摧毁江阴县城。可炮兵放了几炮后就不放了。刘良佐听见炮声突然停了，不知道发生了什么事，就命令通信兵赶至炮兵营地问明情况。半个时辰后，通信兵回到指挥部向刘良佐报告，说没有了炮弹，所以炮兵不开炮了。

这是否有点搞笑。炮兵指挥官知道炮弹没有了，也不及时报告最高指挥官刘良佐。同样，作为最高指挥官的刘良佐，居然也像白痴似的不知道炮兵没有炮弹了。看刘良佐把这仗打成这样，就可想而知当时南明军队的战斗力是什么样子了。明朝亡，是政府腐败、军队腐败、整个社会腐败所致。一句话，明朝的国家制度腐败、腐朽了。

刘良佐听了通信兵的报告后，哑然无语，深感自己严重失责。贴身侍卫多次催刘良佐休息，无奈之下，刘良佐躺在一张竹榻上，手摇着蒲葵扇，人很累，眼皮很重，可大脑就是兴奋，怎么也难以入眠。刘良佐难入眠的原因，除了因今夜遭到江阴守城乡兵夜袭造成人员伤亡惨重而心里憋屈外，还有另一个原因就是，贝勒博洛率领的增援江阴的清军大部队，将于七月二十一日到达江阴。刘良佐虽未跟贝勒博洛并肩作战过，但关于贝勒博洛作战勇猛、对南明降军将士任意鞭打甚至斩首的传闻，倒听了不少。鉴于目前的战况，刘良佐很难跟贝勒博洛交代，进而心里非常害怕贝勒博洛来江阴。

刘良佐想，明天，也就是七月二十日，自己仍是围攻江阴县城的清军最高指挥官。如果二十日这天还拿不下江阴，刘良佐非但要失去最高指挥权，还极有可能要被贝勒博洛治罪。想到这些，刘良佐怎么睡得着呢？再有，七月十九日这天夜里，天气特别闷热，没有一丝风，又不下雨。屋内蚊子满天飞，叮得刘良佐心里烦透了，可又奈何不了蚊子。偶尔用手掌拍死了一只蚊子，又因死蚊子的血腥味，更引来了许多蚊子。虽有细纱布蚊帐罩着，但会变形的蚊子就是有本领穿过蚊帐的一个个细眼，前赴后继地从帐外挤进帐内，围攻刘良佐。小小的蚊子都欺负到刘良佐头上，不让他好好睡觉。那他就干脆不睡了，起床，来到一口井旁，提起一只吊桶，将桶绳放下，吊上一吊桶井水，将吊桶举过头顶，猛地倒下，冲了个凉水澡，透心的凉，爽。擦完身子，抬头望天空，见天将亮，刘良佐决定在七月二十日做两件事：一件事是命令部队强行搜集江阴县城周边村庄里老百姓日常做饭的铁锅、日常耕作用的铁耙铁锄铁铲等铁器，用于铸造炮弹；另一件事是劝降。

分两头说。

先说清兵搜集村民家铁器的事。二十日一早，清军就奉命分头冲进江阴县城周边的村庄，挨家挨户搜铁器。此时正是村民做早饭的时候，清兵冲进民宅，没得商量，先搜集铁耙、铁锄、铁铲等铁器，哪怕是一只铁钉都不放过。然后看早饭熟了，就抢着把早饭吃了，吃完，再把铁锅、铁勺抢走。村民们早领教了，男人们敢怒不敢言，女人们只是一个劲地痛哭，老人孩子只是躲在一旁惊恐地望着清兵的胡作非为。一上午下来，清兵们强行搜集来的铁器堆成了一座小山。但村民们只能暂时用陶瓷钵罐做饭吃。

再说刘良佐劝降。

七月二十日一吃过早饭，刘良佐就命令留守十方庵的三十多位老僧人，跑到南城门前跪下，哭泣着陈说守城的利害，劝说守城乡兵尽早尽快投降。面对老僧人的哭泣劝降，阎应元认为这是刘良佐使出的瓦解守城乡兵斗志的毒招，是离间城中士绅与他们军事武官关系的阴招，必须高度重视，认真对待。他召集守城将官与城中士绅开会，研究对策。士绅们大都谨言，把真实想法放在肚里。他们已充分领教了阎应元的霸权与残忍。范、周、朱、季四位老贡生，因犹豫了一下没立即答应前往清军营中诈降，就被阎应元立刻斩首就是明证。如果在会议上公开与阎应元唱反调，说应该好好考虑刘良佐劝降的事，那么，其结果不仅仅是被斩首，而且要被碎尸万段，还要被满门诛杀。城中士绅们已经看到了守城的最终可怕后果，但他们已无力抗拒阎应元的威权，也根本不敢提议和的话题。真所谓危机能毁灭威权，危机也能诞生威权。他们早已把自己死死地捆绑在了阎应元这个威权的战车上了，没有退路，也没有活路，唯有一条死路在等着他们。

会上最慷慨激昂的还是许用他们几个年轻秀才。他们头可断血可流，但气节、操守决不丢。许用最后对阎应元说："效死勿去。"许用说完，与会的冯敦厚、戚勋等人齐声附和，极力赞同。阎应元乘势而上，抓住机遇，最后总结道：我们就用"效死勿去"回答劝降的老僧人。从今天起，谁要是还有议和归顺的想法，一经发现，斩首。

那么，许用的"效死勿去"到底是什么意思呢？有两层含义：一是坚决不剃发，不归顺，这是汉人士子的气节、操守。为了这个气节、操守，愿意头可断、血可流，不惜去死。二是愿意追随阎应元，为了保住汉人士子头上的束发，与清军血战到底，不议和，不投降，至死不渝。

如果抽象地分析，许用的"效死勿去"非常高大上，非常英雄主义，非常有血性。但如果把许用的"效死勿去"放到当时的残酷现实中去分析，那他是在走极端。当时的残酷现实是，城中有近三万乡兵、两万多居民。如果继续守城，这近五万人的生命就会被毁灭。许用这些擅长空谈、善于唱高调的秀才们，为了自己所谓的气节、操守，就要让近五万人给他们陪葬吗？就算许用他们要坚守气节、操守，也行，你许用可以要求阎应元把城里的壮丁留下，派乡兵把城里的一万多老人、妇女、孩子掩护出城，给他们以活路，以使江阴县城不绝户，不绝种。可许用他们没有这样做。

同样对阎应元而言，他也没有想到城里的这一万多无辜的老人、妇女和孩子，只想到如何成就自己的忠烈之美名。可见，在明末士人和为官者心中，广大的庶民的命根本就不值钱。

午时后，跪着的老僧人仅剩十几个了，其余的因中暑晕了过去，被抬到了阴凉处。此时，他们终于听到了城墙上的"效死勿去"的回复。于是，上了年纪的僧人们，顶着炎日，空着肚腹，吃力地回到庵中，向刘良佐作了汇报。刘良佐仍不死心，吃过晚饭，又命令老僧人来到南城门前哭泣劝降，跪着哭泣了两三个小时，城墙上仍以"效死勿去"回答他们。于是，老僧人们又回庵报告刘良佐。

刘良佐亲自出马了。他骑上心爱的那匹高大奔如飞的杂色马，带上侍卫，策马来到南门外的南转河南岸。因吊桥被守城乡兵吊起，不能通过，他就坐在马背上喊话，请求城墙上的乡兵不要对他射弓矢，说自己是来劝降阎应元的。阎应元听到刘良佐在喊话，就命令乡兵不要射弓箭。他倒要听听刘良佐对自己说些什么。

刘良佐高声地对阎应元说：弘光（皇帝）已被押往北京，江南绝大多数城镇已被清军拿下。你若肯受降，不仅能转祸为福，而且还能当上比我还要大的官。有着大官不做，有着洪福不享，你何必如此苦守着这个小小县城不降呢？

听刘良佐说完，阎应元大笑不已，回答刘良佐说：江阴士民都说三百年（明朝存至亡的大概时间）来吃大明王朝的粮食，踏大明王朝的土地，深戴国恩，不忍心做风派人物，当软骨头投顺清廷。我知道南明朝已亡，也知道江南大部分地区已顺清，但我阎某仍是大明朝的典史，虽是不入品位的极小极小的官，可我懂得义臣不事二君的道理。我生是大明的人，死亦是大明的鬼，断然不会顺清当贰臣。刘将军你位为侯伯，身拥重兵，却进不能恢复中原，退不能守南京，你还有什么脸面来见我江阴忠义之士民？

阎应元说刘良佐"位为侯伯，身拥重兵，却进不能恢复中原，退不能守南京"是事实，说得没错。问题在于：阎应元严重地无视江阴地主阶级与农民阶级之间的白热化的矛盾冲突。如果江阴农民"深戴国恩"，为什么在崇祯皇帝吊死在煤山的"凶闻"传到江阴后，广大佃农要起来造地主的反，而不沉痛悼念？所以，"深戴国恩"的不应该是广大农民，而应该是吃皇粮的阎应元、许用他们。他们是大明国的既得利益者，为已灭亡的大明朝守灵，是他们的责任。如果阎应元、许用坚持认为自己是忠义之士的话，那么与世辈受剥削压迫的广大的劳苦大众没有半毛钱关系。

问题在于：阎应元本是南明弘光政府的命官，是广东英德县主簿，可他嫌自己的官小，认为自己不为朝廷重用，因而就以母病、路险为借口，一直滞留在江阴。这就是阎应元对弘光皇帝的忠吗？这就是阎应元对朝廷的"忠"吗？其实，他这是在抗旨。他是犯了死罪。

若不是弘光皇帝不争气，致使政府早亡，阎应元早被砍头了。正因为阎应元看到朝代更替之际的那种乱，所以他敢抗旨，不去英德县赴任。这是一种投机取巧，是一种机会主义的表现。

问题还在于：弘光皇帝任命阎应元为英德县主簿，其目的是让他协助知县治理好英德县那一方，少让弘光帝操心，可阎应元赴任了吗？没有。弘光帝很需要阎应元辅助他一把的时候，他却不在位。这就是阎应元的"义"吗？

所以，阎应元回答刘良佐的那一席话，与其说是说给刘良佐听的，倒不如说是说给他的追随者们听的。阎应元就是想通过表达所谓的对已亡大明王朝庇荫江阴的感激之情，使士绅秀才们和全体守城乡兵、专业军人及城中居民无条件地听从他，服从他，不计后果地守城，以圆满他"忠烈"的美名。

第十二章　贝勒博洛初战未捷

1645年七月二十一日上午，贝勒博洛率满族八旗军来到江阴十方庵后做的第一件事，就是"捆责"刘良佐，怒骂其无能。刘良佐没有了往日当爷的那种气派，而像龟孙子似的，哆哆嗦嗦地痛骂自己的无能。见刘良佐"认罪"态度好，贝勒博洛就命人给刘良佐松了绑，但刘良佐部自此起，在江阴战役中已成了贝勒博洛部的陪衬和配角，满族八旗军成了攻城的主力。

被松绑后，刘良佐就简要地向贝勒博洛汇报了近来的军务情况。贝勒博洛对刘良佐正在对阎元实行招安的做法很感兴趣，并命令刘良佐再去城下劝降。刘良佐衔命而去，来到南城门下，对阎应元说：阎典史，我奉贝勒博洛征南大将军的命令，前来与你对话。大将军说了，只要你阎典史愿归顺，江阴知县就由你来当。怎么样？阎应元回答说：只有投降的将军，没有投降的典史。

阎应元的回答既对又不全对。说对，就阎应元与刘良佐而言，阎应元作为明朝前典史至今没投降，而作为南明政权江北四镇之一的刘良佐将军早已顺清了。所以就这一对比而言，"有降将军，无降典史"是对的。说不全对，因为阎应元不知道当时有多少县典史归顺了，有多少县典史逃离了自己的工作岗位；因为阎应元是一个未入品位的在明朝官职序列里找不到的小小的官，又是一介武生，在未任江阴守城战主帅前，还没资格向清军投降。同时，在明朝高级将领中，也有死不顺清的史可法等人。如果阎应元也是明朝手握兵权的总兵之类的高级将领，面对强大的八旗军会不会投降？有两种可能性：投降或不投降。所以说，阎应元的"有降将军，无降典史"又不是全对的。

阎应元的"有降将军，无降典史"，主要是从道德、节义角度上来说的，而不是从现实出发的，其目的还是在标榜他自己。他不仅是说给刘良佐听的，更是说给他的部下们和城里的士绅们听的。你们听听，我阎应元对大明王朝是多么地忠，我的骨头是多么地傲。我生是大明的人，死亦是大明的鬼。我作为一个外地人都能做到这样，而你们江阴本地人还做不到吗？不要忘了，当初是你们江阴人一致强烈要求我进城当主帅的。所以，为了"不剃发"，你们必须跟我一起死守，与城共存亡。

不要说是17世纪的阎应元，就是20世纪的文史学者，也往往是站在道德制高点上谴责明朝的降将降官的。这样做很痛快，很畅快，但于事无补。从历史唯物主义角度上讲，我们应该具体分析在明末清初那段特殊的非常时期，为什么会有那么多的明朝官员将领争先恐后地顺清？这与明末十分复杂的社会状况密切相关。一方面，在明朝末年，由于长期的党争及农民起义，使明朝的领导阶级——汉族地主阶级处于分裂状态，一部分人属于逆案，被罢职弃用，明朝不亡，他们就永无出头之日；另一部分是在北京投降了李自成的明朝官员，崇祯皇帝的死和李自成的迅速失败，使这些人惶惶然如丧家之犬，急需投靠新的主人；还有一部分人则是遭受李自成的迫赃拷打，对农民军有刻骨仇恨，因而当清兵入关后，这些官员便很快投降了清朝，根本不顾明朝在江南的半壁江山，而且这些顺清官员，仍被清政府"照旧录用"。所以，大批官员顺清，不是出于个人私利，就是出于一种灰色心理状态。另一方面，南明弘光政权建立后，仍是党争不断，争权夺利，致使政府内耗空转；拥有重兵的高级将领们，眼见史可法抗清的悲惨下场，眼见清军攻打南京前弘光帝弃城逃跑的丑态，以及南京不战而降、高级官员列队欢迎多铎进城时的熊样，也就纷纷率部顺清了。总之，在明末清初的那种非常时期，大批明朝官员将领顺清，除了他们自身的原因之外，更主要的还是明末腐朽的政治制度使然。一个好的政治制度，能使劣吏变为良臣；一个坏的政治制度，能使良将变为降将。

骑在马背上的刘良佐还在对阎应元说着什么，阎应元心烦，不听，命令乡兵放箭，顿时"火箭齐发"，吓得刘良佐从马背上摔下来，不顾疼痛，赶紧从地上爬起来，也顾不得满身灰尘，就蹬鞍上马，由于心慌，连蹬了三次才跨上马背，掉头而逃，引来城墙上一片哄笑声。刘良佐边逃边叹息着自言自语：江阴人没救了！

贝勒博洛听了刘良佐关于他劝降阎应元仍是无果的汇报后，并没有训斥刘良佐，决定继续劝降。下午贝勒博洛命人把刚顺清的黄蜚、吴志葵绑了起来，由人押到城下，让他俩对阎应元进行劝降。贝勒博洛为什么不放弃招安呢？因为清初在军事上实行的是"以汉攻汉"的策略，而现在刘良佐这个"汉"始终攻不下城内那个"汉"呀。所以，贝勒博洛意识到，如果阎应元不投降，那么，作为攻城主力的八旗军若攻城，必定伤亡惨重。而满族是很重视八旗军人的生命的。所以，如果劝降成功，八旗军就不会有任何伤亡，同时对有效平息江南其他地区的抗清斗争也将会起到示范作用。

还有，贝勒博洛为什么要让黄蜚、吴志葵去劝降阎应元呢？因为在他看来，黄蜚和吴志葵或许可以起到榜样作用。黄蜚曾是南明水军总兵官，拥有千艘战船，近两万水兵。吴志葵原系南明江南总兵官，拥有数千兵马。他俩联合在一起，在松江地区抗清，被清朝苏松提督李成栋打败，成了他的俘虏。贝勒博洛就是要让黄蜚、吴志葵现身说法，告诉阎应元，江阴城是守不住的，最终失败的是阎应元他们。如果阎应元识时务，现在投降恰逢其时，否则，过了这个村就没有那个店了。

被五花大绑的黄蜚和吴志葵来到南门城下劝降。黄蜚先说：城里的人听好了，我是南明水军总兵官黄蜚，与你们素不相识，没有什么话好跟你们说的。我只说一句：我现在被绑就是因为当初死扛到底的结果。你们要三思啊。

城墙上没有反应。

吴志葵接着说：我是南明江南总兵官吴志葵，之所以被绑，因为我是败将，进而成了降将。城里的将领听我一句劝，不要死撑下去了，不要拿士兵的性命做赌注，没用的。你们千万不要学我。如果我战前就投降，那么我的部下也不会死伤三四千人，松江也不会死那么多平民百姓。要认清形势，整个大明都亡了，我们区区几个军人就能复明？不为自己想，也得为城内几万居民想想，他们不能平白无故地去死啊！你们不要为了头顶上留不留一小撮头发，脑后留不留一根辫子而罔顾生命，不值呀。告诉你们，现在的苏州、昆山、太仓、松江等地，凡是被北（清）兵占领的地方，都已剃头了。你们现在出城还来得及，还可以留一个头在脖颈上，否则……吴志葵说得"涕泗交颐，情词悲楚"。

放屁。阎应元终于发怒了。你俩作为明朝将领被缚，应当立即去死，怎么还有脸面到江阴来喋喋不休，说个没完没了？

见阎应元如此强硬回应，黄蜚无语而返，吴志葵拜泣而去。

见招安不成，贝勒博洛决定来硬的了。七月二十二日上午，贝勒博洛带着几位将官，骑马侦察了江阴县城的东、南、西三面城防情况，最后来到北城外的君山顶上，面南瞭望，对左右说：江阴这座城的形状像一叶小舟，南首北尾，若攻南北城门，肯定攻不下。如果炮击城中心，城必破。

下午，贝勒博洛主持召开军事作战会议，具体部署攻城作战计划。根据江阴城防和火炮部署的情况，贝勒博洛认为，若要攻克江阴县城，唯有用强大猛烈的炮火轰击才能奏效。与会将官同意贝勒博洛的意见。贝勒博洛命令，七月二十三日清晨炮击江阴县城。

第二天清晨，贝勒博洛亲自指挥炮兵，将近两百门红夷炮一字排开，每间隔两米就置一门红夷炮，集中炮火，对准南城门方向，炮击江阴县城中心。当时，清军中红夷炮炮弹的施放，都由顺清的一个名叫章京的炮兵指挥员亲自管理，统一下达开炮命令。为了避免炮手遭到城墙上火铳或弓矢的攻击，章京让炮手用藤牌作掩护物，使炮手在数次放炮后能够安全地将炮冷却，再擦拭炮管，装填弹药。

红夷炮首先由荷兰人制造使用，明朝万历三十年前后购入，万历四十七年萨尔浒战役惨败后开始仿造，并且还直接从澳门引进红夷炮和铳师，因而成就了天启六年的"宁远大捷"。不幸的是，明朝最精锐的火炮部队，却于崇祯四年闰十一月，在吴桥兵变中重创平叛政府军，并于六年四月浮海，从镇江堡（临鸭绿江出海口）登陆投降后金。叛将孔有德在给皇太极的降书中这样写道：本帅现有甲兵数万，轻舟百余，火炮、火器俱全。有此武器，更与明汗同心协力，水陆并进，势如破竹，天下又谁敢与汗为敌呢？为此，皇太极出郊十里迎接孔有德，同时孔有德按满制要求剃了头。孔有德这支降军日后成为大清南下横扫千里的劲旅。

吴桥兵变不仅使满族八旗军获得了大量精良的西洋火器，而且还获得了由葡萄牙籍军事顾问直接传授的铸炮炼药技术以及瞄准知识与仪器，再加上明朝叛军的加入，令清军很快建立起一支全世界最庞大的以汉人为主的专业炮兵部队，并与以满、蒙人为主的八旗步、骑兵密切配合，形成了一支几乎战无不胜的军队。皇太极还将关外逐城围打的战役，变成其军中满、蒙、汉三民族以及步、骑、炮三兵种彼此协同作战的演习。事实上，清军于崇德年间在关外每场战役中所动用的红夷火炮都超过了明朝军队，并已拥有了攻城时所需的优势火力，再加上明军难及的满、蒙骑兵的强大冲击力和战斗力，因此，清顺治元年（1644）四月，摄政王多尔衮统帅满、蒙兵近十万人和约四万汉兵，携带百余门红夷火炮，其中包含三十五门当时世界上最高品质、最大口径、射程最远的铁心铜体的"神威大将军"炮，声炮起行，入关争夺大明江山。

每门红夷炮轻者几百斤、重者数千斤，本难长途搬运或拉到城墙上，但由于欧洲发明的起重滑轮已在明末由外国传教士传入大明，再加上江南地区地势平坦，水陆交通四通八达，所以，笨重的红夷炮常可通过船只方便地运到战场，甚至可以移至制高点俯放，使得火炮在清军征服江南的攻城战中发挥极大的攻坚和震慑作用。

在南征中，清军与明军交战时所动用的火炮都很多，如1645年六月，清军攻克淮安前后，就缴获明军一百二十多门红夷炮。然而，由于火炮的发射速率与精准度不是很佳，而且每发射数次后还需冷却，因此用于野战伤敌的效果不太好，但在攻城时如运用得当，威力是很大的，此因中原传统的城墙结构无法承受这种新型火炮的轰击。尤其是清军所拥有的红夷大炮，多被用作随军的攻铳，而不是分散置于各个城池上的守铳，当清军攻坚时常常在短时间内集中优势火力，摧毁对方的城池。

　　面对清军强大猛烈的炮击，阎应元也不示弱，也相对集中红夷炮于南城墙上，反击清军的炮击。一天打下来，谁都没有占到谁的便宜，打了一个平手。这让贝勒博洛很丢面子，因为他在七月二十二日下午的军事作战会议上夸下海口，说一天之内拿下江阴县城。然而，他面对的对手不是他想象的那么不堪一击。

　　求胜心切的贝勒博洛改口了，由原来的一天之内攻下江阴县城，改为两日之内务必攻下。为了提高炮击效能，大展军威，七月二十四日上午，贝勒博洛搞起了花里胡哨的形式主义，看上去很威猛，很强势，实际上是中看不中用。那么，贝勒博洛搞的是什么样的形式主义？为什么要那么搞？只有贝勒博洛自己知道。贝勒博洛搞的形式主义是：命令步兵抬着炮弹，让每一个炮手斜佩着红绶带，在吹鼓手的鼓噪下，从十方庵出发，一路向前，进入炮兵阵地。火炮先对着南城门东侧轰击，飞弹如电，炮声震天，很快就有五处城墙被炸坍。贝勒博洛望见，站在城墙上的一个乡兵的头已被弹片削去，身子却还僵立着没有随之倒下；又望见一个乡兵，"胸背俱穿"，仍"直立如故"。贝勒博洛大喜过望，口中狂喊：放炮！放炮！放炮！

　　见清军炮火如此威力无比，阎应元果断命令：征用城中所有寿棺，让木匠装配好，里面填实细土，再将棺材抬到城墙被炸坍处的前面，作为前道护墙；征用大木门，让白铁匠用铁皮裹住大木门，外面用铁链条箍紧，堵在城墙的坍塌处。被清军猛烈炮火击坍的五处城墙被堵实了。为了预防清军的火器攻击，阎应元命令城内各家各户把家中所有的被絮拿出来，浸透水后覆盖在城墙上。如此，相对薄弱的南城墙被加固加实了。

　　清军的不少炮弹落在城内，炸毁了大片房屋，炸死炸伤了不少兵民。死的就死了，没有痛苦，不要活受罪。活受罪的是那些半死不活的兵民。由于在揭竿抗清前没有考虑得很全面,很周密,未能及时购买储存止血疗伤的药,所以,战事进行近两个月来,城内所有药铺店里能止血疗伤的药早已用光。由于得不到及时的止血疗伤,数百个被清军炮弹炸伤的兵民,因剧痛而哭天喊地。那种惨叫声,连乌鸦听了都要被吓得叫不出声音来。受伤的兵民能否活下来,只能听天由命了。

　　据侦察兵报告,北城门守御力量比较薄弱。贝勒博洛迅即命令炮兵快速移炮至北门外的君山脚下。下午,清军又集中炮火轰击北城墙。为了避免炮手不被乡兵的弓箭射杀,贝勒博洛命人编织了逾百只大竹篓,里面装满了泥土,作为炮手的掩蔽体。炮手装填完一枚炮弹后,就迅速躲到竹篓后面,待一枚炮弹打出去后,再立即冲上去装弹施放,如此循环,连环不绝。城墙上的乡兵用火铳射击清军炮手,铁丸子打中了装泥土的竹篓,却打不穿,伤不着清军炮手。城墙上的弓箭手施放弓箭,因射程短而够不着,白白浪费了几百支小箭。

　　因战事有利于清军,贝勒博洛命令炮兵前移炮位,尽量靠近北城墙。见贝勒博洛得寸进尺,阎应元通过多次目测,认为清军的火炮已进入射程内,遂果断命令炮兵开火。一百多门火炮一齐开炮,居高临下,摧毁了清军十多门火炮。贝勒博洛似乎打红了眼,命令炮兵猛轰北城墙。阎应元也似乎打红了眼,命令炮兵狠狠还击。双方三百多门火炮相互轰击,炮声震耳欲聋。清军炮手怕被震聋耳朵,就在炮座旁掘了个坑,再把青草揉成圆形,当作棉花团塞进耳孔,点燃引信后,立即伏在坑里,双手抱住头,待一发炮弹打出去以后,再快速地装弹开炮……

　　双方炮战至傍晚,互有伤亡,仍旧打了个平手。于是双方停止炮战,准备吃晚饭。传餐的人来回奔跑,还是满足不了乡兵的要求。打了一天恶仗,饿到肚皮歇瘪的乡兵,口出恶言,嘴骂脏话,只嫌传餐人速度太慢了。正当大家在战斗岗位上吃晚饭时,陈明遇忽然听到城墙外发出很响的铮铮声,就端着饭碗探出头往城墙下看,只见六个清军低阶军官,穿重甲,缚利刃,持两钉插进城墙砖之间的缝隙,攀缘而上,后面紧跟着许多穿铁甲胄的士兵,企图偷袭县城。陈明遇丢下手中的饭碗，立即命令乡兵用大刀斧头砍杀爬在最前面的六个军官，但伤不了他们。于是陈明遇又命令用长枪刺他们的头，结果，六个清军军官被刺坠到城墙下，后面的士兵赶快逃命下城墙。

　　精明有余、聪明不足的贝勒博洛认为，一天炮战下来，现在正是吃晚饭的时候，守城乡兵一定会疏于防范、麻痹轻敌的，于是命令一支八旗精锐小部队，乘着暮色的掩护偷袭县城。哪知偷鸡不成反蚀了一大把米。县城没偷袭成功，反倒赔了六个心腹爱将，真是懊悔不及。部下们纷纷请战，强烈要求贝勒博洛下令攻城。可这时的贝勒博洛反倒头脑清醒了，对部下说，我不是不想下令攻城。我死了六位爱将，怎么能咽下这口恶气？怎么会不给他们报仇？可是，我请大家想想，我的六位爱将骁勇善战，偷袭攻城都是一把好手，结果呢？你们都看见了……所以，我们再继续炮战，重复白天的故事，已无多大意义了。看来，我要调遣"神威大将军"火炮来江阴了。

　　听贝勒博洛这么说，其部下请战的热情退下来了。他们吃完晚饭，该干吗就干吗，准备明天的战斗。

　　击退偷袭的清兵后，阎应元和陈明遇碰了头，商量明天的战事。近晚上9时，负责管理发放粮饷的夏维新、王华找到他俩，向他俩再次汇报粮饷所存不多的严峻情况。由于通往城外的所有水、陆通道全被清军封锁死了，即使能搞到粮食，也不可能运进城内。阎应元、陈明遇心里十分清楚，近几天，战斗人员虽是一日三餐，但已不是以往的早餐半稀半干、午餐和晚餐全吃白米饭，而是改为早餐吃粥、午餐白米饭、晚餐半稀半干了。这已引起了乡兵的种种猜测，甚至出现了不满情绪。阎应元采取的仍是胡萝卜加大棒的政策。他手握大棒，随时可以揍人。他让冯敦厚给乡兵吃"胡萝卜"，做宣传鼓动工作，以鼓舞士气。城内的非战斗人员和居民，已是一日三餐稀粥了。这些人虽然有怨声，有怨气，但不能发作，只能放在肚里，因为阎应元带来的四十个乡兵，除六人当阎应元贴身保镖外，其余三十四个家丁游走于兵营、街道，听见谁有奇谈怪论，即刻逮捕。凡被逮捕的人，死的多，活下来的少。

阎应元、陈明遇听了汇报后，也一筹莫展。为了把这场没演完的悲剧继续演下去，阎应元严令夏维新、王华他们，不得外泄城内粮饷即将告罄的情况，违者立斩！

夏维新、王华也深知利害，绝不敢把真实情况外泄。那是会动摇军心、民心的。一旦外泄，不仅是他们被斩，凭对阎应元的了解，阎应元肯定会满门斩抄夏、王两大家的。于是，他俩商定，除再精打细算外，就是对外撒谎。当有熟人朋友问他们，为什么近来每天发放的粮食一天比一天少时，他俩就堆满笑脸，谎称粮食有的是，但为了持久战，只得精打细算，细水长流。

为了提振士气，同时也是为了吓阻清军继续攻城，阎应元、陈明遇采纳了许用等秀才们的建议意见，求助于非自然力量，借用"神兵"来助阵。于是，阎应元命令城内的能工巧匠连夜赶做一尊关（羽）帝像、一尊城隍像、两尊东平王像和一尊睢阳王像。

七月二十五日，一天无战事。双方相持着。

这天晚上，阎应元让乡兵把这五尊神像抬到城墙上，用以助威助阵。那么这五尊神像象征着什么呢？关帝神像象征着无往而不胜的战神；城隍神像象征着护城神，有它护佑，县城坚不可摧；东平王神像——东汉光武帝刘秀的第八个儿子刘苍，由于其恢复了西汉王朝的礼乐制度而备受尊崇，因与复明中兴相关，又与吴地礼仪之邦相联，便成了激励抵抗强暴的最佳象征；睢阳王神像——指的是张巡领导了抵抗安禄山叛军的著名的睢阳保卫战，被后人视为具有杰出军事才能与正义抵抗的代表，因其是无锡（无锡建祠纪念）人，也被江南的城市信奉为最敬重的护城神明之一。

那么，在战事处于胶着状态，江阴守城者日趋居于劣势的情况下，城内的秀才们为什么要向阎应元建议抬出神像来助阵呢？这与当时的社会风气有关。根据明朝崇祯《江阴县志》记载，当时的"士风"是"士随俗冶化"，"朴者逾华"；"农风"是尽管"上农无中农之产"，"中农落家"，"下农佃田"，但"盛宴会，服纨绮，馐婚丧，好博弈，崇鬼神，收厮养，多不量其力，似讳穷者"；"工风"是"改金者善侵假,攻木者不坚,土陶亦无专能";"商风"是"奸弊百出,所谓居货之贾也";"妇女风"是"近为尼媪所诳,烧香徼福,向之羞露面者。祅服时妆,肩摩寺院,俗渐澜倒,唯法寺之家,波流不能及之";"异教风"是"风会所至,皈依投体者更多"。可见,当时江阴社会(江阴仅是全社会的一个缩影)已腐败透顶,这是拜当时的政治腐败所赐,然"挽回之权"不在江阴,而在明朝中央政府。可是当时的明朝政府已亡,江阴却还在不知进退、拼死拼活地维护它。这究竟是怎么一回事?是这么一回事,即在末日来临之时,江阴城内以许用为首的秀才们,借用"神兵"来恐吓清兵,其实是无奈之举、愚昧之举,既欺骗他们自己,也愚弄乡兵和城内居民。真如一位学者所言,古代社会,知识分子的主要任务是"愚民",但"愚民"的"民"中,也包括知识分子。

　　阎应元不是江阴本地人,无法分享江阴人对其崇拜的诸神神奇力量的喜悦与感受,但他作为主帅,心里也明白神帮不了他什么,却还是重用神,充分运用自己手中掌握的"神权",既可神化自己的权威,又可麻醉乡兵与部下,为其所用。于是,阎应元命乡兵抬着五尊神像走在前面,他自己则贴着城墙走,身后跟着持剑的家丁侍卫,以此鼓励守城的将士,让他们相信,他就是睢阳王张巡,有本领守住江阴县城。很搞笑的是,聪明的明末清初的江阴人,在这五尊神像的脸部里面都置放着一块磁石,在神像的上嘴唇上还贴有胡须,因磁性作用,每过几分钟,神像的胡须就会翘起来,这就使木偶神变成了活神。

　　城外的清兵远远地望着城墙上突然出现的五个高大威猛的将军,既怀疑,又惊怖,吓得不敢攻城。作为辅将的刘良佐,为了争取立功晋爵,就命令其儿子率兵带头攻城。这时,正轮到睢阳王神像指挥,随着他右手中的佩刀一举,一发炮弹就打了出去,居然击中了刘良佐的儿子,使其当即毙命。见状,后面攻城的清兵吓得掉转屁股就往回逃,以为真的是神兵神将从天上掉下来助阵守城者了。突然,狂风大作,暴雨倾盆,浇灭了城墙上所有垛灯,且始终点不燃。阎应元、陈明遇、冯敦厚率众将士"哭祷睢阳王"。少顷,又是"神光四起如昼，四门灯火彻夜不灭"，但风未息，雨未止。本想趁机攻城的清兵，见在狂风暴雨中城墙上的垛灯本已熄灭却又突然亮如白昼时，感到不可思议，真的以为是神兵神将在护佑守城乡兵，也就不敢轻易攻城了。

五尊神像也许在短时间内确实起到了鼓舞士气的作用，使乡兵们在第二天的激战中分别在南门和北门击杀前来攻城的近万名清兵，但接下来的日子就不好过了，因为粮饷快用完了，乡兵一日三餐由原来一干两半稀半干改为一干两稀了，城内居民由原来的一日三顿粥改为一日两顿粥了。

七月二十六日深夜，阎应元巡历完四座城门后回到祥符寺就寝。阎应元自进城当了守城战主帅后，没有入住陈明遇为他安排的条件比较好的住所，而是住进了靠近北城门的祥符寺，理由是清军最有可能从北城门破墙而入，而他又是直接负责北城门守御的，他住在祥符寺有利于靠前指挥。阎应元已连续七八个晚上没洗澡了，身上都散发出了一股臭烘烘的气味。今晚他仍未洗澡，不是懒，而是太累，更是太悲伤了。阎应元一躺在竹榻铺上，就禁不住呜呜地哭将起来。

祥符寺里有一个僧人，僧名叫音果，与阎应元同吃同住同战斗已有大半个月，两人关系融洽，无话不说，突然听见硬汉阎应元哭泣，心里惊骇。睡在阎应元临近竹榻上的音果，就急忙起床，来到阎应元的铺前，问他因何而如此伤心地哭泣。阎应元摇头不语。音果再问，阎应元猛然捶胸大哭：我不孝也！我不孝也！我不孝也！

原来，阎应元刚接到家中的家丁从城外射进来的一张纸条，纸条上写道：母亲刚走。速回。可作为儿子，近在咫尺，阎应元却不能回家奔丧尽孝。他怎么能不悲痛呢？他是父母唯一的一个儿子。音果听后不禁嗟叹："为臣忠，战阵勇，岂知公自恨不孝者，乃所以为孝也。"

笔者理解阎应元失去母亲后的那种悲痛之情，母子连心嘛。然而，县城内又有多少儿子的父亲、母亲被清军炮弹炸死，儿子们的哭声阎应元他们听见吗？儿子们那种无辜失去父母的悲痛，阎应元能理解吗？阎应元的母亲病故了，却还可以睡棺入殓，入土为安。可城内死去的那么多人呢？只能随地掘个土坑掩埋了之，因为棺木都用于堵城墙去了，棺材铺里的所有木材都被征用为击杀清兵的滚木了。呜呼哀哉！难道千千万万的人的生命，还不如男子头上一小撮束发珍贵？是命重要，还是头发重要？皮之不存，毛将焉附？

七月二十七日，准备再度攻城的贝勒博洛得知江阴城内粮食严重短缺的情报后，便不再攻城，欲改变战术，将清军主力调走，只将刘良佐原统率的部队留下，长期围困江阴，迫使城中守兵粮尽自溃。但刘良佐力劝贝勒博洛继续强攻，认为用不了几天就可克城。其理由是，清军拥有近两百门红夷炮，城内守兵只有百余门，在火炮数量上清军占优势；城内既已粮食短缺，那么其弹药、弓矢等也快用尽了，战斗力会因此而大为减弱，根本禁不住最后的猛烈一击；城内是守方，清军是攻方，主动权在清军手里。一句话，占着兵马武器装备优势的清军，应一鼓作气攻下城才是，否则，主力一旦撤走，战局的最终结果难以预料。

贝勒博洛听完刘良佐的分析，觉得很有道理，便放弃了"撤走主力""长期围困"的战术方案，于是命令刘良佐筹集军粮。刘良佐接令。刘良佐筹集军粮的办法就一个字——"抢"。

七月二十八日，刘良佐命令所辖部队，分三路"筹集"军粮：一路前往北㴔、顾山、长泾、祝塘等地，一路前往周庄、华士、杨舍等地，一路前往峭岐、月城、青阳等地。清军每到一地，即遇抵抗，但抵抗不烈，乡勇很快四散而逃。已然七月底，因是闰六月，实乃八月底，水田里的早稻即将收割。四散的乡勇躲进稻田里，清军很难搜捕，也就放弃了追杀。清军便一门心思地挨家挨户搜粮食，但农家罐中粮食无多。俗话说，荒春三，苦八月。一到八月，虽没粮食，但不至于会饿死，因为有红薯、芋头、南瓜、蔬菜等可以代粮。大户人家早已因躲避民乱而去外地避难了。家中是铁将军把门，空无一人。见搜刮不到多少粮食，清军见着猪羊就宰杀，见着水牛就拉走，见着鸡鸭就乱捉，见着栽种在旱垅上的南瓜就摘，见着栽种在旱垅上的红薯就挖……清军就像蝗虫，到一个地方，那个地方必定遭殃。

第十三章 贝勒博洛无奈议和

1645年七月二十九日,贝勒博洛命令炮击江阴北城墙,双方炮战大半天,终于有三丈长的一段城墙被轰塌。阎应元命令石匠们修城墙,在弓矢、火铳、炮火的掩护下,至半夜,城墙修补好。然阎应元右臂被清军炮弹弹片击中,致重伤不能提刀,他就用左手提刀,砍杀快要爬上城墙的几个清兵。经过一天半夜的苦战,守城乡兵又一次击退了清军的强势攻城。

战斗停歇后,阎应元忍着右手臂的伤痛,连夜主持召开了一次紧急军事会议。会上,根据白天北城墙被清军火炮轰塌的严峻情况,为了有效确保北城墙的安全,阎应元命令城内居民每人交纳一块石头、五块砖头,用于修筑一堵北城内城墙,并立即组织实施。会议一散,与会者根据各自分工要求,分头去组织实施了。至天亮,居民们交来的大小不一的石块、砖块堆积如山。为了完成每人一块石块、五块砖的硬任务,城中马道上的石条、街道上的砖块、大户人家院墙上的石块和砖块、穷人家门槛前垫脚的石块,都挖了交出去了。石匠们则连夜动工,居民全力帮工,至第二天下午,一堵高丈许、宽两尺、长千米的内城墙竣工。

八月初一日上午,贝勒博洛又命令部队攻城。他知道北城墙已加固,难以攻破,就专攻南城墙。先是炮击,两百门火炮齐开炮,连无锡、常州人都能听到巨响的炮声。清军炮击持续了一昼夜,用掉火药一万五千斤,南城墙数处被炸塌。接着,清军乘势拥上,刀矢如猬。守城乡兵也不示弱,集中炮火还击,"伤敌数千人",再次击退了攻城的清军。

在这次攻城战中,有数百名满族八旗兵中炮身亡,其中有的被守城乡兵的炮弹击中，有的被清军炮弹击中。为此，清军炮兵指挥员、吴桥兵变后顺清的叛将孔有德，遭到了贝勒博洛的严厉训斥，差点丢了性命。在贝勒博洛看来，死一千汉人清兵是小事，但死一个满族八旗兵就是天大的事。

见南城门也久攻不下，八月初二日，三位满族八旗军中级将领吴纳哈赖、色勒布、达鲁哈向贝勒博洛请缨，夸下海口，拍着胸脯保证第二日攻下江阴城。贝勒博洛温言鼓励。三位将领命令部队到江阴城周边村庄居民家抢掠大木箱千余只，运到十方庵北面叠成将台，高度与南城墙相仿，并命亲兵两百余人守卫在将台周围。将台左边是一支狼烟喷射部队；右边是炮兵，每五六步距离置一门炮，共有百余门炮。八月初三日下午，三位将领坐在将台上，先命令将台左边的清军手持狼烟喷筒，冲到南城墙下喷射；紧接着命令炮兵百炮齐发，猛轰东南城墙角。守城乡兵被清军喷射的狼烟呛得睁不开眼。阎应元"伏城膝行"，看清楚了将台上坐着的三位清军将领正在指挥炮击，就命令住在中街巷口的大力士、外号叫汤三老儿，肩扛一门火炮炮筒，身体做炮座，对准十方庵北面的将台。阎应元左看右看，见瞄得很准，就亲自燃火放炮。汤三老儿是一个重听者，不知道自己肩上扛着的炮管开炮了没有，仍端立不动，傻傻地望着阎应元。其实，阎应元点放的那一炮，稳准狠地击中了将台，三位满族八旗军将领和部分守卫将台的满族八旗亲兵，中炮身亡。

是日半夜，趁清军因毙命三位满族八旗军将领而暂时处于混乱之机，阎应元命令北门冲锋营中的周祥、金满、李芳、针子四位勇士，缒城去十方庵附近，夜烧清军营帐。四位勇士巧妙地躲过巡逻清兵，摸进一处营地快速地将桐油泼倒在帐篷上，然后敲燃火石，再点着纸煤头，然后吹燃纸煤头，点燃帐篷，顿时火光冲天，数百名熟睡中的清军被烧得皮焦肉烂。幸存者愤怒无比，四处追杀纵火者。可在这沉沉黑夜里，清军去哪里追杀纵火者呀。

四位勇士得手后回到城内，阎应元重奖四位勇士，奖赏每人白银一两，但四位勇士实际到手的是每人六钱白银。四位勇士便与负责管理发放粮食、军饷的夏维新和王华吵了起来，说阎主帅明明白白地当众宣布，要奖我们每人一两白银的，你们怎么只给我们每人六钱银两？你们这是在违抗阎主帅的命令！你们这是在克扣军饷，然后再中饱私囊！四位勇士振振有词、想象力丰富的大吵声，引来了以营长季从孝为首的北门冲锋营近千名乡兵的大哗声。众乡兵群情激愤，怒骂夏维新、王华早就是清军安插隐藏在城里的奸细，说他俩克扣四位勇士奖金的罪恶目的，就是要挫伤乡兵们的勇气，瓦解乡兵们的斗志，里通清军，攻破江阴城。这时，有一个乡兵突然站出来，检举指认夏维新在七月二十八日深夜，让自己十七岁的独子夏需缒城而逃。乡兵们更怒了。"杀，杀，杀死这两个奸细！"众乡兵失去理智的声音，湮没了历史真相，伪造了历史，将忠心耿耿、忠实履行管粮饷职责、一身清白、毁家舍财的士绅夏维新、王华，推向了生命的终点。

当时的实际情况是，由于清军的长期围困，城内粮食已不多了，城内居民已开始吃青草了；军饷也快用完了。夏维新、王华只给四位勇士每人六钱白银奖金，少给四钱不是克扣，而是为了细水长流，精打细算。对于城中的困境，阎应元、陈明遇心里十分清楚；对于夏维新、王华的心思，阎应元、陈明遇也应该懂，夏维新、王华家都是江阴城里的大户，银子他们见多了，有必要克扣近二两白银后而私饱中囊吗？但面临乡兵哗变的危局，阎应元、陈明遇却不愿主持公道，不愿说明城内已然粮尽弹绝的实情。为了稳定军心，平息"民愤"，阎应元只得以"克扣军饷罪"，也不允许夏维新申辩，就立斩了夏维新。见夏维新被斩后，接下来就轮到自己时，王华就恳求陈明遇为他主持公道，让他解释为什么少给四位勇士一两多白银的事由，以求免其一死，但陈明遇也没有为王华主持公道，站在一旁沉默不语，不置一词。结果，王华也被斩首。

呜呼！众怒难犯，而这难犯的众怒，却制造出了一起冤假错案。面对难犯的众怒，不要说是阎应元、陈明遇，就是领袖也会违心顺之。否则，你这领袖的宝座就坐不稳，甚或坐不了。水能载舟，也能覆舟。民众能造就领袖，也敢把皇帝拉下马，无论这民众的行为是正义的还是非正义的。然而，这难犯的众怒，又是谁造成的呢？

那么北门外乡兵为什么那样恨怼夏维新、王华呢？这是有原因的。在方亨严饬江阴三日内剃发后，也激起北门外以季世美、季从孝为首的"素好拳勇"青年的强烈抵制。他们来到县衙门前示威，并打死了来江阴道贺方亨荣任知县的尊贵客人，还绑架了方亨，最终由夏维新、沈曰敬、王华他们居中斡旋，在没有完全满足北门外青年条件的情况下放走了方亨。当时，北门外青年对夏维新们很有意见，怀疑他们与方亨之间达成了某种交易，因慑于夏维新他们的社会地位与威望，不敢对夏维新们说三道四，但对夏维新们强烈不满的心结则越结越大，一旦时机成熟，必定如火山喷发般爆发。现在，作为阎应元倚重的"北门冲锋营"乡兵，在营长季从孝的带领下，终于逮住了修理夏维新、王华的机会，怎会轻易放过？

然不得不说，就算夏维新、王华有种种不是，也罪不至死。夏维新、王华之死，不仅成了殉道者而且也成了曲不离口的所谓"忠义"者的祭品，更成了所谓"义臣不事二君"的阎应元的牺牲品。作为一介武夫的阎应元，如此无原则地"顺从民意"，轻率地草菅读书人夏维新、王华的生命，究竟为何？

庆幸的是，夏维新虽被枉死，但在死前做了一件伟大的事情——利用自己的职务之便，私自放走了自己的小儿子、年方十七岁的夏需，逃离县城，躲避在无锡石幢岳父叶孝基家，幸免于难，不仅使夏家未断香火，而且保护了读书的种子，经过几代人的努力，又使夏氏家族成为清朝时期江阴的文化世族，更造就了清代著名小说家夏敬渠。对于夏维新玄孙夏敬渠著的怪诞小说《野叟曝言》，鲁迅在《中国小说史略》中给予了高度评价："以小说度学问文章之具与寓惩劝同意而异用者，在清盖莫先于《野叟曝言》。"并被清人誉为"奋武揆文，天下无双正士；熔经铸史，人间第一奇书"。能不能这样说：一个为国家文化建设做出重要贡献的夏敬渠，要多少个阎应元之和才能相比？

清人韩菼在其《江阴城守纪》中，对阎应元斩杀夏维新、王华，曾进行过这样的评述：

饷缺费繁，围城中恰难措置，二人通融调剂，亦属一时权宜。此情此势，应元岂所不知？无奈众人之借是泄忿也，至代方亨劝众，事后论之，亦不甚错。各图献册，业已归顺，官民和协，省得激成祸端，无奈众人之喜事乐祸也。若章经世同主刍粮而漏诛，同陷围城而免死，岂别有保身之道矣？

遗憾的是，韩荄的这一置评，并没有引起后来文史研究者的重视，仍以意识形态划线，站在革命立场和道德制高点上，口诛笔伐夏维新、王华的所谓"克扣军饷罪"、替"反动力量代表方亨说话"等等；更没有对韩荄对章经世为什么"漏诛""免死"的质疑进行深究。

章经世、夏维新、王华三人"刍粮"，先是在揭竿抗清后不久由众士绅推荐，经陈明遇批准的，后是由阎应元任命的，而且章经世是"刍粮"委员会主任。按理说，如果要问斩夏维新、王华"克扣军饷罪"，那也应该首问章经世呀，怎么就不问他而只问斩了夏维新、王华的罪呢？关于章经世，据可查的史料记载，仅知道他是诸生。至于他为什么能在"克扣军饷案"中幸免一死，无史料可查。章经世在江阴城破后是殉义，还是顺清，也无史料可查。查有清一代四部江阴县志——康熙《江阴县志》、乾隆《江阴县志》、道光《江阴县志》和光绪《江阴县志》，在衬祀三公祠殉义绅民的三百十八人名单中，居然查不到赫赫有名的章经世。这不应该呀。难道说，后来顺清的拖着长辫子的江阴县知县或驻节江阴的江苏学政们，在上报朝廷的先后由乾隆皇帝、道光皇帝钦定的"江阴之役殉义的明朝官民名录"中漏报了章经世？不可能呀。几任江阴知县会如此严重脱离江阴人民，犯如此严重的官僚主义错误？或者是因不符合条件，被皇帝们从名录中删除了？这是一个历史之谜。

查徐华根主编的《江阴著姓望族》，其中有一篇专门讲"筋山章氏"的文章。我没深入研究章经世与江阴笏山章氏是否有关系。但在"笏山章氏"一文中，根本没提及章经世。这是不是说明末清初江阴城里的望族章氏与清朝乾隆后江阴城里的望族章氏没有丝毫关系？不是同一支章氏？历史有时候是很会捉弄后人的。它就是要让后人看不清先人的真实面目。

不用商量地斩杀夏维新、王华后，阎应元命令许用辅助章经世"刍粮"。同时，夏维新、王华被斩后，阎应元仰仗的北门冲锋营千名勇士，终因泄了私愤、出了一口恶气后心平多了，因而更加拥戴阎应元，原本极有可能哗变的守城乡兵，又众志成城地坚守在各自的战斗岗位上，随时打退清军的攻城。

八月初四上午，江阴下辖的杨舍镇在守备沈廷谟率领下，本亦是奋力抗清的，但见江阴城前景日趋不妙后，突然开窍，认清了形势的发展趋势，准备了酒、猪肉和银圆，代表杨舍士绅百姓，跑到刘良佐军营投诚，祈免杨舍一方之死。刘良佐收下酒、猪肉和银圆后，点头应允了，并给了沈廷谟四面大清旗帜，要求其回去后悬挂在杨舍堡城的东西南北四座城门上。沈廷谟点头哈腰地一百个答应。还没完。刘良佐还要沈廷谟去江阴城下劝降。起先，沈廷谟很是为难，但在刘良佐的淫威下不得不答应，便硬着头皮，骑着马来到城下，力劝守城者快速地投降。听到沈廷谟的劝降声，城内回应以炮击，吓得沈廷谟掉转马头就逃。

面对绝境的日益逼近，阎应元又使出了诈降的伎俩。八月初四下午，站在城墙上的众多乡兵，纷纷把从民间搜集来的乱头发投掷到城墙下，诡称城内已剃头，愿意投降，企图诱敌而歼之。城外清兵看见后十分高兴，跑去报告刘良佐。刘良佐说：不要盲目相信。必须观察守城的人剃发了没有。如果守城者都剃了发，说明他们是真投降。刘良佐派出侦察人员潜伏观察，发现守城者一个都没剃头，才知道守城者是诈降。

攻城又攻不下，无限期地围城下去，上峰又不准。这可把贝勒博洛难住了。一向骄横无惧的贝勒博洛，从关内打到关外，从北方打到江南，从未啃过像江阴这块难啃的硬骨头。他算开了眼，长了见识，遇到了真正的对手。在没有什么有效办法的情况下，贝勒博洛采纳了参谋们的建议，决定尝试一下"议和"。这对贝勒博洛来说，是一件很丢面子的事，从内心讲，他是很不情愿为之的。无奈情势强过人，坐镇常州府指挥的多铎，已几次命令贝勒博洛，不管采用什么样的方法，必须尽快解决江阴问题，不能再拖下去了，因为政治影响、军事影响都很大，朝廷大为光火。因此，贝勒博洛不得不装一回孙子，不得不低下头去劝降，试图及早和平解决江阴问题。

八月初四傍晚，贝勒博洛骑上马，在警卫队的护卫下，策马来到北城门护城河的北岸，高声地对阎应元进行劝降：阎将军，你只要拔去插在四座城门楼上的"大明中兴"的大旗，换上四面大清旗帜，斩杀负责守御四座城门的将领和首倡守城者，我就保证对你和其余人，一概不究，一个不杀。即使你们不剃发也没事，只要你答应我刚才提出的条件，我马上命令撤兵。

站在北城墙上垛口处的阎应元，此时面临着两种抉择：投诚归顺，或抗拒到底。投诚归顺的前途是，按照贝勒博洛提出的条件，只要杀四个人，负责守御东城门的王公略、负责守御南城门的汪某、负责守御西城门的陈明遇以及首倡守城者许用。抗拒到底的前途是，城内所有人最终被清军歼灭。

那么，阎应元是如何回答贝勒博洛的？要斩就斩我一个人。他们又没有罪，斩他们干什么？我们先来分析一下，阎应元的回答，很成问题。问题在哪？问题就在于阎应元自己对自己进行了有罪推论——他们又没有罪，斩他们干什么——要斩就斩我一个人——阎应元自己是有罪的。那么，阎应元的罪状是什么？是抗清抗错了？阎应元没这么说，但可以作这样的逻辑推理。如这个推理成立，那么江阴抗清则成了一场闹剧。如果再从仕的道德标准来衡量，此时，如果阎应元果真是一个人缒下城去受缚，牺牲他一个人来保住城内近五万人的生命，保全千年江阴古城不被摧毁，那么，阎应元真可以称得上是一个伟丈夫、一个正人君子、一个真英雄了。然而，阎应元没有以牺牲自己来保全全体守城乡兵和全体居民的性命。崇祯皇帝吊死前发出了划破夜空的呐喊:"朕死,无面目见祖宗,自去冠冕,以发覆面。任贼分裂,无伤百姓一人。"可"忠君"不离口的阎应元竟然没有效仿崇祯皇帝。

贝勒博洛见与阎应元话说不到一块去,就不再开口,在命令侍卫将四面大清旗帜树在江阴四座城门的对面后,就返回营地十方庵了。看着对峙味很浓的四面迎风飘扬的大清旗帜,阎应元心里明白了贝勒博洛的未尽之意:你阎应元欲想议和,就扛着这四面大清旗帜来清军营区找我贝勒博洛。

贝勒博洛返回营地后,阎应元不得不主持召开一次军事会议,商讨要不要议和、如何议和的问题。说实在的,不说是其他守城将领,就说阎应元自己吧,他的守城底气也是越来越不足了。他清楚地知道,城内已近粮尽弹绝。他清晰地看到,守城乡兵的身心疲惫已至极限。他亲耳听到,已有乡兵开始议论"议和"了。阎应元的本意是决不顺清。他要以自己悲壮的死,来扬自己能"流芳百世"的英名与美名。他主持召开这次军事会议的真实意图,就是最后一次再摸摸与会者的心思,到底是战还是和。

会上就战与和争论激烈。负责守御城门的四个将领中,王公略、汪某极力主张议和,陈明遇态度暧昧,阎应元暂不表态。两个"刍粮"中,章经世言左右而顾其他,许用则是坚决反对议和,极力主张战斗到底。二十多个秀才参谋中,年长的言语相对委婉,说可以尝试一下"议和",看看"议和"后有什么新情况再做下一步的打算;年少的则附和许用的意见。

战与和的两种意见相持不下。于是,大家把目光投向了主帅阎应元,听听他有什么样的结论性意见。阎应元站起,目光威严地扫视了一下与会者的脸,说:先派人去假议和摸摸情况再说。会议研究决定,由诸生朱晖吉、耆老王晴吾等四人作为议和代表,前去与清军代表谈判。

八月初五上午,朱晖吉手擎一面大清旗帜,和王晴吾等四人,前去十方庵清军营地谈判。听传令兵报告说，江阴城里派出的四位议和谈判代表已到营区门口后，贝勒博洛很是高兴，但因自己汉语说得不是很好，又没有谈判经验，便把议和谈判的任务交给了刘良佐。

刘良佐来到清军最高指挥部，贝勒博洛给刘良佐面授机宜。刘良佐明白议和谈判原则、谈判条件、谈判底线后，就带领几个侍从出营区门迎候，将城内四位议和谈判代表引领到庵内一间屋里，分坐在几把椅子上，也没文字记录，仅是口头允诺。双方议和谈判似乎很顺利。刘良佐承诺，只要守城方在四座城门楼上树起大清旗帜，只要交出当初第一个倡议守城抗清者与负责守御四座城门的将领，可以不要江阴人剃发，也决不杀任何其他人。朱晖吉等四位议和谈判代表表示，可以考虑清军方面提出的议和条件，但要回去汇报后由阎应元作政治决断。双方约定三日后再"定议"。

守城方四位议和谈判代表在去清军军营谈判前，阎应元授权了他们没有？授权了多少？议和的底线是什么？对于这些问题，没有任何史料记载。但从议和谈判很顺利的情况分析，谈判前阎应元没有向谈判代表交代议和底线，没有向谈判代表交代议和的真实目的，可能只是让谈判代表去摸清军议和的企图究竟是什么。由于议和的意图不甚明确，议和底线比较模糊，这就给了四位议和谈判代表创设了充裕的谈判空间，但他们不知道的是，这也是阎应元给他们自掘坟墓下了一个套。

派出去的四位议和谈判代表，都是城内有点威望的士绅或图长。他们口头上虽没有完全同意刘良佐代表清军提出的议和条件，但心里是接受的，否则，议和谈判不会那么顺利。这也就说明，江阴城内的士绅们已经看到了他们为完成忠君复明的使命所付出的巨大代价，已清醒地意识到人不能亡城不能毁，否则在战后他们在江南就没有了一席之地。在明末（包括在漫长的两千多年封建社会里），士绅既是忠君报国的精英阶层，又是非常理性的稳定和治理中国乡村社会的中坚力量，是极其重要的关键少数。同时这也进一步表明，江阴城内的士绅阶层与阎应元他们在和与战的问题上，已完全立场对立，观点相悖，势不两立。遗憾的是，在被阎应元、陈明遇、许用他们鼓动与激励出来的失去理性的汹涌澎湃般威力的"义民"面前，士绅阶层的力量是显得多么微小，他们发出的理性的声音是显得多么微弱！

想当年，阎应元这尊神是由士绅们造出来的。想当初，阎应元这尊神是在陈明遇的强权下和士绅们的默许下被请出来的。如今，士绅们没想到，阎应元这尊神要把江阴城推向毁灭。他们开始觉悟了，但已晚了。他们已没有力量送走阎应元这尊神了，真所谓请神容易送神难啊。

刘良佐见议和谈判顺利融洽，心里很是高兴，因而热情款待了守城方的四位议和谈判代表，"留饮终日"。敬酒时，刘良佐再次强调，只要江阴归顺，大清朝决不乱杀一个无辜之人。当然，我会派官兵去城里勘验的。只要勘验官兵回来复命说，江阴已真的顺清，我们即刻把部队撤出江阴。四位议和谈判代表笑容可掬地回应道：一回去定转达刘将军的意见。分别时，刘良佐还给四位议和谈判代表"各赠五金"，再次约定"三日定议"。

四位议和谈判代表回到城里，在向阎应元他们汇报时，"匿金不言"，只是一个劲地"主议降顺"。听完汇报，阎应元一言不发，陈明遇、冯敦厚、王公略、汪某、章经世、许用、黄毓祺、戚勋、季从孝……面面相觑，望向阎应元的脸，都想听听最高指挥官阎应元的意见。在众人目光的期待下，阎应元缓缓地站起，对四位议和谈判代表说：你们也去跟守城乡兵说说议和的事，听听他们的意见，看看他们的反应。

四位议和谈判代表来到县衙门前的广场上，对站着黑压压一片的乡兵和城里居民讲了为什么要议和、议和的条件及议和成功后的好处。话还没讲完，一些乡兵和居民居然起哄，坚决反对议和，并痛骂四位议和谈判代表是叛徒、奸细。在场的阎应元见有部分乡兵和居民反对议和顺清，心里有底了。尽管反对议和的是极少数乡兵和居民，但这似乎给阎应元打了一针强心针，使他又鼓足了抗清至死的勇气了。

三日"定议"期限刚过，刘良佐还未见四位议和谈判代表去他军营复谈"定议",就派兵去南城门下高喊朱晖吉等四人的名字。守城者问清兵为何要高喊朱晖吉等四人的名字,清兵"备述留饮赠金事"。报告阎应元后,阎应元立即命令家丁逮捕朱晖吉等四人,并押到县衙门前的广场上,不让他们分辨,以"受贿罪"当众斩首。然而,当章经世赶到现场,向阎应元报告说,朱晖吉等四人早将黄金交给他和许用时,看到的是朱晖吉四人的头颅已抛滚在尘埃中……

第十四章 清军屠城三日

坐镇常州府指挥的多铎，收到贝勒博洛关于江阴彻底拒和的报告后，即刻上疏多尔衮。多尔衮迅即下旨亲谕招安江阴：

江阴素以礼乐之邦著称。既以归顺，务遵本朝礼制，方为顺民。本朝大体平定天下，依汉制，唯有臣民从陛下，断然没有陛下从臣民。江阴士民若是自愿剃发，实乃大幸也。若是抗旨，尽膏草野。特谕。

八月十二日，多尔衮招安谕旨到江阴。贝勒博洛骑马来到南城墙下，亲自向阎应元和守城乡兵宣读谕旨，但阎应元听不进去。同日傍晚，多铎的手谕又到江阴，清兵用箭射入城内：

明已亡，何苦死守？回头是岸，时间不多矣！

阎应元命冯敦厚回复：愿受炮打，宁死不降！

见阎应元如此冥顽不灵，多铎给贝勒博洛下达了死命令：三日内务必攻克江阴城。八月十三日下了一天的大雨，但清军并没有因为天气恶劣而停止炮击。炮击持续了一天，轰坍了多处城垛。守城乡兵冒雨坚守战斗岗位，顽强还击。这天半夜，雨又下起来了。阎应元派遣水性好的勇士陈宪钦等十人，渡过护城河，摸到清军炮兵阵地，把装满沙土的小布袋塞进了清军所有火炮的炮筒里，迫使清军两天不能炮击攻城。城内则趁机修筑被清军炮火轰坍的城垛，加高南城墙两尺。因接近中秋节，负责粮饷的章经世、许用，奉阎应元之令，将小麦连皮磨成粉，拌以黄豆、豇豆，让厨工、妇女连夜制焙月饼。

八月十四日下午，阎应元、陈明遇给城内居民发放赏月钱。这天白天秋高气爽，晚上皓月当空，正是赏月的好时光。由于无战事，城内的男性居民拿到赏月钱后及时行乐，买了酒灌满壶，一到晚上就登上城垛，对月畅饮。自守城七十四天来，城内居民特别是成年男人，从来没有像今晚这样放纵过，也从来没有像今晚能被准许登上城垛饮酒。这是城内居民末日来临之前的狂欢？这是阎应元在江阴城遭遇灭顶之灾前的仁慈？抑或是他们在悲中作乐？抑或是另一种回光返照？

喝到酒劲上来时，突然有个人细嗓细气地唱起了江南丝竹调，主题意思是嘲讽江阴周边地区人们的软骨头、炫耀江阴人的好斗劲。歌词大意是：

宜兴人，一把枪。
无锡人，团团一股香。
靖江人，连忙跪在沙滩上。
常州人，献了女儿还送娘。
江阴人，打仗两月多，宁死不投降！

这曲江南丝竹调具体是谁唱的，无可稽查，然而是一个男人唱的，倒是有史料记载的。稍加分析，不难明白，在明末清初，在那战争时期，平民男子是不会唱的，年长秀才们也是不会唱的，能唱的是年少的秀才，而且平日里是唱惯了的。

看到城垛上有不少男人在畅饮，在划拳，还唱着清兵根本听不懂的天籁之音，好奇的清兵纷纷潜到城垛下，偷听城垛上喝酒男人唱歌狂欢。当城垛上喝酒男人发现下面有清兵在偷听时，就把空酒壶当砖石掷下城垛，空酒壶着地后发出的"乒乒乓乓"声，逗得清兵大笑而去。

八月十五日，是秋季正中间的一天，故名为中秋。中秋月圆，赏月在唐朝已很流行，到了北宋才把八月十五日定为中秋节，其节日内容更为丰富起来，除赏月外，还有放灯、观潮等。《梦粱录》卷四中是这样描绘北宋都城汴京宋人中秋节那天晚上赏月、饮酒高歌、团圆家宴及夜市的情景：八月十五日中秋节，此夜月色倍明于常时，又谓月夕。此际，金风荐爽，玉露生凉，丹桂飘香，银蟾光满。王孙公子、富家巨室，莫不登危楼，临轩玩月，或登广榭，玳筵罗列，琴瑟铿锵，酌酒高歌，恣意竟夕之欢。至于一般商人，也至如铺席之家，亦登小小月台，安排家宴，阖家团圆，以酬佳节。即便是贫苦市民，也解衣市酒，勉强迎欢，不肯虚度此夜。该书中还写到夜市：此夜，天街买卖，直至五鼓，玩月游人，婆娑于市，至晓不绝。

宋朝人把月亮看作与太阳相对的太阴，自然就有所崇拜。宋朝政府把八月十五日祭月神写入"礼志"中。据《宋史·礼志》记载：如天地、五帝、日月星辰、社稷，欲诏有司此时举行祭祀。民间也在中秋节的夜晚拜月亮。《新编醉翁谈录》中曾有记载：全城人家，无论贫富，从会走路起到十二三岁，都穿上成人的衣服后登楼或在自家庭院中，焚香拜月亮。男人祈求自己早日中举，走上仕途，飞黄腾达；女人唯愿自己美胜嫦娥，丰美如洁白之月亮。

到了明朝，明人过中秋节与宋人有所不同。中秋节那天，除拜月、祭月外，亲戚朋友间还要互赠瓜果和月饼。所以，中秋节吃月饼始于明朝。明朝时的拜月形式也很多，有的向月亮跪拜，有的供奉月光神，还有的以木雕月姑为偶像，但均在神像前供奉或悬挂在月亮升起的方向，设供案，放供品。供品南北有别。北方的供品是瓜果和月饼，且十分讲究其圆，越圆越好，寓意团团圆圆，和和睦睦，家和国盛；南方的供品则是柚子、香蕉、柿子等时令水果；吴地的供品大多为月饼和芋头、菱角、花生、藕等时令农产品。

往年的中秋节前夕，江阴城里的大户人家，都会买了月饼、菱角、莲藕、桂圆、板栗等礼品馈赠亲眷朋友。毛脚女婿和新女婿都要给丈母娘送厚礼，谓之"张八月半"。中秋节这一天早晨，无论贫富，家家户户都要吃"糖芋头"，寓意日子过得圆满甜蜜。晚上，大户人家则要备家宴庆贺，全家老少喝完庆贺酒，或在楼上，或在阁榭，或者庭院，吃着月饼赏着明月。普通人家虽备不起丰盛家宴，但月饼是必买的，月亮是必拜的。可是，1645年的中秋节，江阴城里人是在战争下度过的。被困七十五天来，城中物资匮乏，居民食不果腹，还因清军炮击不断，城里常有伤亡，这中秋节能怎样欢度？月神能制裁清军吗？月神能保佑江阴城不毁人不亡吗？月神无语。只有女人们的饮泣声。只有老人们的叹息声。只有未成年人的嚎哭声。

江阴城里，学校早已停课，商店早已关门，茶馆、客栈、饭馆早已停业，书场、戏院早已停演，连妓院都无人问津了。牢门却打开了，犯人被编入守城队伍，补充伤亡减员后的兵员不足。这些罪犯入狱前或是盗贼，或是地痞恶棍，被征用后成了玩命的主儿，似乎提升了守城方的战斗力。

八月十五日中秋这一天，天气格外的好。江阴城在夜色的遮蔽下，似乎又显出了往日般的宁谧。城垛上男性居民"分曹快饮"。城墙上，乡兵们吃着月饼，抬头望着明月，有的眼中沁着泪水，有的喉咙吞咽着热泪，有的在低泣。天无纤翳，皓月当空，清露薄野，剑戟无声。夜色很美，但气氛很凝重，使人有点喘不过气来。晚上9时许，天才般的许用仿照楚歌韵律，作了一阕《五更转》词曲：

一更星，月初升，
江阴人守县城；
月光照大地，
江阴属大明。
二更星，月渐高，
江阴人胆气豪；
大明江阴在，
性命轻鸿毛。
三更星，月正中，
江阴人真英雄；
满洲十八将，

一概无影踪。
四更星,月已斜,
江阴像朵芙蓉花;
芙蓉多美丽,
江阴多荣华。
五更星,月沉西,
满洲鞑子苦凄凄;
江阴城坚固,
大明寿如天。

从歌词内容看,这首《五更转》曲,充满了革命的英雄主义,充满了革命的浪漫主义,却无视骨感的残酷现实。这首《五更转》曲,在一个黄姓弩师的胡琴伴奏下,"善讴者登高传唱",歌声悲壮,催人泪下。清兵争先恐后地靠近城垛偷听,听后,有的清兵则怒骂江阴人不自量力,有的清兵则唉声叹气,有的清兵则和泪悲泣。

见城垛上饮酒赏月,听城内悲曲传唱,正在帐中与参谋们饮酒的刘良佐,也作了一首劝降词,并叫士兵传唱:

劝劝你们江阴人,
快快投降我大清。
大清皇帝有恩典,
大清皇帝有威名。
投降了身家性命都保住,
投降了财产不损半毫分;
投降了官上加官做,
投降了定有赏赐给平民。
倘若执迷竟不悟,
莫怪将来化灰尘。
劝劝江阴好百姓,

江阴事变

想好投降快开城。

许用听了，立马让唱《五更转》的乡兵停下来。他要反击刘良佐的一次又一次的劝降。他要坚定守城者人在城在、人亡城毁的死不足惧的信念。他右手提着一把酒壶，灌一口酒后就仰头望月，再灌一口酒后就猛甩自己的头。半壶酒下去，许用脱口而出，唱出下面的答词来：

花马刘，不要脸。
堂堂大明将军降胡儿，
居然还在人前说恩典。
胡儿威名像什么？
胡儿威名辽东犬！
江阴人，硬如铁。
为了忠与义，
甘愿流尽最后一滴血。
投什么降？
去你娘的蛋！
炮来了，让你好好来享用！

本该斯文的许用，或因愤怒，或因年轻，不顾体面，口出粗话。他唱完最后一句，就吩咐炮手炮击刘良佐的军帐，未击中，吓得刘良佐逃出了军帐，然后大骂：江阴人，不讲理，兴许你们唱，就不许我们唱？江阴人，真小气。只许你们唱得。我们唱了，你们就要开炮？你们等着，待城破后，我花马刘一定杀得你们片甲不留。

清军炮兵花了整两天时间，把陈宪钦等十人塞进炮筒里的装有沙土的小布袋掏出，擦拭好炮管，才使火炮正常施放。

贝勒博洛在两天里也没闲着，而是潜心研究作战方案，耐心等待平定松江、嘉定后的李成栋部增援江阴以及从南京、镇江运抵江阴的二十四门"神威大将军"火炮的到来。

李成栋,陕西宁夏人,早年参加农民起义,长期跟随李自成的部将高杰,后随高杰投降南明,弘光时任徐州总兵。1645年三月,高杰在睢州被李定国刺死。多铎率满、蒙八旗军南下至睢州时,李成栋投降了多铎。清军占领南京后,李成栋任清军江南总兵。嘉定士民因"剃发令"而起义抗清后,李成栋率兵五千人前去镇压,在一个多月内三屠嘉定,屠杀士民五万多人,清兵仅死亡数百人。可见,李成栋部的战斗力是很强的。增援江阴后,李成栋部在破城攻坚战中仍然发挥了尖刀兵作用。

从南京、镇江运抵江阴的二十四门"神威大将军"火炮,每门炮管长两丈,内径长十四厘米左右,炮身重约四千斤,每颗铜体实心铁弹重十三斤。这种"神威大将军"火炮共铸三十五门,于1644年十二月,是由顺清的汉人工匠在锦州铸造的。多铎命令将布防在南京、镇江的二十四门(占总数的69%)"神威大将军"火炮运抵江阴增援,足见多铎对"江阴事变"的高度重视,也预示着以后几天炮战的极度惨烈。

据有关史料记载,江阴守城者拥有红夷炮约一百四十门,清军拥有近两百门。双方拥有的红夷炮,其炮身重量、炮管长度、炮口内径长度、炮弹重量、射程等,大体相当,虽然江阴守城者比清军少了五六十门炮,但置放在城墙上,居高临下,占了不少地形优势,所以,在长达两个多月的炮战中,双方相持胶着,难分高下,互有重大伤亡。但二十四门大口径、远射程的"神威大将军"火炮增援江阴后,再加上李成栋部援兵到了江阴,使战争的天平顿然向有利于清军方面急遽倾斜了。

这二十四门"神威大将军"火炮分载于二十四艘船,每艘船只载一门火炮,经水路运抵江阴。一路上清军还沿途强搜农家的铁器,用于铸造炮弹。运抵江阴后,为防城内矢石的袭击,清军筑起高高的土垒以做掩护,确保"神威大将军"火炮不受丝毫损伤。

八月十九日,城墙上见罕有的清军大炮抵近城下,东、南、西三城门的守御者开始动摇了，并公开议论起议和与招安。唯有阎应元负责守卫的北城门，"誓死益固，众意遂决"。听到巡视的家丁报告说东、南、西三城门的守御者公开议论议和与招安的事后，阎应元即命贴身保镖家丁通知陈明遇、王公略、汪某、冯敦厚等人，在祥符寺召开紧急会议。会上，阎应元严斥陈明遇、王公略、汪某对自己部下公开议论议和招安而不加严斥、听之任之的不是。阎应元严厉警告：在座诸位若有谁意志动摇，我阎某照斩不误。说完，阎应元把佩刀猛地戳在了桌面上。与会者噤若寒蝉。已是晚秋时节，但寺内的一棵高大的香樟树上竟然还有知了，不知为啥突然齐声鸣唱起来了，唱得阎应元心里更加烦躁：该死的秋蝉，这个时候还乱叫什么呀！

贝勒博洛准备先攻打城防守御相对薄弱的东城门，由于泄密，就改变了作战计划，将二十四门"神威大将军"火炮和近两百门普通红夷炮移至东北城墙角。一切准备就绪。八月二十日，贝勒博洛下达了攻城的命令。这一天，天公既不作美，又很作美，下了整整一天一夜的雨。但双方炮击不绝，持续了一昼夜。隆隆的炮声，赛似八级强烈地震，震得江阴周边近邻县的房屋剧烈晃动。射程远的"神威大将军"炮弹，纷纷落入城内，许多房屋被炸飞天，许多居民被炸得尸骨难觅。但江阴县城依然稳如磐石。

炮击在持续。城中居民从未见过"神威大将军"炮的巨大杀伤力，吓得六神无主，不知躲到哪里去是好。阎应元又没有相应的应对措施，任由居民到处乱跑，城里乱成了一锅粥，哭喊死去亲人的、高呼救命的、呼喊寻找亲人的声音，伴着炮声，和着雨声，在城内乱撞，寻找活路。四座城门早被大木头堵死出不去，缒城逃跑又不敢，因为一旦被抓立马被斩首。活路在哪？一些失去理智、精神错乱的居民，有男的，有女的，不顾乡兵的阻挠，爬上城墙，哭吼不已。那哭声，似鬼哭；那吼声，似狼嚎。清兵听到城墙上这种鬼哭狼嚎声，以为是鬼的声音，吓得双腿发软。

夜已深了。双方炮击暂休。参谋黄毓祺找了阎应元、陈明遇，对他俩说：现在战争的态势是明显的敌强我弱。为改变这种态势，我想去祝塘组织一支义兵，然后，我们内外夹攻，歼灭鞑子。

黄毓祺为何自信能够起兵于祝塘？因为黄毓祺的江阴始祖黄契颜是祝塘人，所以与黄毓祺同辈或大一辈或小一辈的一些黄氏族人，还生活在祝塘及其临近地区，且有的在地方上还很有声望，而他平时与这些族人也经常往来。黄毓祺对阎应元、陈明遇说，他的祝塘起兵计划定会得到族人的大力支持，因而定能成功。

阎应元、陈明遇听了黄毓祺在祝塘地区招募一千乡兵，并以祝塘为后方支援基地，在十天之内把乡兵拉到城外隐蔽，与城内相呼应，南北夹击清兵的计划后，认为有实现的可能，特别是阎应元认为，祝塘地区基础好，祝塘起兵计划极有可能实现。更主要的是，阎应元、陈明遇充分信任黄毓祺的政治坚定性：年且花甲的黄毓祺，自"江阴事变"以来，始终坚定地站在陈明遇和阎应元一边，尽职尽责督战，阎应元进城接任主帅后，积极捐献巨款作军饷，带头拆除萃涣园，将拆下来的木头当作歼灭清军的滚木，将拆下来石块、砖块用于加固加高东城墙。

阎应元、陈明遇还充分信任黄毓祺为人的坦荡诚实：黄毓祺文名胜负，门人众多；作为城里巨富，黄毓祺向来乐善好施，有经济实力招兵买马；作为江阴复社的领导人，黄毓祺人脉广，门路多，有号召力。

基于充分的信任，阎应元、陈明遇催促黄毓祺连夜出城。

八月二十日子夜，黄毓祺带领门人徐趋、邓大林等五人缒城而出，在夜色掩护下，穿越城外清军的封锁线，先来到月城老家。在"江阴事变"之初，黄毓祺便让妻儿回了月城老家。他对家人说，我要去祝塘起兵，跟阎典史他们来个城内城外内外夹击，消灭鞑胡儿。妻子听后劝阻说，你一大把年纪了，犯不着这样劳心劳肺，应该好好享享清福了。再说，你这样做很危险，弄不好要被清军满门抄斩的。你该为一家老小着想。

黄毓祺听后不以为然，坚定地说，我不服气看到汉人被北边来的鞑胡儿残酷杀害。凭什么？我们堂堂汉人，还不至于全是软骨头。我起兵后就算危及了家里，也顾不了啦。谁让我是贡生呢？谁让我是五尺男儿呢？请你们不要恨我。然而，黄毓祺没料到的是，八月二十一日午时，他还在月城，正准备下午去祝塘，江阴城沦陷了。黄毓祺的祝塘起兵计划落空。

再说多铎见江阴城久攻不下，心里很着急，便上疏多尔衮，请求朝廷派高人到江阴勘察。七月二十四日，朝廷派遣的一个国师道士来到江阴，绕城细察了近一个月，至八月二十日晚才终于看明白，便对贝勒博洛说，江阴城形似一朵芙蓉花，若攻打花瓣，则越打越坚固。其花蒂在东北城墙角上，只要专打花蒂，花蒂一碎，花瓣也就自落。

贝勒博洛听后将信将疑，对国师说，我们今天不是猛烈炮击了东北城墙角了吗？结果，我们仍未破墙。你让我再次命令炮击东北墙角，管用吗？国师说，你说的我明白。我只能这样跟你说吧，你今天命令炮击东北城墙角没错，问题在于你们炮击的范围大了一点，没有集中到"东北角角"上。听我的，明天把所有的炮集中到花家坝村上，小炮置在前，大炮置在后，拼命地给我轰，定能破城。明天若是破不了城，你把我杀了。

贝勒博洛觉得国师说得有道理，遂于八月二十日深夜，命令炮兵把近两百门小口径红夷炮、二十四门大口径的"神威大将军"炮，全部拉移到花家坝。二十一日早晨，贝勒博洛下达攻城命令，炮兵集中炮火有梯次有波次地专门炮击东北城墙角儿。尤其是"神威大将军"的炮弹打到城内，每一发炮弹可以洞开十重门，落地可以炸毁一片房屋。江阴县城仅有约一平方千米面积，却容有近三万乡兵、两万多居民，满城皆是人，人口密度大，再加上众多建筑物，所以，当一发发"神威大将军"炮弹落入城内，不仅炸毁很多建筑物，更是炸死炸伤了很多乡兵与居民。他们无处躲藏，只能听天由命，哭爹喊娘，坐以待毙。

八月二十一日上午，雨下得特别大。在清军强大炮火轰击下，东北城墙角危如累卵。阎应元命令：见外炮燃火即避伏垣内，炮声过，周麾而登。贝勒博洛见城墙上实行避弹战术，也针锋相对地实行遮眼欺骗术：命令炮兵用几门炮专放狼烟，其余的"故放空炮"。由于雨大，再加上狼烟的"烟漫障天"，因而"咫尺莫辨"，守城乡兵以为清军放空炮是在虚张声势，误判为清军已炮弹不多，便放松了警惕。可是，阎应元没想到的是，在雨帘和狼烟的遮蔽下，清军步兵已潜渡护城河，从烟雾中"蜂拥突上"。八旗军将领、蒙古镶白旗沙门，亲率八旗兵攀云梯登城，遭到守城乡兵的奋力抵御，并被乡兵的标枪刺死，坠倒城墙下。见沙门将领被毙，八旗兵疯了似的登城，守城乡兵终因"不及御而溃"。

午时，一枚"神威大将军"炮弹，像"红光一缕，从土桥直射入城中"，击中了祥符寺，使与祥符寺相衔接的东北角城墙塌陷出一个数十丈长的大缺口。满洲镶黄旗将领塔纳尔岱和顾纳岱率部下抢先登上北城墙。众多清兵登上北城墙后，担心城中有埋伏，便持刀立视，半天不敢下城墙。城墙下的大部队清兵则"向城列阵"助威，相持到傍晚，见城中乱成一团，才敢下城墙进入城内。

贝勒博洛见北城墙已沦陷，便把攻城的任务交给了李成栋部，自己则率炮兵火速到东城墙和南城墙布阵，实施炮击。由于西城门前不仅有环城护城河，距西城门不到一千米处还有南北走向的锡澄大运河，所以清军要想攻下西城门没有可能，只能攻击东、南、北三面城墙。见北城门已被攻陷，阎应元就撤到东城墙上的一个敌楼里指挥战斗，但因北城门被攻破，士气突然低落，终因粮尽弹绝，东城门、南城门在傍晚时分也先后被清军攻陷，南街几近被清军炮火夷为平地。在最终攻克江阴县城中，以汉人为主的清军炮兵立功厥伟，满、蒙八旗兵则是近战攻坚中的主力军。清兵进城后，就用火器攻击，逼得本是乌合之众的乡兵纷纷溃退，四处逃散，终因没有将领统一指挥，失去了战斗力。那么，主帅阎应元呢？此时他已不顾什么"弟兄"乡兵了，只顾在家丁的护卫下一路拼杀，欲从西城门突围出城。陈明遇呢？冯敦厚呢？许用呢？还有二十多个参谋呢？他们去哪里了呢？他们中间除了已战死的，活着的没有一个人想着如何有效组织乡兵进行巷战阻击，而是各自考虑自己的后事去了。这说明，不是阎应元、陈明遇他们有多么勇敢，有多么不怕死，也不是江阴人是铁打的，是刀枪不入，而也是肉体之身。他们在破城前之所以那么不怕死，是因为他们有坚固城防可以依凭，清军奈何不了他们。可当破城后，他们才深切地感到清军火器的可怕，才真切地感到清军的残忍，所以害怕了，进而四处逃散。

于是，在没有遇到有效的顽强的全面巷战抵抗后，清军开始放心地大胆地野蛮地屠城了，并持续了一整夜。

八月二十二日一早起，刘良佐负责执行清政府的"屠城令"：满城尽杀三日，然后封刀。顿时，城内哭声震天，血流成河，尸体遍地。

清政府之所以要下屠城令？是因为出于报复心理：自入关以来，江阴之战打得最惨烈，持续时间最长——八十一天，给清军造成的伤亡最大——死万余人。

清政府为什么要让刘良佐执行屠城令？因为刘良佐是汉人，是顺清的南明高级将领，由他来执行屠城令，既可以达到"以汉制汉"、增加汉人之间相互仇恨的目的，又可以收到新朝善待汉人的伪善的社会效应。

刘良佐不知是良心未泯，还是出于什么动机，在宣布执行屠城令时规定：只杀成年男子。但他的士兵，尤其是李成栋的部下和满、蒙八旗兵，在屠城时根本不分男女老幼，见人皆杀。由于清军大肆使用火器，致使城内一片火海，县衙门、学宫、文庙、学政署、都察院、寺院、大户人家的豪宅、贫民家的陋室，商店、茶馆、饭庄、戏楼、妓院、监狱……都处在一片火海之中。

守城乡兵举起双手，蹲下身子，向清军投降，清军视而不见。他们现在不要你们投降，而要你们一个个死去。于是，见投降没用，守城乡兵只得拼尽最后一口气，流尽最后一滴血，一个没活，皆死在清军屠刀下。城中居民，手无寸铁，没有躲藏之所，在清军的追杀下，或赴水，或蹈火，或自刎，或上吊，或投井，或自焚，或横尸街头……城里不是没有居民投降，而是你投降了也照样被杀。

江阴城外的护城河内，城中的泮河、孙郎中池、玉带河、涌塔庵池、里校场河……"处处填满叠尸数重"，就是四眼井里也填满了尸体。据查继佐在《国寿录》中记载：江阴城破时，有四个不知名的秀才决定一起自沉。他们选择了在井旁一杯接着一杯地喝着黄酒，以歃血自杀之盟。四个秀才一杯接一杯地喝着酒，一边相互赞扬着对方的忠义。清军追杀到四眼井旁时，见四个秀才喝到酩酊大醉后，仍在相互赞赏忠义，连清兵来到他们面前都不知道，最终自杀未成，倒是清兵成全了他们，砍下了他们的头。

除极少部分胆大的居民趁乱在夜间从倒塌的东城墙逃出城外，绝大多数居民被杀，尚有数百名青壮年男子和年轻女人被清兵所掳。至八月二十三日中午，见城内乡兵、居民已被杀绝，刘良佐遂下达"封刀令"。下午出榜安民。几个清兵拥榜至城内，唯见印白等十二个和尚及四十一个小孩还活着。他们在城破时躲在了观音寺的一处天花板中，没有被清军搜捕到而幸免于难。拥榜的几个清兵见和尚和小孩都剃着光头，以为他们早就剃发顺清了，于是就放过了他们。

江阴被屠城三日后的惨状，还可以从《爝火录》中记述李氏家族悲惨遭遇这一斑中窥见其全貌。该书的作者叫李天根，江阴人，小有诗名。康熙三十四年（1695）左右，十七八岁的李天根，"归江阴省坟墓，询诸故老传闻"，特别是听到黄毓祺长子黄大湛（黄家曾"主"李家）讲述乙酉江阴受祸后，才知"吾族不幸也哉"。他在《爝火录》中称：江阴事变中，"吾族城居者阖门俱死，独曾祖考奉山府君讳国纲、祖考爵一府君讳世卿、叔祖德一公讳世芳，作客荆湘，未与共难。曾叔祖张四公讳国维，躬南门外十里之南闸，幸存。曾祖妣罗孺人母家一门七十余口俱被害，只遗孺人弟一人。事平，奉山府君，以故园荒芜不可居，因迁于（无）锡"。

与此同时，在八月二十一日午后，江阴的祝塘、璜塘、青阳等地却发生了这样的事情：地主豪绅家的长工们，纠集数百上千无田可耕的农村赤贫者，向地主们索要他们的地契、借款借粮文书等，地主们动作稍有迟疑，就立即被杀死，并烧毁他们的住宅。江阴农村其他地方虽未发生类似事件，但地主乡绅们吓得人人自危，惶惶不可终日。青阳的崇祯庚辰钦赐进士、大地主徐亮工于七月十五日战死在守城抗清中，终年五十一岁。徐亮工死后一个多月的八月二十一日午后，因其妻子未动作麻利地交出地契等，除第二个儿子徐汝聪逃脱生还外，一家五口人皆被仆人杀死。到了十月江阴城乡皆被剃发后，仆人杀主、长工杀地主的暴动才被平息。这是另一种"江阴事变"，而且与城里的"江阴事变"有着根本不同的性质区别。阎应元、陈明遇、冯敦厚在县城发动和领导的"江阴事变"，是为了抵抗清政府的"剃发令"，是属于民族矛盾激化导致的斗争。在祝塘、璜塘、青阳等农村地区自发爆发的仆人杀主的"江阴事变"，是明末地主阶级与农民阶级之间的矛盾斗争在清初的延续，而且是在江阴城内抗清斗争处于失败之际发生的。这两种性质不同的"江阴事变"，却真实地反映了明末清初，准确地说是1645年江阴的真实面目。

　　遗憾的是，清代及其以后的史家与邑人，只把眼睛盯住在守城抗清的"江阴事变"上，而无人问津同时期发生在江阴农村的仆人杀主的"江阴事变"，一味地神化1645年的江阴历史，给后人留下的是以偏概全的不完整不全面不准确的1645年的江阴历史。

第十五章 阎应元等主将的结局

城陷后,领导"江阴事变"的主要将领的结局都是一样的,不是自杀,就是被杀,但无论是自杀,或是被杀,就其死的样式而言,还是比较悲壮或带有宗教性的。

阎应元——撤退至东敌楼指挥的阎应元,在东城墙被清军炮火击塌后,见大势已去,就迅速下楼,刚下楼,东敌楼就被清军炮弹击中,炸得粉碎。阎应元匆忙指挥乡兵进入城内,垒起工事,准备巷战。当清军用火器击溃巷战乡兵进入城中心后,阎应元骑上战马,率领千名乡兵与清兵格斗,并一路西逃至西城门,企图从西城门突围出去,但西城门早被大圆木堵死,出不去;见清兵已追杀到屁股后头,不愿被擒,无奈只得勒转马头,冲进敌阵,与清军短兵相接,厮杀到前湖边,砍死数个清兵后,背部中箭三支。阎应元自知身负重伤,不能力敌,就对跟随他的家丁说:我,臣心已尽,臣力已竭,报国事毕。你们中间如有一人能活着出城,务必要保护好我的两个儿子,不能让阎家断了后,否则,就没有人祭奠我了。说完,阎应元拔起短刀刺胸,再一跃而起,从马背上扑入前湖中,以求溺水而死。混乱中的居民陆振先看到阎应元自投前湖,赶紧跳入湖中,把阎应元拉上了岸。

此时,刘良佐派遣的生擒阎应元的亲兵刚好赶到前湖,见投湖未死的是阎应元,就把他五花大绑后押往乾明寺,陆振先趁乱逃脱。一路上,阎应元骂清兵残忍,不是爹娘养的,骂刘良佐是缩头乌龟,不敢与他单挑。蹲在乾明寺大雄宝殿门口的刘良佐,见阎应元被押到自己面前时,鱼跃而起,跳到阎应元面前,两手按着阎应元的双肩,注视一会儿后,突然哭了起来。

阎应元不解：为何要哭？事已至此，无须多说，给我来一个痛快的吧。刘良佐说：我哭，一哭你骨头硬，像茅坑里的石头；二哭你怎么也有今天这样的下场；三哭你不识时务一根筋，害了自己又害了全城百姓。我就不明白，你作为前江阴县典史，为什么把头发看得比性命还重要？真是死脑筋，怎么就转不过弯来呢？都死光了，谁去祭祖？还有，你这个典史，你可以忠，可以义，可以要面子，可以守气节，但这是你一个人的事，但你为什么要拉全城百姓给你一个人垫背，为你去送死？你不是个男人，更不是一个爷们。

一派胡言。阎应元说，别费口舌了，要剐要剐，快点动手吧。刘良佐还想跟阎应元说些什么时，贝勒博洛的亲兵来到乾明寺大雄宝殿，说坐在未被烧尽的县衙门里的贝勒博洛，等着亲自审问阎应元。刘良佐不敢耽搁，立即让来人把阎应元押走。被押到知县视事大堂的阎应元，傲立不屈，背朝贝勒博洛，骂不绝口。站在大堂的一个清兵，举起手中的长枪，刺进阎应元的小腿肚，顿时"血涌沸"，阎应元仆地。

八月二十一日深夜，贝勒博洛审问阎应元未果，就命人将阎应元关押到栖霞禅院。禅院中僧人只闻阎应元不停地嚷着"速杀我"，到天将亮时，就听不到阎应元"速杀我"的嚷嚷声了。天亮后，僧人才知道阎应元已被清兵斩首，但不知其尸体被抛何处。阎应元死时，年仅三十九岁。阎应元的幸存下来的十多个家丁，因不肯降清，也一并被斩首。

阎应元死后，清政府并未对阎应元"株连九族"。死后第三年，阎应元的女儿嫁给了江阴城里的陆祚昌，其父就是陆振先。1645年八月二十二日黎明前，陆振先与长子陆祚昌趁清兵巡逻松懈的间隙爬出了东城墙，幸免于难，其父母、妻子及其他子女皆遇难。阎应元父亲的丧事，也是由陆振先主持操办的。阎应元父母的坟地，是由曹玑赠送的。曹玑，江阴周庄人，崇祯十年进士，任户部福建清吏司主事，因抗清保城有功，加山东司员外，督大通桥，升河南司郎中督饷，授奉政大夫。明亡后，于江阴城南辟建"漫园"居住，忧郁而死。

陈明遇——城破后，坐镇西敌楼指挥的陈明遇，骑上马，指挥乡兵与清兵进行巷战，而根本没有想着突围。如果想突围逃跑，负责把守西城门的陈明遇，是绝对能够成功突围的，因为清军登上轰坍的北城墙后跑到西城门，直线距离也有千余米，在没有任何阻挡的情况下，一般也需要十多分钟，何况是在节节抵抗的情况下。所以，陈明遇只要想逃，是完全有时间和条件的。然而，陈明遇根本没想到逃，而是从西城门杀向城内。他骑马一路拼杀到县典史公寓，命令随从关闭大门，然后点燃火把，焚烧被关在寓所内的妻儿老小共四十三人。火已经烧到房梁上。置身火海中的陈明遇的亲人们，发出了可怖的绝望的惨叫声……陈明遇为什么要亲手焚烧自己的亲人？因为他把贞节看得比生命还重要，进而不愿他们落入清军之手，尤其不愿其女眷落入清军之手……随着房梁的断裂，瓦片的坠落，砖墙的倒伏，陈明遇的被烧焦的四十三个家属的遗骸，被深深地埋葬在断垣残壁中，无人知晓。

陈明遇又策马向前，来到兵备道衙署门前，遭遇一队清兵，立即跨下马背，手持大刀，与清兵进行搏杀，身中数刀，血流不止，双眼怒睁，握刀僵立，靠在墙壁上而不倒地。他的随从们也一起战死。陈明遇死后，连尸骨都未找到。

把守东城门的武举人王公略、把守南城门的把总汪某，最终亦战死。

冯敦厚——城破前，不娴武事的冯敦厚，为鼓舞士气，每次战斗中，他总是冒着炮火，率诸生上城墙做宣传鼓劲工作。他苍颜白发，矍铄于干戈矢石之间，意气风发。城破后，冯敦厚从容地对诸生说：不要怕，今天我们终于可以彻底解放了。说完，冯敦厚率诸生先来到县学宫，换上秀才的公服后再来到邑城诸生聆听学师讲经和议事的场所——江阴文庙的明伦堂，悬挂起朱元璋的画像，面朝画像，双膝跪地，虔诚叩拜，边叩拜边大声地哭诉：建立大明国的太祖啊，你功绩甚伟，我老朽歌颂不尽。太祖啊，我老朽舍身力保的大明之域江阴，我们苦苦坚守了八十一天，今天终于落入北虏之手。我心不甘呀，太祖啊，你的英灵为什么不能保佑我们江阴呢？哭诉毕，冯敦厚放声痛哭，哭累了，才从地上缓缓地站起来。臣无能无力无本事，唯有一死报君矣。说完，冯敦厚引剑自刎而死。见老师已死，随从诸生十三人皆自刎死在他身旁。

冯敦厚平生有两大嗜好：一是好酒。每饮必醉，醉后掀髯狂啸，旁若无人。二是好把玩剑。他有一柄宝剑，夜晚就寝时就把它挂在床头，白昼一空闲下来时，则把玩拂拭，还常自言自语：唯此君知我也！

冯敦厚原配王孺人，接连生了十个女儿，到冯敦厚晚年时才给他生了两个老来子，长子名彭，次子名博。守城初，冯敦厚已命学生姚世昌，带着他两个儿子回了金坛老家。女儿们早已出嫁，现在留在冯敦厚身边的是他的发妻和一个眼瞎的姐姐。城破后，瞽姊和王孺人"结衽而死斋楼侧井中"。

清军撤出江阴后，江阴新县丞卞化龙命人抬尸到城外焚烧掩埋。有一个县学宫勤杂工，名叫刘侠，刚从外地避难回到县城，到明伦堂收尸时发现了冯敦厚的尸体，就"私收先生尸，敛之"了。至十月，冯敦厚的两个还未成年的儿子，在族人的帮助下，来到江阴奔丧，打开用门板钉成的薄皮棺材一看，只见冯敦厚"颜色如生，足失靴，指上螺痕宛如可数"。冯敦厚死后一个多月，在天气还是比较热的情况下，其尸体竟未腐烂，盖因其平生好酒哉，是其体内积存了丰沛的酒精才不致其尸体腐烂。

许用——教授乡里，经常勉励自己"读圣贤书，当学圣贤行"的私塾先生许用，得知城陷后，急忙从都察院跑回家，来到后楼，跪在地上，抱住母亲李氏的膝盖，哭着说：母亲大人，我们许家是读书人家，深受国恩，深明大义。如今国将不国，城将不城，为了报国恩，何惜毁家？岂惜性命？母亲紧闭双眼，老泪纵横，不语。此时，许用的妻子某氏、弟弟许某与妹妹，以及许用的伯母李氏、伯母两个儿子萃亨和谦亨、伯母的两个外甥女、祖母李氏、十二个佣人，共二十一人，都来到后楼，与许用商量如何逃出城去的办法。

出逃？许用从跪着的地上站起，怒斥道：这是我们许家人能说得出口的话吗？你们这是在辱没许家的列祖列宗。死是小事，失节是大事，尤其对许家的男人来说。再说，守城抗清是我首倡，我和你们怎么能出逃呢？即使能侥幸逃出城去，活着的人会怎么看我？后人会怎么评价我？我会被他人戳脊梁骨的。我宁愿自焚死，也不求跪着生。父亲许国栋与伯父徐国泰早逝，许家的掌门人是许用，因此，许用说的话，谁都不敢不听。听许用怒斥他们，大家也就不敢吱声了。

祖母李氏发话了：许家在江阴城里也是有头有脸的大户人家，决不能做出让异姓耻笑的事来。人早晚一死，并不可怕。不过，咱们许家的香火不能断。许用结婚十多年来，不知是他的问题，还是他妻子的问题，总之，至今还没有一子半女。许用的两个堂弟萃亨和谦亨听祖母说只许有一个人活下来时，就争着赴死。"天不绝许氏，将在于汝。"祖母李氏将长孙许萃亨推入了隔墙中，因为其已十五岁了，只要不死，也就可以结婚生子，延续许家香火了。

许用关闭后楼的大门，强迫家人做火把，不愿做的他代替做，做好后把火把放到桐油桶浸透，再给每人身上泼上些桐油，然后将火把发给每一个人。许用第一个点燃自己手中的火把，然后点燃每个人手中的火把，引燃身上已泼有桐油的衣服。刹那间每个人都变成了火球，有的在地上滚着，有的爬上楼去，有的逃进房间，有的撞墙……在一片惨叫声中，一个个被烧成焦炭。许用死时，年仅三十三岁。

没过多久，由于有的浑身着火的人为了逃命，就拼命钻到床上、衣橱中，又引燃了易燃物，顿时大火四起，火光冲天，烧着了后楼，火势又蔓延到前楼，许家的所有房屋都着了火，把隔墙也烧崩裂了，几近炎逼而死的许萃亨，艰难地爬出了隔墙……许家的所有房屋全被烧毁，无家可归的许萃亨绝望地投进了玉带河，却又氽出水面没死。一心想死的许萃亨又在身上绑了一块长方形的青石皮石头自沉，又因河中叠起了数重尸体，沉不下去，终免一死，后逃脱出城。

戚勋——天启、崇祯两朝的中书舍人（从七品官），世居青阳。北京城被李自成攻克前，因不满明朝军队的腐败，在福建管理军队粮饷的戚勋，辞官回到青阳。南京弘光政权灭亡后，戚勋又从青阳迁家到江阴城里。倡议守城后，戚勋被推举为参谋，协守县城。破城前的八月十八日的深夜，戚勋缒其还未成年的三个儿子和弟弟戚藩出城。他对弟弟说：我官位七品，受两朝恩荣，怎么能贪生而以事他姓？现把三个弱小儿子托付给你，我就无后顾之忧了。此外，他还把自己的一幅画像和家中剩余的钱，托付给了他十分信得过的祥符寺高僧音果：如果你有幸活下来，以后遇到我弟弟时，请把我的画像和这些钱转交给我儿子。

城陷后，戚勋立马奔回家中，将自己的妾及其六个女儿和二十二个女佣男仆关在屋里。这位老先生很好玩，大难临头了，还指画家人"死所甚别"：不生孩子的妾自缢在下首的西边房间，生孩子的妾死在上首的东边房间；妾生的女儿死在哪幢楼，都规定的"秩然有序"。安排妥当，他再命男仆把柴火搬到楼上、楼下的房间里，并在柴火上泼上桐油。他对女眷、女佣、男仆们说：今日要烧死你们，不是我残忍狠心，而实在是我没能力保护你们。等会儿我和你们一同殉义而死。为人落拓鲠谅、不知人世上有折腰挠腘之态的戚勋，突然大哭起来。听戚勋这么一哭，全家老小二三十口人齐声大哭。大家哭完，戚勋接着说：我们要干干净净地死。我是个忠臣孝子，只能择矩周规，不失尺寸，以此报答皇恩。说完，戚勋先命三妾二女一婢自缢，后提笔在墙壁上写下这样几个大字：大明内阁中书舍人戚某死亡地。书毕，乃纵火焚屋，与其他人一起，蹈火而死。

程璧——闰六月中旬，江阴县典史、守城战主帅陈明遇，鉴于清军大军压境的严峻形势，命令程璧外出乞师，以期增援江阴。听说淮安巡抚田仰有意愿出兵增援江阴的消息后，程璧就从黄田港渡江，经靖江至淮安，一路打听一路找觅，不知走了多少冤枉路，也没有找到田仰。但传说到听了不少。有的说，扬州城陷后，田仰就放弃了淮安，率好几千水陆兵，乘坐千艘船，从安东入海去了浙江；有的说，田仰现在是义阳王朝监国的总督，他的部队驻扎在崇明；有的说田仰已被浙东监国鲁王招为东阁大学士，因在争权夺利中没捞到想要的好处，一赌气就率三千人投降了清军。

程璧从淮安回到江阴，见没搬到救兵，陈明遇心里很焦急。当程璧第二次捐出十四万两银子后，心里有些踏实的陈明遇，又与程璧商量外出乞师的事。程璧又答应下来了。被感动的陈明遇，设席为程璧饯行，祝他马到成功。程璧由江阴坐船至无锡，再在无锡租一条船入太湖，经太湖至崇明，找到南明江南总兵官吴志葵。吴志葵听说程璧是来向他讨救兵增援江阴后，就把头摇得像拨浪鼓，很不耐烦地说：区区江阴，守也罢，不守也罢，无关大局。现在最要紧的，是守住松江、苏州这样的府城。我没多余的兵力增援江阴。

程璧则对吴志葵说：你是大明的将领，有责任起兵中兴大明，即使最终伟业不成，也该为大明留存凛然浩气。再说，不为大明着想，也得替自己以后的前程打算吧。在北房人统治下，我们的日子会好过吗？

听程璧把话说得这么重，吴志葵大为不悦，命人送客。程璧不知道的是，他离开江阴不久，前江阴县典史阎应元已被请入城，主帅江阴守城战。程璧更没想到的是，他离开崇明不到一个月，吴志葵、黄蜚所部在黄浦就被清军歼灭，还被活捉，后被贝勒博洛押赴江阴，劝阎应元他们投降，被阎应元骂得体无完肤，灰头土脸的。

程璧没有也不能回江阴。他没讨到救兵，岂能回江阴？有何脸面再见陈明遇他们？他只得风餐露宿，一路往西走，一路打听哪里有愿为大明效力的忠义之士。无论人数多寡，只要愿为大明效力的，他都会去劝说他们救援江阴。他鼓励说：一个江阴能守城抗清，那么，有十个百个这样的江阴，大明不就能中兴吗？中原不就能收复吗？可是，听了他的话后，有的说自己心有余而力不足，有的说他不想去江阴送死，还有的骂他脑子有毛病，尽说胡话。他走了一个多月，磨破了嘴皮子，结果没能说服一个人去救援江阴。

有一天，程璧终于听人说他老家绩溪有一支抗清队伍，将领是金声，就兴奋地拼命往徽州赶。据《安徽通史》记载，金声是崇祯元年进士，安徽休宁人，因在1635年镇压山东白莲教起义中的出色军事才能而扬名，备受崇祯帝的激赏，由翰林院庶吉士晋升为御史、监军。清军初犯北京时，金声上书建议破格用人御敌，但未被朝廷采纳，便托病辞职返乡，广集乡勇习射演练，并讲学于还古学院。徐光启推荐他修历书，金声坚持不就。南京弘光政权建立后任命他为左佥都御史，他不肯接受。清军攻陷南京后，金声同学生江天一，率众在徽州起兵抗清，应者甚多，连克旌德、宁国、宣城、泾县，声威大震。1645年八月，清军分三路围攻徽州，金声凭依山关险隘，固守绩溪，清兵久攻不克，后因汉奸黄澍出卖，内外夹击金声部，绩溪才被攻陷。但金声和江天一拒降，后在南京端坐饮刃，时年四十八岁。江天一亦同时殉义。

当程璧赶到绩溪时，金声与江天一领导的抗清义军已被清军击溃。他茫然四顾，怅然若失。在由浙江进入徽州的一路上，程璧耳闻了不少地方归顺顺清的消息，但没放在心上，一直信心满满地认为，只要找到金声，他定会去救援江阴，他定能恢复大明。然而，当面对金声抗清已败的现实时，程璧流下了泪，一时不知道自己往何方去。

因心里挂念着陈明遇，程璧决定回江阴，就再从徽州进入浙江，沿钱塘江顺流而下，再由京杭运河进入太湖，想再去看看黄蜚，到了嘉兴，才知黄蜚也顺清，便由苏州至常熟，一路上，程璧所经之处，看到人们都已剃发。到了此时，程璧才心灰意冷地走往江阴。

九月的一天晚上，程璧来到常熟徐市街上，只见街上房子大多被烧毁，未见行人，未见灯火，未闻犬吠，像走在漆黑的地狱。走到街梢头，见有一座破庙，程璧就走了进去。庙里只有一个老僧，端坐在蒲团上，就着一盏如豆的灯火，微闭双眼，敲着木鱼，诵念着佛经。等老僧做完功课，身心疲惫不堪的程璧向老僧借宿，老僧点头应允了。在攀谈中老僧告诉程璧，江阴县城已于八月二十一日被清军攻破……听后，程璧失声痛哭，几近崩溃，昏睡了两天三夜才醒来。

程璧醒来后，老僧端给他一钵稠粥。程璧饿极了，接过老僧手中的粥钵，狼吞虎咽地喝了起来。喝完，身子开始暖和，血液似乎开始流动了，人觉得有精神起来了。老僧问程璧作何打算，程璧回答说没想好。老僧说，你若要保全头发，有三条路可走，第一条是与清军拼到底，最终被清军杀头；第二条是逃进深山老林，与世隔绝；第三条是带发自尽。程璧回答说，让我好好想想。

那么，程璧是怎么想的呢？

程璧认为，头发或衣冠，是一种"文物"的象征。身体发肤，受之父母，不敢损伤。若剃发，就等于在毁伤父母的遗体，这是一种大不孝。若剃发，就是抛弃华夏文明之风，甘愿认同蛮夷之俗，这是一种大不义。正因为程璧不愿做不孝不义之事，所以，他才会不惜毁家，捐出十七万五千两白银的巨款，支持江阴抵抗清政府"剃发令"的守城战。正因为如此，在程璧看来，若是损伤头、手、足等，仅是损伤自己的肉体的问题，可以忍受。但剃发则关乎孝道，关乎道义，因而不是"丧身"的问题，而是"丧心"的问题。程璧宁愿"丧身"，而不愿"丧心"。所以，在外出乞师的两个多月中，养尊处优惯的程璧，能够吃常人吃不了的苦，受常人受不了的累。他是在为保卫孝道而战，是在为保卫道义而战。

然而，如今江阴城已破，回不去了。如今的天下，已是大清的天下。程璧想，我何去何从？让我顺清？不干。让我与清军拼到底？我没那么大勇气。让我逃进深山老林，与世隔绝？我忍受不了那种孤寂。让我自尽？我更做不到。我到底该怎么办？程璧痛苦、纠结，抉择艰难。他要做的题目，是单项选择，要么剃发，则活；要么留发，则死。

程璧终于作出决定：削发为僧。老僧为他举行了剃度仪式。程璧把从自己头上削下来的头发，用一块布包好，然后向老僧讨了一把铁耙，来到破庙北面的一块荒上，垄了一个土坑，然后小心地虔诚地将包着自己头发的小包袱，放进土坑里，再用铁耙把土坑填平，最后用双手撸土捧土，垄起一个小坟堆。程璧的"发冢"自己把它建好了。永诀了，过去的程璧。程璧喃喃自语。我头发没了，但旧时的精神还深植于心。

一个徽州籍巨贾，为了不肯剃发而抗清的江阴倾家荡产，吃尽人间苦头奔波乞师，最终沦为出家人，在一座破庙苟活残生，实在令人唏嘘不已。

程璧可能不全知道的是，他的贴身保镖邵康公和五十多个家丁在守城抗清战中都已战死，全家老小二十多口人在城破后皆遇难。

季从孝——自担任北门冲锋营营长后，率领千名乡勇冲锋陷阵不怕牺牲，屡立战功，但伤亡也大，至城破前，北门冲锋营仅剩五百余人了。城破后，失去最高指挥的季从孝，只得自主指挥冲锋营，占据安利桥，与清兵进行命搏命的阻击战。

安利桥是江阴城内的一座重要桥梁。它的东面有一座花桥，西面有一座方桥，沟通这三座桥的是中街中的一段。三座桥的北堍，横贯着东大街，这条东大街是清兵进入中街的必经之路。于是，季从孝命令一百人守花桥北堍、一百人守方桥北堍，其余人马据守中间的安利桥北堍。

清兵由祥符寺后面的城墙坍塌处进城后，轻松击溃乡兵们的抵抗，由三元坊巷、观音寺巷杀到东大街上，欲冲过安利桥、花桥、方桥，进入中街和南街，却遭到了北门冲锋营的顽强抵抗。双方经过一个多小时的恶战，守御花桥、方桥的乡勇悉数战死，守御安利桥的亦伤亡过半，但桥还控制在乡勇们手中。

季从孝和乡勇们遭到清军前后攻击，仍毫无惧色，拼命格杀清兵。季从孝多处负重伤后，为了不被清兵生擒，毅然决然地从安利桥的石栏杆上跳入河中。前两天刚下暴雨，河中水位还是很高，河流本该湍急。然河中不见河水流动，因为河中全是人，有的刚死，有的受重伤后还没断气，其中有乡勇，也有清兵，全余在河面上，堵塞住了河水的流动。据守安利桥的乡勇，见季从孝跳河自尽，没有退缩，仍旧前仆后继，各自为战，血战至半夜，全部战死，但清兵也死伤数百人。

城陷后殉难的还有阎应元的两个儿子民望与士望。据钱海岳所著《南明史·阎应元列传》中记载，阎应元进城主帅后，有一天找了他的好友、士绅陆瞻岑，把他两个儿子托付给陆瞻岑。陆瞻岑满口应承。当贝勒博洛、李成栋率部增援江阴后，战事十分吃紧，在阎应元两个儿子再三恳求下，瞒住阎应元，陆瞻岑才把民望和士望弄进城，安排在南城门守城。城陷后，陆瞻岑趁乱混在难民中，在夜色掩护下，将民望和士望带出南城，来到江边，高价租了一条渔船，让民望和士望登船过江。不料到了江中心，突遇狂风大浪，渔船倾覆，不谙水性的民望和士望淹死江中。船主幸存了下来。陆瞻岑送走民望、士望后，又潜回城中，带领儿子与家仆与清军进行巷战，全部战死。

此外，殉难于城破之日者，还有把总顾叔荐，兵道中军戚京，秀才谈新、尹全、王启新、章懋贤、史达尊父子与叔侄五人、蒋文经、章重光、陈式玉、王泰、王谢、何石奇、高一鲲、董去华、吴幼学、吴幼志、吴幼蕫、冯延周、陆定育等一百余人；秀才章明叙、林凤仪、黄偕、史补衮等五十余人，都让妻女子媳先死后，才穿上秀才公服，最后一次坚守着"汉官威仪"，怀着悲愤之情，题绝命诗于墙壁后，投井而死。

城破后，城内的读书人都殉于节义。为什么读书人把节义看得比性命还重要？因为坚守节义一直是自周朝以来中国古代士大夫的传统，在明代更是国家思想意识形态对士大夫的价值观要求，是明代儒学家们着力建构的政治理论体系之核心，是明代人尤其是士大夫们必须遵循的正统纲常。城破后，江阴城内的士子们，以自己的生命乃全家老小的生命为代价，在明朝易代、社会处于急剧动荡之际，坚守着明代的政治底线、政治规矩，践行着明代的封建主义核心价值观——忠君。

明代的士子们尤其是江南当然也包括江阴城内的士子们，为什么会如此忠君？因为，在他们看来，是明太祖朱元璋一统中原而建立大明王朝后，才一洗蒙元胡风，重新恢复了汉唐衣冠文物制度。也就是说，在他们心里，虽然承认在汉民族历史上有过"以夷变夏"的事实，但在内心深处永远怀抱着"以夏变夷"的理想。而如今，满族统治者的"剃发令"，剃的就是汉民族男人的发。这还了得，不仅有辱汉人，更是逆转华夏民族文化的历史走向，重新"以夷变夏"，这是士子们心里接受不了的。他们忠君，政治不是第一位的，第一位的是华夏文化。朱元璋及其以后的历代皇帝，在此时士子们心里，已然是华夏民族文化的象征。他们忠君，根本的是在维护华夏民族文化；他们勤王，也是在维护华夏民族文化；他们以死抵制"剃发令"，还是为了维护华夏民族文化，而关乎政治史层面的朝代更替，他们并不十分看重。由此说明，民族间的文化认同有多么重要。如果通过和平的手段，渐进地融合，那么社会就稳定和谐；如果统治者通过政治强制手段，甚或是军事暴力手段，拉郎配似的实行民族文化认同，必定会激化民族矛盾，造成民族对立，致使社会动荡，尽管最终通过暴力手段达到了目的，但付出的社会成本极高，潜在的矛盾更多，一旦时机成熟，必定会总爆发。

满族统治者在这方面犯了战略性、历史性的巨大错误。

第十六章　难以抹去的痛

在破城后清军的三天屠城中，死得最惨的要数女人和孩子。

据江阴地方志记载，清军破城后，无论是抵抗的，不抵抗的，甚或是举手投降的，无论是男的女的，老的少的，手中有无武器，见之皆杀。八月二十二日上午屠城时，十几个清兵掳掠了在大街上捧头乱逃的三个年轻女人，把她们架到观音寺里，剥掉她们身上的衣服，把她们绑在柱子上，当着佛像和僧人的面，轮流着恣意蹂躏三个女人。有个僧人憎恶清军的兽行与残忍、污秽与龌龊，偷偷地跑到大殿后面，欲放火烧毁眼前不堪入目的罪恶，不幸被清兵发现，柱杀百余人，寺中僧人、杂役皆死。三个被糟蹋的女人也被杀。

这日下午，在中街，七八个清兵闯进一处民宅，见到一母一女一子，不由分说，就轮奸了三十多岁的母亲及其十四岁的女儿，母女俩"哀号不忍闻"。事毕，清兵杀了十岁的男孩，斩断了母亲的双腿，扛起十四岁女孩，骑上马扬长而去。

这日下午，在县湾街，又是五六个清兵挟持住一个少妇和她的一双儿子，大的八岁，小的六岁，在街上当着小男孩的面奸污了少妇，完事后，杀了两个小男孩，抬起少妇就走……诸如此类的惨例，不胜枚举。就连卖笑妓女，清兵都不放过，奸污后皆杀之。

为什么这些年轻女人得不到她们的男人的护卫？因为城内的青壮年男人不是战死，就是被清兵杀死。为什么这些未成年的孩子得不到他们父亲的保护？因为他们的父亲不是战死，就是被清军杀死。在清军屠城的日子里，白天，清军的步兵挨家挨户捕杀，逃到街上的，就被清军的骑兵追杀。清军骑兵的马，每一只脚都是踩着尸体奔逐的。有的居民，见无处藏，又不愿死，就躺在街道旁的死人堆里，用街道上汩汩流淌的血，抹在自己的脸上、身上，装死。晚上，清军步兵守着北、东、南城墙的塌陷处，防止城内居民外逃。城内没死的居民，也就是趁着深更半夜清军巡逻兵打哈欠放松警惕时，偷偷爬出去一部分，但不是很多。

死得最可怜的是老人、病人、即将分娩的孕妇。自清军入城后，他们已两天多不进一粒米了，因为家中所有的粮食早被阎应元下命令集中起来了，因为负责每天分配粮食的"许用们"死了，没人分配粮食了，因为守城兵民的粮库被清军占领了。家里能逃的逃了，已死的都死了，留下走不动的他们，就是不被清军杀死，也会被饿死。所以，有的就是想自缢或自杀或撞墙，可在这种时候，他们连自尽的气力都没有了。

就是在深夜偷逃出城的青壮年，也是各顾各，谁还去管别人的死活，只求自己能活，完全处在人的前存在状态，即处于一种非自由自主的，而是消极被动的没有凸现主体性的生存状态中。在这种当下的形而下的生存中，呈现出来的都是盲目性，缺乏主体的理性的自主选择，不是生存在一种真正意义上的人的状态中，而是处于自失的生存状态中，似如动物人。这是一种极大的人性泯灭的悲哀。那么，这种悲哀是由谁造成的呢？

八月二十三日下午，见城内兵民被几近杀绝，清军才奉命封刀。二十四日，贝勒博洛奉多铎之命，封存火药器械于都察院，饬兵北上。贝勒尼堪、韩岱等八旗兵将领，奉命率大部队返朝。刘良佐等将领奉命统军拖火炮，回镇江、南京、松江等地。所有清军于八月二十八日撤离江阴。

多铎为何命令贝勒博洛这么快地从江阴撤军？这与多尔衮对形势的判断密切相关。1645年七月，多尔衮获知南明潞王朱常淓在杭州顺清和南直隶、浙江广大地区不战而定的捷报后，认为江南用兵可以基本结束了，拟将重兵用于福建、两广、云贵地区了。再由于来自塞北的满、蒙将士难耐江南酷暑，身体大都出了些不良状况，为了休整部队，以利于再战，遂命令多铎、贝勒博洛班师回朝，并将南京改为江宁府，由招安内院大学士洪承畴接替多铎，"招抚江南各省地方，总督军务，兼理粮饷"。

多铎接到多尔衮的命令时已是八月初了，此时江阴战事正处于胶着状态。他虽靠前指挥，坐镇常州府，调兵遣将，增援江阴，但战事并没有他预期的那么快就结束，而是延长了半月有余。在江阴战役中，满、蒙八旗兵的强大的攻城战斗力并未得到充分发挥，其中一个重要的原因，就是正值江南的小暑、大暑、处暑的"三暑"季节，天气炎热，雨水多，潮湿，蚊虫多，再加上水土不服，因而致使不少满、蒙八旗兵，或生疟疾，或是呕吐，或是腹泻，吃下不，睡不好，体力不支，进而严重削弱了他们攻坚克城的战斗力。同时，还因为贝勒博洛的专横跋扈，误判敌情，错失了两次攻城的良机：一次是阎应元的"假议和"，使得守城者有时间喘息；另一次是中秋节前的轻敌，让守城乡兵把两百门炮的炮眼给堵没了，延误了两天的最佳攻城时机。当收到江阴县城被攻克的捷报，多铎立即命令贝勒博洛屠城三日后，即刻将部队撤离江阴，他自己则从常州动身前往南京，与先期到达南京的洪承畴办妥交接手续后，于九月初四返回北京。

八月二十八日，清军撤离江阴时，又实施了大规模的抢劫，居民家中的金银细软、衣服棉被，凡是能带走的，都被洗劫一空；行军途中又对沿途村庄实施洗劫。清军骑兵每经过一个村庄，就逼迫各家各户献出珍贵财物。他们推倒老者，掷死幼者，掳掠壮者。被掳掠者中，十岁左右的男女小孩、二十岁上下略有姿色的姑娘居多，也有三五岁的幼儿。被掳掠的壮者，有的被当作纤夫，拉着清军的船行走；有的被当作挑夫，挑着清军抢来的财物。无论是纤夫，还是挑夫，稍不如清兵的意，便遭到清兵鞭棍的毒打。打死的纤夫，被掷在河中；打死的挑夫，被抛于荒野。

一路上，被抢来的十岁左右的男女小孩，大多被清兵卖掉；被抢来的三五岁幼儿，常被清兵"枪挑踺玩，以为美观"，死后被掷荒野。一路上，被抢来的二十岁上下的稍有姿色的姑娘，任凭清兵摆弄，任由清兵胡来，"略不遂意，弃杀河干"；对于跟不上清兵行军速度的姑娘，便被枪杀在路旁，真所谓是"美人尘土，饮泣吞声"。

清兵如此泯灭人性，草菅人命，其将领为何不禁止？因为将领恨在江阴打仗近三月，清兵死亡万人。为报仇，为泄恨，清军将领非但不管束部下，反而积极参与此类践踏人权的"娱乐活动"。其实，我们只要回顾一下历史，不难发现，胡人每一次入主中原后，无一例外地要发动对汉人的灭绝人性的大屠杀。为何会这般？这是汉人与胡人长期军事对峙的结果，是汉人长期鄙视、歧视胡人和胡人长期仇恨汉人的结果。据史书记载：汉武帝在位五十多年，几度讨伐匈奴，海内虚耗，人口减半。金、元灭两宋，人口死亡率高达91%。宋宣和三年（1122），总人口为九千三百四十七万人，但到元初至元十一年（1274），人口仅剩一千八百八十七万。忽必烈屠杀了一千八百万汉族人。

清军把掳掠的壮者、姑娘带到山东、山西、关外辽东的居多，带到河南、陕西的略少。清军所经之地，当地民众听说清军带着江阴人返朝，便纷纷围观，有的对江阴人的不幸同情地叹息，有的见江阴人饿得半死不活就送饭给他们吃。一路上除被清军杀死的以外，由于不服水土，不得其所，死去的江阴人也有十之三五，也有一小部分壮者逃脱后回到了江阴。

八月二十四日，清政府任命的江阴新县丞卞化龙到任。卞化龙进江阴城时，剃了标准的满人发式，即小顶辫发，但尚依循明朝之旧，仍然穿着宽袖圆领衫，头戴纱帽。已着满装、已剃满式发型的顺清明军士兵和将领，本是满、蒙八旗兵将士，见到卞化龙这副半满半汉的样子很是诧异，连贝勒博洛也只能摇头叹息。这说明，清政府任命的官吏，虽头发剃了，但服饰还没有改。按清朝制度，士人的统一服饰是：剃顶织辫，窄袖圆襟。若是着冠戴帽，冬天则是皮帽，夏天则是竹帽，再在帽上缀以红缨。然而事实上很难做到服饰的整齐划一。

根据叶梦珠的《阅世编·冠服》记载，顺治三年暮春，鉴于江南各地官员官服不统一的情况，招抚内院大学士洪承畴再次刊发告示，严禁各级官员穿戴明朝服饰。到这时，洪承畴所辖的江南各地官员，才凛凛奉法，"始加钱顶辫发，上去网巾，下不服裙边，衣不装领，暖帽用皮，凉帽用篛，俱上覆红纬，或凉帽覆红缨，一如满洲之制"。虽然官员基本完成了剃发易服的过程，但在服饰的面料、样式，因当时尚属"草昧之初"，难免出现"上下无章、公私无别"的状况。鉴此，顺治六年至七年间，清政府正式颁布官员命服之制，一代衣服礼制才正式确立。

然而，江南的士人们并不买账，千方百计地想办法与清政府不合作。据秦世祯在《谕饬衣冠服饰》中记载，即使到了顺治十年，江南士人们还是遍戴毡帽，且在各家店铺均有售卖。更有甚者，有的士人竟然敢公然方巾大袖，戴着小帽，衣冠服饰"多不如式"，"长领宽袍，方巾大袖"，"全似未剃发者"。

把服饰礼制作为大是大非的政治原则的清朝政府，为了在心理上彻底征服汉族的士人，于康熙九年至十年间（1670—1671），再次申明服饰之禁，下令官员命服均按顺治年间所定制式缝制，读书人不着统一的清制服饰不许参加科举考试，至此，清代统一的服饰制度才在仕士中全面推行，但不是百分之百的士人都穿清制统一服饰的。根据萧诗的《释柯余集·野服》一诗云："服饰非违制，朝廷德政宽。人皆新绮丽，我尚旧衣冠。年老不知愧，穷贫欲易难。残裘将百结，唯识可遮寒。"最典型的是黄宗羲。根据众多的史料记载，入清后，黄宗羲虽然剃发，但到死前仍是"深衣幅巾，须眉庞古"，通过"旧衣冠"而部分地保持士人的汉民族独立人格。无须说广大的庶民，特别是农民，至清代灭亡，他们始终未能真正执行过统一的清朝服饰制度。

江阴新县丞卞化龙是何方人士？据由卞三化、卞化龙于顺治十六年（1659）主修的《盖州卞氏族谱》记载，盖州卞氏原籍山东黄县，元朝末年为躲避战乱，其始祖卞高家驴"客游辽东，遂家盖牟"。从名字上可以看出，盖州卞氏始祖是一位山东黄县农村社会的底层贫民，说不定就是某高姓地主家负责喂养驴的长工。明洪武起，卞氏就成为辽东盖州卫所世袭军户，至正德年间，卞世祥及其堂兄卞世功担任盖州卫指挥使，卞世武担任盖州卫指挥同知，为卞氏荣立功名的开创人。自此起至"萨尔浒之战"前，卞氏有镇国将军、怀远将军封号者八人。"萨尔浒之战"后，辽东明军土崩瓦解，明军将领或望风而降，或逃之夭夭，但卞氏在"遭乱离后，所存者仅百之一二"，卞氏武官大部分罹难，幸存者则为避乱而天各一方。

卞氏军功起家者为卞世祥、卞世功、卞世武，但由武入文则始于卞氏家族的另三位成员卞为凤、卞三元父子俩，他们于1641年七月，以中式举人的身份进入了后金政权。卞为凤是卞世祥侄子。崇祯十五年卞化龙则以贡生身份，就任山西永和县知县，明亡后流寓江南。

1645年闰六月，刘良佐平定丹阳的武装抗清后，清政府任命卞三锡为丹阳县知县，卞三锡则聘用族人、曾任知县的卞化龙为其幕僚。江阴城破后，为了收拾清军屠城后留下的烂摊子，经卞三锡力荐，清政府任命有治理县域能力的卞化龙为江阴县丞，但由于卞化龙学历不达标，不是进士，仅是贡生，因而未能被任命为知县。

卞化龙几乎是踏着尸体进城的，所经之处，但见尸体塞满街道、填满河道。卞化龙的心灵受到了前所未有的强烈震撼。卞化龙根本没想到"江阴事变"的惨景会惨到如此程度，白天忙着与贝勒博洛、刘良佐等清军将领周旋，晚上则一人躺在床上失声痛哭。卞化龙是崇祯时代的贡生和知县，是一个读书人，长期浸润于"四书五经"，深具"仁爱"理念，富有人文情怀，血是热的，心是软的，见到"江阴事变"后的惨无人道，惨绝人寰，怎么不会哭呢？如果没哭，没流泪，卞化龙就不配是一个读书人。

哭过，心里痛快些了。卞化龙深知，自己到江阴来不是吊唁死难者的，而是来收拾清军屠城后留下的烂摊子的。卞化龙深谙汉人安土重迁、入土为安的文化习俗，所以上任后做的第一件事就是必须组织乡下农民及时快速地处置殁于"江阴事变"中的城内城外的所有尸体。可是，卞化龙的工作难开展呀。之所以难开展，因为清军还没撤离江阴，逃到乡下或外地的城里人不敢回城，乡下的农民怕死不敢进城，而城里除了五十三个和尚与小孩幸存活下来以外，凡未能逃出城去的都被清军杀死了，江阴县城已成了一座死城，一座鬼城；因为城里的士绅们都死了，本已完整健全的协助政府治理县城的由士绅组成的自治机构没了，消失了，卞化龙在城里找不到一个可以依仗的人；因为县里没有一分钱，卞化龙没钱请人来抬尸焚烧，而自己来江阴上任时，经上级批准，仅带了五个助手，还未明确职务，是势单力薄、难以做事呀。

怎么办？富有血性和担当精神的卞化龙，克服困难，创造性地开展工作，先"招抚流亡"者，贴出告示，承诺谁参加完清理尸体的工作，谁就能成为江阴城里的居民。这一政策措施还真灵。一些无家可归的乡下人、外乡人胆大的纷纷进城，与幸存活下来的十二个和尚一起，在卞化龙组织指挥下，先清理县衙门前的尸体。八月二十八日清军全部撤出江阴后，因为帮着抬尸焚烧后可以成为城里居民，所以从乡下来到城里帮着收尸的人越来越多，于是，卞化龙组织众人将县前街、县湾街、大街、中街、南街等主要街道上的尸体，进行焚烧火化，将烧剩下来的白骨用蒲包包好，再抬到北门外君山周围的荒野处掩埋。

街道上的尸体清理完后，再打捞城内河中、井中的尸体并进行火化，最后是火化县城外的尸体。除君山周围的荒野处外，城内药师殿旁的一片空地上，在城外的双牌、蔡泾等地都筑有罗尸墩，但还是掩埋不了尸骨。后来就把两万多具尸骨掩埋于祝塘。城内城外的尸体，昼夜焚烧火化了近两个月。江阴县城的上空，黑云蔽天，空气中充斥着令人窒息的异臭焦煳味，而且弥漫到方圆二十千米外的上空，常州、无锡、常熟、靖江等地人都能闻得到这种异臭焦煳味。至于被清兵残杀于乡间的无数乡勇的尸体，卞化龙则无力组织人力焚化了，只得由他们去了。

正当卞化龙组织民众架木焚烧尸体时，躲在月城黄梅禅院里的黄毓祺，听说不少僧人和乡民正在火化惨死的抗清人士尸体的消息后，再也坐不住了，不顾好友梅正平（法号叫有子）的劝阻，穿起僧服，带着门人，冒着被清军缉捕的危险，驾船来到江阴城里帮着收尸。黄毓祺为何穿起了僧服？因为八月二十一日午时，江阴城被清军攻破，黄毓祺原起兵于祝塘的计划落空。为躲避清军缉捕，为免于被株连九族，黄毓祺隐居于好友梅正平的黄家别墅。为遮人耳目，梅正平将寒塘桥古梅禅院内的佛像请至别墅，改称为黄梅禅院。黄毓祺、梅正平剃度后，分别取法号为印白和有子，身穿僧服，以此为掩护，继续谋划反清复明的斗争。

　　黄毓祺来到南街焚尸现场附近，看见一位和尚在收尸现场徘徊，就走上前去搭讪，一交谈才知道这位和尚是祝塘人，俗名叫徐士杰，早年曾在江阴县衙门当过刑曹椽的小吏，因不满官场腐败，遂出家为僧，取法号印白。黄毓祺是居士印白，徐士杰是出家印白，两个"印白"和尚越交谈越情投意合，为给焚尸后的尸骨找到一个安葬处，立即驾船去了祝塘大宅里，登门拜访出家印白的族人、大户徐君实，向他谋求一块荒地，安葬士民尸骨。徐君实听后满口应允，将邱家巷的属于徐家的一块面积三亩三分的高地捐出来用于掩埋士民的尸骨。

　　有了掩埋士民尸骨地的着落后，黄毓祺与徐士杰再驾船回到江阴城里，经卞化龙同意拿出家资，免费供给饭菜，发动城外百姓收集船只，打捞河中尸体，架木焚烧，然后再用船把尸骨一趟又一趟地运到祝塘邱家巷村外的那块高地里埋葬，共埋葬两万七千余具遗骸，垒成祝塘万骨茔。

　　那时的火化不像现在的火化，尸体进焚尸炉，出来仅有斤把重的骨灰。那时的火化仅把尸体的臭皮肉焚化掉，其尸骨是难以烧成灰的。时人曾计算过，每具尸体平均以一百斤计算，焚化后剩下的骨头起码重三十斤，而当时运载尸骨的木船载重量为三吨，也就是说一条船一个来回只能装运两百具左右的尸骨。江阴至祝塘的水路单程有四十多里，来回双程就是近百里，再加上要把尸骨装船卸船，运至掩埋地安葬，一条船一天也只能运载一次。如果按这样计算，两万七千余具尸骨一条船要运装一百三十五天才能完成，而当时天气还比较热，必须在短时间内掩埋尸体，这就需要动用多少船只、多少人力啊。可见黄毓祺、徐士杰的工作量有多大，且租船费、人工费等都由黄毓祺自掏腰包。

据江阴地方史料记载，在祝塘万骨茔埋葬尸骸期间，明明是晴天，但万骨茔的上空恰似黄昏，黑沉迷蒙。乌鸦在万骨茔上空盘桓不去，发出骇人的恐怖叫声。万骨茔中的尸骨，也居然会发出不绝于耳的似泣似咽声。这是惨死的亡灵不甘安息呀！为使亡灵安息，徐士杰在万骨茔旁搭建数间茅屋，并在一间茅屋中塑了一尊佛像，日夜焚香叩拜，晨暮诵经，超度这些惨死的亡灵，直到一年后，万骨茔中不绝于耳的呜咽声，才渐渐止息。

正当卞化龙有序组织民众异尸焚瘗之时，九月初三的晚上，十几个武进人穿着清军服装，脑后拖着一条假辫子（武进人剃发刚三个月，脑后的头发还未能长到可以扎辫子，所以只能用假辫子），假扮成清兵来到江阴城里，趁城里无清军把守和人们忙于焚尸掩埋无暇顾及他事之际，先是纵火燃烧封存火药、器械及其他财物的都察院，在人们急于救火的慌乱时刻，再到民宅中搜刮穿的、用的东西，载满两艘船后窃喜而逸。

九月二十六日夜里，尝到甜头后的武进人，又纠集两三千人假扮成清兵，来到江阴城里，挨家挨户搜刮，盗走居民家中没被清兵抢劫走的衣被、铜器、锡器、碗盏、铜勺、桌椅、木床等，装满了几十艘船，在江阴城里焚尸者的唾骂声中，"欢声如雷"地离开江阴。二十七日白天，又有数千武进人来到江阴城里，明火执仗地"抄掠"，但所获无几，败兴而去。

九月二十九日上午，数百靖江人闻讯后，也来到江阴城里"淘金"，但城中已被武进人搜刮一空，没什么东西可拿了。可来了，总不能空手而回吧。于是，可怜的靖江人搜刮到北城附近的一座庙里，见有一尊表面抛金的佛像，就一哄而上，共同抬起这尊佛像，乘船渡江北去。

江阴不仅已成为一座鬼城，更成了一座一无所有的穷城。本为江南富裕之地的江阴，经过一场持续八十一天的战事、三天的屠城，再经过清军、武进人、靖江人一波接一波一轮接一轮的抢劫、搜刮、"抄掠"，已沦为一个奄奄一息的赤贫者，任人宰割。

靖江人中午刚走，下午不知从什么地方来又来了一拨"恶弁"，竟以剿杀清军官兵为名，闯入江阴城里，扒拉腐尸手指上的金戒指、耳垂上的金耳环、手腕上的玉镯、脖颈上的金项链或珍珠项链，用铁器敲下死者嘴中的金牙……真可谓是"敲骨炙髓，惨不忍述"。

于是，民间谣言四起，讹传清军又来屠城了，吓得"江阴事变"前逃到城外去避难和城破后侥幸逃出城的难民，以及乡下人、外地人不敢入城。为了稳定民心，重建家园，卞化龙一个乡一个乡地跑，深入到都、图，做好辟谣工作，安抚民心，终于使局面稳定下来。同时，鉴于江阴城屡遭江阴周边地区不法之徒洗劫的严峻现状，卞化龙羽檄常州府派兵到江阴稳定局势。常州府遂派出一支数百人的清军部队进驻江阴，对江阴城实行戒严军管。

听说城里已平静下来，城内外的尸体也被焚瘗得差不多了，逃难在外的江阴城里人方陆续返城，进城一看，才知好端端的江阴城被清军杀得"闭门绝户"，"被火烧幸存瓦砾者十之仅三"，再加上清军掳掠在前，武进人、靖江人、"恶弁""抄掠"于后，举全县财力与智力、建造经营四五百年的江阴城，已成了一座焦城，成了一片废墟。这既是一次战争浩劫，更是一次文明的毁灭。那么，毁灭江阴城市文明的是谁呢？他们虽进得城来，却无家可归，只得"露宿霄啼"，"号哭之声，昼夜不绝"；只得"每于荒田野草间，拾穗养生，掩臭行路"。

十月，在清兵的监督下，江阴城乡一个都一个都地按照满族人的发式标准，自行剃发，没有一个人反抗，只是在剃发之时"哭声遍野"。当初为了不肯剃发，江阴守城抗清了八十一天，死了五万多人，被毁掉了一座城，最后，江阴人还是一个个地剃发了……十二月，江阴人终于"承认1645年是顺治二年，而不是弘光元年"。1646年正月，为哀悼死难者，江阴城里的幸存者"无一不披麻"，城外则"四野萧然"。自这一年起，遂将每年的八月二十三日这一天定为

"断屠日"。每年的八月二十三日这天，江阴城内所有屠户不杀猪，肉铺不卖肉，鱼摊不卖鱼，百姓全吃素。有意思的是，"断屠日"这一吃素习俗，只散见于清朝邑人的文章中记载，但未见清朝时期的康熙、乾隆、道光、光绪四部《江阴县志》中有记载。至于"断屠日"吃素这一习俗，在民间传承了多久，不见记载，因而无从查考。但有一点是可以推定的，自乾隆后，江阴城里已没有了"断屠日"吃素这一习俗。

令人感慨的是，随着清朝统一全国，辫发、胡服不仅逐渐为广大民众所认同，而且渗透到了中华民族的历史记忆中了。有两例最典型。例一，清朝的剃头挑子。据清末文人孙文川在其《淞南随笔》中记载，当时的剃发匠，大多肩挑一担，前为洗头的铜盆，后为凳子，铜盆旁边则竖有一根小竹竿，竿上有一个小方斗，方斗之下，还必须挂一面小黄旗，上面写着"奉旨剃头"四个字。到了民国时，剃头挑子上虽不再挂黄旗了，但写有"奉旨剃头"的黄旗，已经成为一种文化符号，渗透到大众的内心深处了。笔者的记忆中，1966年5月之前，笔者还在剃头挑子上剃过头。如今已不见剃头挑子了，但它已成为民族心灵的历史记忆，并被约定俗成为歇后语"剃头挑子——一头热"，比喻一厢情愿。

例二，清末穿汉装的汉族妇女开始青睐满族旗袍。清朝初期，政府对男子穿满服、梳辫发实行"十从十不从"政策：男从女不从，生从死不从，阳从阴不从，官从隶不从，老从少不从，儒从释道不从，娼从优伶不从，仕宦从婚姻不从，国号从官号不从，役税从文字语言不从；还成立常设机构"清发道"，专司剃发易服政策的督促落实，并以"五等定罪"：一寸免罪，二寸打罪，三寸戍罪，留鬓不留耳，留发不留头，严惩不剃发者。对汉族女子是否着满装，梳满发，不进行硬性规定，这就造成了满、汉服饰奇特融合的情况。尽管这种男人与男人、男人与女人服饰的奇特融合不符合民俗传承的基本要求，但当它形成规模后，当民间的抵抗情绪逐步减弱乃至消失后，当人们开始真正接受它的时候，一种真正意义上的民俗文化融合便产生了。清末,被汉人视满人为"旗人"中的女子穿的"旗袍",则被有清一代始终穿着汉服的汉族妇女所青睐,到了民国,旗袍热已成风气,甚至成了中国妇女的"国服",至今仍为中国妇女所钟爱。清末,亦有汉族妇女开始梳满式辫子,至民国,汉族妇女尤其是年轻女子梳辫蔚然成风。至今仍有不少年轻女子喜欢梳辫子。

  所以,客观地看,满清政府所推行的诸如剃发易服等民族歧视政策,虽然引发了一二十年国内的局部动荡,阻滞了中国社会发展的正常进程,但是,在当时的社会条件下,明朝灭亡以后,中国仍将建立一个封建王朝,社会仍将处于封建制度框架内,无论是汉族人统治,还是满族人甚或是其他少数民族统治,谁都跳不出这个封建制度框架,因为当时的中国,商品经济未能获得充分发展,推翻封建制度的新兴资产阶级还没有产生。因此,作为后人,我们的责任或使命,不是责骂满族人,不是批判清政府,而是总结历史经验教训,避免重蹈覆辙,更不能倒行逆施,把各自从事的工作做得更好些,为中华民族复兴做出贡献。

  毁城容易建城难。

  卞化龙在县丞的位置上,在财政万般困难的情况下,做的第二件要紧的事,就是修筑被清军火炮轰塌的北、东、南三面城墙,否则就不叫城了。因为"墙"文化是中原文化中独特的一种文化。汉人特别喜欢墙,国家筑有长城墙,每座城池建有城墙,民宅修有院墙,可以说是无墙不成国家,无墙不成城池,无墙不成家园,只不过各类墙的规格大小不同罢了。

  为什么汉人特别喜欢筑墙?这是由中原大陆的特点决定的:一是面积巨大,二是边缘环境恶劣。中原东面是大海,西面是戈壁,南面大部分为群山,北面是草原。相对比较起来,只有北面尚有发展余地,但又有游牧民族。于是自春秋始,便在中原北部修筑城墙,以至绵延万里,使中原文化成为四面严防的独特文化。

  这是否是说中原文化就是封闭保守的文化?不能这么说。大陆是中原文化的环境基础，农业是中原文化的经济基础，儒学是中原文化的思想基础，因而中原文化表现出了浓烈的大陆文化、农业文化和儒学文化的色彩。因此，中原文化与西方的基督教文化不相同。西方文化主要沿地中海周边发展，重商重战，本性开放，喜欢扩张。中原文化则以大陆为基础，其品格是内向的。但内向并不等于封闭。具体地说，中原"墙"文化对外是封闭的，而对内是开放的。这和西方完全不一样。西方少城墙、院墙，更没有"围墙"万里长城，对外是开放的，但住宅内部多"墙"，是封闭的，即使父母要进孩子的房间，也需要得到允许，否则便是失礼。而中原地区的宅院，虽对外是封闭的，但其内部到处有游廊窗阁相辖，父母随时可以进入子女房间，了解知晓孩子的一切个人隐私……

正当卞化龙筹措到一笔资金，准备雇人修复北城墙时，1646年七月，清朝江阴县第二任知县刘景绰到任。刘景绰，进士，四川内江人。刘景绰对卞化龙近一年来的工作很满意，但看卞化龙时的眼光总是斜睨的，而且颐指气使，缺乏读书人应有的那种内涵和内敛，令卞化龙心里很不舒服。再者，卞化龙在县丞位置上近一年，恪尽职守，除了他有读书人的人文情怀外，也有以优异政绩博得知县位置的念想，然而刘景绰来了，他的知县梦也就醒了。于是，卞化龙辞职离开江阴，去投奔时任山西按察使的族伯父卞三元。

卞化龙修复县城城墙工作刚开了个头，刘景绰接着干。他不仅要修复城墙，还想重建县城，而要重建县城，需要大量的财力、物力、人力。可刘景绰手中是一无钱，二无物，三无人。当时，县里财政收入甚微，清朝政府又没有完全统一全国，清军还在南方诸省与农民起义军残部和几个南明政权的武装力量进行作战，军费开支巨大，哪有钱拨给江阴修复城墙、重建县城啊。同时，城破后，城里的青壮年全被清军杀绝，而去外地避难后回到城里的幸存者，是老人、孩子居多，且人很少，根本不能承担起修复城墙、重建县城的任务。

面对困难，刘景绰没有后退，而是发动各乡民众出力，动员乡绅出钱。刘景绰不止开了一次会议，苦心婆口，好说歹说，晓之以理，动之以情,终于说服各乡乡绅,既出钱又组织民工到城里修复被轰坍的城墙,清理被烧毁的房屋残骸,疏浚被堵塞的城内诸河。据江阴地方史料记载,民工在疏浚城内河道时,发现河底淤泥中全是堆积起来的白骨,使河床增高了近尺。因此,后人曾有挽诗两句道:"提起暨阳城破日,石人也要泪千行。"城破后的那种惨痛,那种悲痛,那种哀痛,无论岁月似水流逝,都很难抹去。

刘景焯干了一年不到就离任了,李长秀、武茂周、冯皋疆三任知县,接力赛似的筹集民资,动员民工修复城墙,前后花了整整十年时间,才基本修复被轰坍的城墙。可见当时江阴财政有多困难。之后,又在前任基础上,何尔彬、冀尔公、周瑞岐、龚之怡、何且纯、王敏资、沈清世、陆次云、梁殿柏、张国辅、刘乔龄、郑金等任知县前赴后继,医治战争创伤,重建家园,前后花了近九十年时间,才使江阴城内有形的看得见的建筑物,大致恢复到1645年前的水平。

雍正十三年(1735),江阴知县蔡澍,经多次申请,终于得到常州府批准,可以动用县财政,重加修葺城墙,城墙高两丈五尺,宽五尺,城墙顶宽四尺,周长一千六百八十七丈三尺,建有四座城楼、四座角楼、十六座窝铺、三座水关、四座大城门、四座小城门。后又经过多任知县的接续建设,至乾隆五十四年(1789),知县牛兆奎主持修建澄江门城楼,中途离任,继任者胡灏干了三个多月又离任,最后在知县梁兰生手中竣工,至此,经过一百四十年多年的艰苦建设,江阴才治愈战争创伤,才使县城建设完全恢复到1645年前的水平。呜呼,毁掉一座江阴城,只花了两三天时间,而恢复重建到原来水平的江阴城,却花了一百四十多年的时间。

造屋筑城,相对来说要容易些,但清军屠城及血洗城外村庄,给江阴经济社会造成的巨大伤创却没那么简单医治。经过百多年的恢复性发展,至乾隆年间,经济总体水平虽已恢复到1645年前的水平,但江阴已失去了原有的江南纺织业中心地位和商贸中心地位。同时,战事也严重破坏了江阴的人口再生产。为了重建县城,恢复生产,发展经济,当时的政府实行了移民政策。据康熙《江阴县志》记载,至康熙十一年（1672），全县总人口为51145户、399674人，其中男性306391人、女性93283人。从绝对数来看，1645年后的27年间，江阴的总人口增加了164214人，年均增加6082人，人口年均增长37%，是非常高的。如从男女性别比例看又是极不协调的。一个国家或地区的正常男女性别比例，一般为103：100至107：100，而康熙十一年江阴的男女性别比例大致为300：100，这是极不正常的。从户均人口数看，康熙十一年江阴户均人口数为7.82人，而崇祯六年江阴户均人口数为4.55人，这也不正常。如果按正常的男女性别比和正常的户均人数（每户大致为4.5至5人）估算，康熙十一年江阴县总人口大约为25万人。

那么，至康熙十一年江阴县为什么会突然多出近15万人呢？而且都是男性？根据康熙《江阴县志》中记载，这是当时政府采取移民措施的结果。"江阴事变"后，除了城里绝大多数人遇难外不说，江阴县还有8个乡（全县共有22个乡）遭到清军的血洗，致使江阴县人口锐减，大片沙田、圩田荒芜，无人耕种。为恢复生产，发展农业经济，当时政府实行了移民政策，吸引了江北、安徽等地的男性打工者，来江阴开垦或耕种沙田、圩田，发展农业生产，因而导致江阴成年男性人口激增，男女性别比严重失调。

江阴事变

第十七章 "文烈"黄毓祺

在"江阴事变"中，阎应元、陈明遇、冯敦厚等人，虽死得悲壮，但我认为，他们与黄毓祺比，要逊色得多。主要表现在阎应元他们抗清，只是为了不肯剃发而已，在政治上却承认清政府，所以，当清朝第一任江阴知县方亨来江阴上任时，他们并没有反对，后来杀他是出于"江阴事变"的需要。阎应元他们为了不肯剃发而抗清，其中有坚持汉民族仕士气节的心理诉求，这一点不容否认，然而其中也有不少赌气、意气用事的成分，甚至不排除他们还抱有某种幻想：凭坚固的江阴城防，凭江阴还有千余人的专业军人，凭江阴还有百多门的火炮，或许能让清军知难而退。他们低估了清政府在剃发问题上的坚定决心，这一点也不容否认。但最根本的是，阎应元他们抗清，不是为了在政治上推翻清政府的统治。

黄毓祺则不同。江阴城破后，黄毓祺面对的形势与阎应元他们当时面对的形势根本不同：江阴已剃发了，已承认1645年是顺治二年，也就是说，江阴已全面接受清政府的统治了。同时，江宁、镇江、常州、苏州、松江诸府，都已完全归顺清朝，在南直隶没有一个地方在抗清了。因此，面对这样的形势，黄毓祺在与徐士杰和尚一起收拾两万七千余具尸骸埋葬于祝塘万骨茔后，如果安心地与梅正平一起，在月城的黄梅禅院诵经念佛，度过余生，那么，也就不会家破人亡，也决不会有人指摘污名他。

然而，黄毓祺就是黄毓祺。他在黄梅禅院痛定思痛后，毅然决然地由自发抗清——不肯剃发，转变为自觉地反清——为推翻清朝的政治统治而斗争，而战斗。黄毓祺坚持反清，绝不是出于某种私利，他本是一位巨富，有的是花不完的钱，而是为了坚守心中的信仰——复明。他的这种为了坚守信仰而明知不可为却仍为之的精神与品格，才真正体现华夏民族的精神与品格。而这种精神与品格，特别是黄毓祺那种为信仰而战斗的理性勇气和品性，是阎应元他们不具有的，因而使黄毓祺后来持续四年的起兵反清，遂成为清初政治史上颇有影响的一件大事。

因为这样，所以，笔者专设一章记述江阴城破后黄毓祺反清复明的斗争事迹。如果说阎应元他们守城抗清八十一天，仅是为了抵抗清政府的"剃发令"的话，那么，黄毓祺屡次起兵的目的就是要推翻满族统治者统治中原的政权，这充分体现了士人黄毓祺与清政府之间的道统和政统的政治较量，其斗争层级要比阎应元他们的斗争层级高得多，进而是"江阴事变"的内在延续和升级版，完整地结构了"江阴事变"的全貌。

作为明朝天启元年恩贡的黄毓祺，在收拾、焚化士民遗体时，内心受到了强烈的刺激，白天双眼沁泪，晚上失声恸哭。他哭士民抗清时的壮烈，他哭破城后士民的惨死，他恨清军，更恨清政府，发誓与其势不两立，反清到底。所以，在祝塘万骨茔掩埋好士民的尸骨回到月城黄梅禅院后，黄毓祺睡了三天三夜才醒来。

江阴的抗清斗争，特别是黄毓祺在抗清斗争中的坚定的政治表现，颇为在浙东的监国鲁王朱以海所关注和激赏。1645年十月上旬，朱以海的特使带着敕书和铜鉴秘密来到祝塘，后又找到月城，潜入黄梅禅院，秘密会见黄毓祺，见其反清斗争意志坚定，并有一套反清复明的计划，便向黄毓祺宣读鲁王圣旨，任命黄毓祺为南明浙东政权江南总督。黄毓祺欣然接旨。望着手中的江南总督大红印鉴和鲁王的圣旨，黄毓祺心潮汹涌，思绪万千，百感交集，深感自己受命于危难之中所肩负的力挽狂澜、灭清复明的责任重于泰山。他由此走上了反清复明的不归路。

但好友梅正平还是劝他要三思而后行，不为自己着想，也得为妻子、儿子、儿媳、孙儿们着想，可黄毓祺未听梅正平的劝说，反而要求梅正平替他出面，张罗变卖黄毓祺在月城的田产事宜。他急需反清复明的斗争经费。梅正平照办了。可黄毓祺万没想到的是，由于王珑的告密，清军展开了对黄毓祺的缉捕行动。那么，王珑为何要告密出卖黄毓祺？其中是有原因的。王珑曾是江阴县城里的一家作坊主，崇祯十年，由于县城建设需要，须拆迁王珑的作坊，因拆迁补偿问题谈不拢，与江阴城里的包括黄毓祺在内的由士绅组成的类似如今的拆迁办公室的机构成员之间矛盾激化，导致王珑的一个不谙事理的儿子，因年少气盛、头脑发热、行为鲁莽，一怒之下，和作坊里的学徒一起打残了一个士绅，这就激怒了士绅们。士绅们报了官，最后县衙门从重严惩，判处王珑儿子及两个徒弟死刑。于是，卷铺盖搬迁出城的王珑一直怀恨在心，伺机报复那些士绅们。可是士绅们都在城破后殉难了，唯独黄毓祺还活着，所以，当他的酒肉朋友、曾是十方庵中的和尚浪仙，有一天跟王珑一起喝酒时，无意中提到了月城黄梅禅院的和尚印白（俗名黄毓祺）仍在暗地里纠众反清的事。说者无意，听者有心。王珑认为报复黄毓祺的机会来了。于是他向江阴兵备道举报了黄毓祺。

　　清军先到东城黄毓祺的豪宅搜捕，没搜捕到，一怒之下，纵火烧毁了豪宅。接着，清军又追捕到月城，又没抓捕到，再怒之下，便挖了黄毓祺父母的坟，以泄怒气。躲藏在黄梅禅院的黄毓祺，获悉清军正在城里缉捕他的消息后，便在梅正平的帮助下，在清兵未到月城之前就带着门人逃离月城，来到江北，在靖江、如皋、泰兴一带串联反清复明志士，图谋再次起兵，但响应者寥寥无几。

　　1646年三四月间，黄毓祺从江北回到月城老家，见父母的坟被清军掘开，棺木被盗走，父母的尸骨被抛弃在坟坑外日晒夜露，风吹雨打，他感到是奇耻大辱。这国仇家恨使黄毓祺强忍悲愤，他买了新棺材重新安葬好父母的遗骸后，又投入到反清的地下斗争中去。五月中旬，江阴城内城外张贴满了由黄毓祺起草的讨伐清军的檄文，其中写道：

　　……即如江上孤城，首倡人间大义。斩万人，固守八旬。□□刺荆，俯视敌人如草芥；弹丸□□，至今马骨如山丘。亦可见我非脆骨柔情，必不可扶之弱植。彼非四目两口，必不可胜之雄师。特系乎顺逆之人心与盛衰之士气……

这是黄毓祺顽强战斗意志的自然流露，这种战斗意志支撑着他不屈不挠地进行反清复明的斗争。一些明朝遗民看到檄文后，开始在暗中响应。

有一个无锡人叫王春，崇祯二年至三年间因训蒙移居洛社。后来王春的同父异母哥哥王杭济从无锡迁居江阴城里，王春常去看望哥哥，因王杭济与黄毓祺是朋友，一来二往，王春与黄毓祺也就相识了，并随着交往的深入，两人成了忘年交。1646年六月，黄毓祺秘密联络王春和一些反清志士后，欲计划于八月十五日晚上率领反清乡兵攻克江阴兵备道衙署，然后坚守江阴。清初承袭明末旧制，将常镇兵备道副使衙署设在江阴城中街县儒学的东面，副使叫徐服远。突袭兵备道衙署的计划是周全的，但不料这一计划被奸细侦知后告发给了徐服远，黄毓祺和门人徐趋又不得不逃离月城，分头串联江阴、武进、无锡、宜兴、靖江等地的反清志士，并约定于十一月初五日晚上，五地同时起兵，攻打五县县城。然而无锡、宜兴、靖江三县在十一月初五日前派人告知黄毓祺，他们不准备起兵。在这紧要关头，黄毓祺主张暂缓起兵，徐趋则极力主张到时务必起兵。双方各执一词，没能统一意见。十一月十一日晚上，徐趋瞒着黄毓祺，擅自率领十四个勇士潜入城内，偷袭江阴兵备道衙署。但徐服远早有准备，迅速集合衙兵与徐趋他们进行巷战。起兵一方终因寡不敌众，除徐趋逃脱外，其余人全部被杀。黄毓祺听说徐趋擅自偷袭江阴兵备道衙署行动失败后，为躲避清军的追捕，又不得不逃亡至浙江舟山。

清军总兵土国宝，这个曾是太湖强盗头子、后投降了洪承畴成了清朝的贰臣，听说江阴兵备道衙署被偷袭后怒火中烧，亲自来到江阴，扬言要派兵到江阴再次屠城。知县刘景绰极力婉言劝阻，大意是说江阴城不能再屠了，如再屠，江阴城有可能会从地球上抹去。他主张应该缉捕偷袭江阴兵备道衙署的主谋黄毓祺及其余党，而不可伤及无辜百姓。土国宝笑纳了刘景绰送给他的一笔不菲的鞍马劳顿费后，遂答应不派兵来江阴，使江阴城又一次避免了一场大劫难。

作为主谋的黄毓祺逃亡在外，驻江阴的清军鞭长莫及，缉捕不了他，便将其四个儿子拘捕入狱。刘景绰审讯时问黄毓祺长子黄大湛：你为何要率人攻打兵备道？黄大湛说：因为我要报家仇，所以只有我才要灭了你们。刘景绰追问黄毓祺的去向，黄大湛说：这是我个人所为，与我父亲无关。父亲根本不知道。此时，同时被审讯的黄毓祺的第四个儿子黄大瀚说：这次偷袭兵备道是我所为，与我大哥无关。兄弟俩争着认账去死，为了父亲的反清复明大业。

刘景绰继续审讯黄大湛：请把你贼父门人的花名册交出来。黄大湛说：我不知道有什么花名册。其实，在清兵械捕之前，黄大湛遵照父亲的嘱托，早就将那份登记有数千门人的花名册烧毁了。审不出结果，刘景绰命人将黄大湛四兄弟押往牢房。然而，虽然黄大湛烧了花名册，使其父亲的许多门人免遭惨祸，但仍有两百多名反清志士被清兵查获斩首。黄毓祺在月城的老家也被清兵洗劫一空。

黄毓祺逃到浙江舟山不久，又奉鲁王之命，一边联络松江、苏州、常熟、无锡、江阴等地的反清士民，计划同时起兵，收复诸地区；一边在舟山招募船只乡勇，但终因缺乏军饷等诸多因素，起兵未遂。1647年正月初，黄毓祺和徐趋来到武进，招买了江阴西乡、武进、与武进交界的无锡三县的两三千名菜农，集中在武进县白土村，在一个深夜五更时攻打常州城，放火烧了北城门。常州知府夏一鄂获报后，立即骑马率领数十名府兵赶到北门，与菜农混战起来。菜农虽众，但都没经过军事训练，是一群标准的乌合之众，被夏一鄂的马队一冲击就四处逃散了，把领头的徐趋、王春和殿后压阵的黄毓祺也冲散了。徐趋、王春被冲散后，顾不得大队人马一片混乱的局面，率领一百多人冲进城里，却被常州府衙役截住，在巷战中大多数菜农被杀，少数人逃脱。徐趋和王春在巷战中身负重伤被俘，后被斩首。

北门外混战两个时辰后，大批清兵前来增援，黄毓祺见败局已定，就命令众人各自逃逸，自己则在十名亲兵的掩护下乘船过江，再次逃往江北，改姓换名，或名张睢，或名赵渔，或名王梦白，或号太白行者，穿着破衣衫，间或行乞，流浪在淮南地区。有时南下，在南通、泰州、扬州等地活动。

侨寓在南通的常熟武举人许彦达，与黄毓祺是知交，听说黄毓祺也来到南通后，就四处打听寻找，终于在一座破庙里找到了黄毓祺。许彦达对黄毓祺说，他在南通有个莫逆至交，是南通监生薛继周的第四个儿子，也是个诸生，现住在如皋芦荡桥，"家赀三万"。黄毓祺说，薛继周也是他的故交，遗憾的是他早已顺清。许彦达说，薛继周是红皮白肉的红萝卜，明面上顺清，暗地里在搞复明活动。于是，两人商量后准备找一个适当的时机去拜访薛继周父子。

1647年三月的一天，黄毓祺假扮成化缘和尚，许彦达装扮成随从，来到如皋芦荡桥薛继周家里。双方相见甚欢，谈论融洽。薛继周支持黄毓祺反清，并让他和许彦达住在自己家里，会见、联络来自海上化装成满人的南明将官游击参将等，同谋起兵。

起兵需要军饷。为抗清反清，黄毓祺已是家破人亡，没钱。军饷去哪里筹？薛继周允诺捐饷三千两白银，但远远不够。黄毓祺反复思忖后，决定向常熟的钱谦益募捐军饷。黄毓祺想，自己与钱谦益虽不是深交，但从钱谦益顺清后虽仕清但不积极合作、托病从北京回常熟居住的行为中，认为钱谦益可能是在等待复明的时机。因此，黄毓祺自信满满地认为，钱谦益定会支持他反清复明大业的。于是，黄毓祺写了一封求援信，盖上南明浙东鲁王政权的江南总督大红印章后，派追随他的江阴人徐摩持信去常熟钱谦益家里提银五千两作为起兵经费。

1647年八月的一天，徐摩怀揣着黄毓祺写给钱谦益的密信，从如皋出发，步行至靖江，再坐船过江来到江阴，住宿在朋友江纯一家。晚上两人喝酒时，徐摩大嘴巴了一点，说自己这次回来是为了到常熟钱谦益家里提取五千两白银作为黄毓祺起兵反清的军饷。贪财如命的江纯一听后，口头上说着支持黄毓祺的反清义举壮举，心里却动起了劫银的邪念。

徐摩来到钱谦益家，将黄毓祺的密信递给了钱谦益。钱谦益拆信一看，心里不由一怔，但不露声色，只是沉吟不语。钱谦益想，家里完全拿得出五千两银票，但这钱断然不能给，给了要被杀头的，要被满门抄斩的，要被株连九族的。钱谦益深知，顺治皇帝登基已三年多，清政权已稳固，虽然一些地方还有反清的力量，但成不了气候，很快会被清军剿灭，复明根本没有可能。于是，钱谦益推说家中无多少银两而婉拒了。同时，钱谦益权当徐摩没去过他家，守口如瓶，并没有告发出卖黄毓祺。

作为江阴人的江纯一却出卖了黄毓祺。连续几天都做着大发横财梦的江纯一，见徐摩两手空空来到他家，很是失望，失望之余起了歹心，当徐摩前脚刚跨出他家大门，他的后脚就进了他的赌友盛名儒的家里。盛名儒是江阴兵备道衙署中的一名武弁，原是明军中的一位低阶军官，与薛继周曾经同是南明弘光政府江北四镇之一的黄得功的部下，两人之间素有过节。盛名儒听江纯一说了黄毓祺和薛继周准备在江北起兵的事后，心里非常高兴，为了报复薛继周，就告发了黄毓祺，想一石二鸟。驻南通清军很快展开缉捕黄毓祺的行动，将躲在南通白蒲镇法定寺的黄毓祺捕获，并将其关进了泰州监狱，一个月后，又将其押往扬州监狱。

抓捕黄毓祺的是凤阳巡抚陈之龙派出去的部队。陈之龙得到黄毓祺被捕的报告后立即奏报清廷。陈之龙为什么如此重视黄毓祺？一是因为黄毓祺身份特殊，他是浙东南明鲁王政权任命的江南总督，是江南地区仍在从事地下反清斗争的领袖之一，影响力大。二是急于向朝廷表功，争取得到朝廷的重用。陈之龙是明朝天启元年举人，历任常德司理、乾州知府、西安同知之职。崇祯十六年一月，李自成率起义军来到宁夏灵武，陈之龙投降大顺政权，授职宁夏节度使，李自成攻克北京后陈之龙任陕西节度使，留守"西京"。顺治二年陈之龙投靠清廷，任右佥都御史，巡抚凤阳，但清政府始终不信任他，只是利用他而已。陈之龙为了取得清廷的信任，就在第一时间内把黄毓祺被捕的事上奏了朝廷。陈之龙在奏疏中说，在南通缉拿伪江南总督黄毓祺，搜到铜印一枚、反诗一本。

所谓反诗，是指从法宝寺里搜出来的黄毓祺的一本诗集，其中有这样一首诗："可怜上帝醉如泥，自叹愚民与顽石。纵使逆天成底事，倒行日暮不知还。"如果从诗意韵律上分析，这首诗写得并不怎么样，但要说这首诗是反对清政府的诗，实在看不出来。然而陈之龙之流就是有本领看出来。他们抠住诗中的"逆天""倒行"等字眼，断章取义，莫须有地说黄毓祺要"逆"大清朝的天，要倒"顺治"之行。经陈之龙这么上纲上线一分析，黄毓祺的"现行反革命罪行"就大如滔天了。按大清法律规定，凡有反清言论的人，一经抓获，主犯被戮，其家属发配给旗人做奴隶。

夏一鄂从南京跑到扬州，亲自审讯黄毓祺。夏一鄂原为常州知府，因镇压黄毓祺反清有功，被朝廷提拔为江南承宣布政使司（其巡抚衙门设在江宁府）按察使，主管刑事审理和官吏监察，权力极大。那么，夏一鄂为什么要亲自审讯黄毓祺呢？这里面藏有夏一鄂的私情。

一天，狱卒把黄毓祺押到夏一鄂面前。夏一鄂一拍惊堂木，厉声问道：黄犯毓祺，有人举报钱谦益为你提供贷财，是你的同党，还不快快给我从实招来！黄毓祺听后冷笑一下，朗声道：给我拿纸笔来。狱吏马上递上纸笔。黄毓祺一挥而就：身犹旧国孤臣，彼实新朝佐命。各为一事，马牛其风。夏一鄂见文吓不行就来武吓，令狱卒当堂杖打黄毓祺。黄毓祺被冷水泼醒后，夏一鄂恶狠狠地问：招不招？黄毓祺无力地说：但求一死耳。黄毓祺只字未提钱谦益，使夏一鄂欲借黄毓祺之手迫害钱谦益的阴谋未能得逞，恨得牙根痒痒的。万般无奈之下，只得命令狱卒将黄毓祺押回班房。

1649年二月，黄毓祺由扬州监狱转移到南京监狱，受到"一身被九锁"的非人待遇。这说明，在清政府眼中黄毓祺是一个非常重要的政治犯。锁链加重后，黄毓祺走路时常被铁脚镣绊倒，睡觉时常被铁手链缠得难以翻身。他有诗道："时时抢地苦非常，手足拘挛起卧妨。"然而，早已做好牺牲思想准备的黄毓祺，精神不颓，意志不移,从不承认自己有罪。现实是,只要他承认反清有罪,只要他愿意写一份悔过书,黄毓祺不但能获释出狱,而且还能当上效力清政府的级别不低的官。可他始终没有低下昂扬着的高贵的头颅,"断头唯此孤忠在","头颅不敢负朝廷"。黄毓祺凛然地说:道莫大于君亲,孝莫依于忠孝。某避禅已久,岂有官瘾?义愤激忠,情不容已。明主嘉诚,遣使授职,招贤选士,分所应然。衰愦旷官,死有余责,愿正厥刑。谨抱印待终,身附子卿之义。黄毓祺自比苏武,志不少屈,义不逃死,至死不变。

清朝官员拿软硬不吃、死都不怕的黄毓祺根本没辙。黄毓祺本有万条活路可走,但他不走,却宁愿选择了一条死路。

一天,有个自号叫茧翁的老者来到南京,给狱吏塞了不少银子后,才被允许到牢房探视黄毓祺。茧翁摆下几碟小菜,给黄毓祺斟了酒后说:介子公,坊间都私谥你为"文烈"。黄毓祺举起酒盅苦笑道:自古以来只有功臣死后,君王才给他谥号的。我从来没听说过有民间私下谥号的。再说,我既不是功臣,也不够"文烈"资格,况且还没死呢。抿了一口酒后黄毓祺接着说:不过,茧翁,我黄某真诚地感谢你代表遗民耆老对我的临终关怀,感谢江东父老为我送行。说罢,黄毓祺仰脖将一盅酒一饮而尽。茧翁则朝黄毓祺叩首后,双手掩面,悲凄地走出牢房。

黄毓祺的死刑判决书,顺治皇帝已朱批"勾决":黄毓祺着即正法。执行死刑日期是顺治六年三月十八日,可当圣旨驿传到南京时,黄毓祺已死在牢里了。

黄毓祺为什么会早死在牢里呢?

茧翁探监后没几天,一直在监狱外面租房居住、隔三岔五去监狱探视黄毓祺的门人邓大林(字西起,常熟人,原本是个孤儿,拜黄毓祺为师后始终忠心耿耿地跟随黄毓祺左右)买通狱吏后得知了黄毓祺的大概死期。一天下午,邓大林去监狱探视黄毓祺,只见瘦弱不堪的黄毓祺盘膝而坐,双目微闭,很想告诉他的死期,但几次欲言又止,不禁啜泣起来。在黄毓祺的反复追问下,邓大林才告诉黄毓祺他哭泣的原因。黄毓祺听后不语，一脸平静。少顷，黄毓祺嘱托邓大林给他买两样东西：一身干净的白衣，一包砒霜。邓大林照办。

第二天下午，邓大林又行贿了狱卒后，让他打开了套在黄毓祺脖颈上的枷锁和手上、脚上的铁链。身体暂时获得自由的黄毓祺，让邓大林打来一盆清水，擦脸、洗手，由于好长时间不能周周全全地洗漱了，所以，脸上、手上的污垢还未洗净，木盆里的水就脏了。黄毓祺又让邓大林去换盆水。邓大林打来第二盆清水后，黄毓祺又认真细致地擦脸、洗手。作为巨富的黄毓祺，素来讲究干净体面，可当他走上反清复明道路后，因环境的险恶，也就不讲究干净体面了。而如今是黄毓祺最后一次擦脸、洗手，怎能不洗得认真、细致、周全？他要干干净净体体面面有尊严地走完自己人生道路的最后一程。

擦干净脸，洗干净手，换上一身新的干净的白衣，要来纸、墨、笔，黄毓祺提起毛笔，写下了《绝命诗》："人间忠孝本寻常，墙壁为心铁石肠。拟向虚空攀日月，曾于梦幻历冰霜。檐头百里青音吼，狮子千寻白乳长。示幻不妨为厉鬼，云旗风旆尽飞扬。"这首《绝命诗》充分表露了黄毓祺至死不渝的反清复明的决心。

我们从《绝命诗》里，分明看到了黄毓祺传承着的学术儒学的抗议（或批判）精神。黄毓祺不是官，也不愿依附于清政府，而是一个政治边缘人物。从表面来看，儒有大儒、醇儒、博儒、雅儒，与此对应的有小儒、陋儒、迂儒、腐儒。在我看来，黄毓祺不是大儒、博儒、雅儒，也不是小儒、陋儒、迂儒、腐儒，而是醇儒。他饱读"四书五经"，深受东林党人的影响。为了"广言路，行改良，正朝政"，他组织成立了江上九子社，并亲任社长；为了昭示其"明死生之大，匹夫之有重于社稷"的处世之道，他成立了复社江阴分社，以东林党后继自任，反对阉党的黑暗政治，密切关注社会，并实际地参加政治斗争。黄毓祺不同于阎应元、陈明遇、冯敦厚、许用他们的地方，就在于他城破前积极抗清、城破后坚决反清，是有坚实的政治思想基础的，是其实际参加政治斗争的继续。

黄毓祺坚决反清的这种传承儒学的抗议精神，绝对不是来自现实政权的既得利益，也不是完全出于超越的理想，而是由于他对历史文化的深刻感受，由于他的个人人格自我完善的自觉，因为学术儒学一开始走的就是"知其不可为而为之"的道路，所以，它焕发出了庄严的悲剧性格。黄毓祺反清，也是"知其不可为而为之"，因而他死得平静，死得庄严，死得神圣，更具悲剧性和宗教性，是陈明遇、冯敦厚、许用、戚勋他们那种大张旗鼓地悲壮地死根本无法比拟的。面对死亡，能做到平静，从容，淡定，是何等人物？

1649年四月上旬的一天晚上，黄毓祺吞下砒霜，盘腿端坐，强忍住毒性发作时给他带来的常人难以忍受、难以抗拒的那种痛苦，无声无息地悄然离世，终年六十岁。

黄毓祺抗清、反清四年，从五十六岁到六十岁。这个年龄本该是黄毓祺享清福的年龄，而且他完全有条件享清福，因为他是富豪。然而，为了坚守一个士人的政治信仰——反清复明，清政府给他官做他不要，甘愿家破人亡，甘愿受尽非人折磨，甘愿选择死路一条。他是一个怎样的人啊？不是圣人，犹似圣人！

在政客们看来，黄毓祺或许是一个"顽固派"，妄图"开历史倒车"；在"识时务者"看来，黄毓祺或许是一个"迂腐""一根筋""死脑筋"的人；在实用功利主义者看来，黄毓祺或许是一个"虚伪""政治作秀"的人……

但在我看来，黄毓祺是一个明朝"遗民"。所谓遗民，就是不为时代所囿，有着坚定不移、一以贯之的价值信仰的人。这种人就政治而言，他们呈现的是一种姿态；就道德而言，他们体现的是一种操守；就哲学而言，他们兑现的是一种价值信念；就文化而言，他们展现的是一种难以逾越的经典。

回顾历史不难发现，英雄豪杰历来喜欢天下大乱，可谓乱世出英雄，而文弱儒生生逢乱世时，则更多了一份承担，承担灵魂上的干戈频仍。特别是像黄毓祺这样从小就浸淫在儒学中的人，生在明末清初这样"天塌地裂"的年代，夹在历史板块的激烈碰撞中，是个弱者，弱于权力争逐，弱于审时度势，弱于随机应变。用现在时尚的话说，就是思想不解放，观念不转变，不能与时俱进，跟不上时代步伐。然而，正是这种人，当国难民族难来临的时候，往往是"燃尽生命来烛照黑暗而身边却没有取暖之火"，也正因为他们太不"成熟"，太不"聪明"，太不"世故"，才使他们至死都葆有一颗赤子童心，不忘初心，不怕死，用牺牲来捍卫生命的尊严和灵魂的自由，来坚守人世间一些永恒的东西。

笔者对黄毓祺充满着同情的理解和理解的同情。他为什么要那么执着地反清复明？因为在饱学儒学经典的黄毓祺看来，在一切以家为起点的宗法国度里，家与国是同构的。所谓"修身、齐家、治国、平天下"，就是读书人在"家国一体"下的具体的人生理想和价值追求。黄毓祺坚定而执着地反清复明，表明他深深地爱着大明国。中国人的国家观与西方人的国家观是不同的。西方人爱国，爱的主体是国度而不是国家，因为在西方人看来，国家只是一个政治权力机构，没什么好爱的。中国人的爱国，爱的是"祖国"，而"祖国"既是一个地域、民族与人种的概念，又是一个文化、历史、宗教的概念，饱含着浓郁的感情色彩。所以，黄毓祺在那特定的历史环境里，以反清复明来体现他深爱大明国的政治诉求，是符合当时的时代要求的——每个时代都有不同的"爱国"政治要求和标准。

当顺治皇帝的"黄毓祺着即正法"的圣旨驿传到南京后，刽子手还是奉旨砍下了已死的黄毓祺的头颅，以示不折不扣地执行圣旨。邓大林再花银子买下黄毓祺的头颅，然后亲自动手，用针线一针一线地将黄毓祺的头颅缝接到他的颈项上。又买了寿衣和棺椁，入殓黄毓祺后租船运回月城，安葬在他父母的坟旁，让黄毓祺在另一个世界尽一个儿子的孝道。

黄毓祺被顺治皇帝朱批"勾决"的消息传到江阴后，江阴城里人特别是从乡下迁居到江阴城里的秀才们，全然没有了抗清的血性，而是个个恐惧，人人惶恐，害怕江阴又将遭遇一场灭顶之大灾难，因为按清朝的"株连九族"法，既然黄毓祺是因反政府罪而被判处死刑的，那么他将会株连多少江阴人？于是，秀才汤林、徐时化、韩方、沈五等，哭泣着跪在县衙门前整整一个白天，哭求知县李长秀上疏朝廷不要因黄毓祺案而株连无辜的江阴人，放过江阴人一马。可李长秀犹豫了半天都拿不定主意，不敢为民请命，更不敢为民做主。最后还是驻节江阴的江南苏松学政苏铨居中调停，呵护最力，才使得江阴人免遭株连。因此，为感恩苏铨，江阴秀才们特地在君山建造了一座梅花书院，用以纪念这位苏松学政。

　　一年后，邑人出钱将黄毓祺长子黄大湛赎出监狱，然其妻周氏早已自缢身亡。黄毓祺其他三个儿子被"输旗下为奴"。黄毓祺案最终以这样的结局画上了句号。同时"江阴事变"也因此画上了句号。

第十八章　历史的书写和评价

　　就历史学而言，历史有通史、断代史、事件史之分。无疑，"江阴事变"是一部事件史。三百七十多年来，记载这一历史事件的书籍虽不能说是汗牛充栋，但也不少。通过爬梳发现，对这一历史事件的记载，是民间多于官方，是邑人多于外地人，是清代人多于现代人。通过爬梳还发现，距离这一事件发生的时间越近，撰者比较客观、严谨，但自乾隆起越往后，在对这一历史事件的记载中，撰者的想象、夸张、塑造成分就越多，尤其是邑人撰者，远没有外地撰者的客观与严谨。为何会出现这种现象？主要是当时的政治环境与不同历史时期的政治需要使然。

　　按时间顺序排列，在有清一代个人记载"江阴事变"的著作有：

　　江阴人张佳图于1646年左右撰的《江阴节义略》，是记载"江阴事变"最早的一部著作，但不敢面世，怕遭残酷的"文字狱"。之后是常熟人许重熙撰的《江阴城守后纪》、兴化人李清撰的《南渡纪事》、苏州人文秉撰的《甲乙事案》、余姚人黄宗羲撰的《弘光实录钞》、江阴人徐遵汤撰的《义城赋》、江阴人徐德求撰的《万骨茔记》、江阴人李寄撰的《天香阁随笔》、江阴人黄晞（大湛，黄毓祺长子）撰的《明江阴县典史阎公死守孤城状》、无锡人钱肃润撰的《南忠记》、无锡人计六奇撰的《明季南略》、番禺人屈大钧撰的《江阴起义诸臣传》、昆山人徐秉义撰的《明末忠烈纪实》、武进人邵长蘅撰的《阎典史传》、余姚人邵廷采撰的《明江阴县典史阎应元传》、江阴人季承禹撰的《澄江守城纪事》、华亭人朱溶撰的《忠义录》、江阴人赵羲明撰的《江上孤忠录》、江阴人祝纯嘏撰的《孤忠后录》、江阴人沈涛撰的《江上遗闻》、江阴人李天根撰的《爝火录》、苏州人韩菼撰的《江阴城守纪》、武进人赵翼撰的《沙山吊阎典史故居》、六合人徐鼒撰的《小腆纪传》、江阴人高观澜撰的《江阴忠义恩旌录》,等等。

有清一代,按时间顺序,官方记载"江阴事变"的文献有:

康熙《江阴县志》,刊行于康熙二十二年,距1645年仅有三十八年,记述守城抗清战事比较简约,仅七百余字;乾隆《江阴县志》,刊行于乾隆九年,距1645年有九十九年,单独专列卷二十三《乙酉记事》,篇幅有四千两百余字,记述比较详备;刊行于道光二十年的《江阴县志》,除记载"江阴事变"外,还收入黄晞的《明江阴县典史阎公死守孤城状》、知县蔡澍的《阎陈二公祠记》、江苏学政汤金钊的《三公祠记》、江苏学政朱方增的《三公祠衬祀殉义绅民记》、知县汪坤厚的《重建三公祠碑记》、江苏学政白镕的《戚烈愍公祠记》、沙白张的《泽枯庵记》等文章;刊行于光绪四年(1878)的《江阴县志》,除记载"江阴事变"外,也收入了徐德求的《万骨茔记》、徐遵汤的《义城赋》等文章。在《明史》修撰过程中刊印的相关史书,也记载了"江阴事变"。

但是,作为《清世祖实录》《清初内国史院档案译编》《钦定八旗通志》等国家级权威官方文献中,却没有记载"江阴事变"的只言片语。官方与民间的反差竟是如此之大,是值得玩味的。

浏览以上著作后发现,对"江阴事变"的某些重要方面的记载前后有所不同。比如对刘良佐的称谓,越是早期的著作中对其越不恭,称其为"降将""花马刘""刘贼"等,乾隆及其以后的著作中,则称刘良佐为"刘将军""刘帅"等;民间对刘良佐的称谓大多不恭,官方对刘良佐的称谓都很恭敬。再比如对城破后死难人数的记载,各著作之间差距较大。徐遵汤在其《义城赋》中称是"万死之幽灵";李天根在其《爝火录》中称是"六万人同心死义";韩菼在其《江阴城守纪》中称是"城内死者九万七千余人";沈涛在其《江上遗闻》中称是"吾邑城内外殉节被难者,且数十万矣"。还须说明的是,对于死难人数,早期著作中一般称为六万人,乾隆以后的著作中一般称为十万人左右。

那么，江阴城破后城内死难者到底是多少人才比较符合客观实际？我以为比较客观靠谱的人数为5万人左右。依据有三：一是从人口密度来估算，当时江阴城内居民最多2万人。根据崇祯《江阴县志》记载，明末江阴城城墙的周长为1396.1丈，合9里13步，约4650米，其形状为长宽1.15∶1的长方形，可知江阴县城的面积约为1.2平方千米。如果江阴城内居民为2万人，那么其人口密度是每平方千米1.67万人。江阴城内当时主要以平房建筑为主，有这么高的人口密度已是难以想象的。据2007年出版的江阴市《澄江志》记载，1982年江阴县澄江镇市镇区，亦即江阴老城区（与明末江阴县城面积大体相当）的人口密度也只是每平方千米9947人。那么，如何解释许重熙在其《江阴城守后纪》中所称的"城中兵不满千，户裁及万"呢？如果当时江阴县城内果真是"户裁及万"的话，那么按每户4.55人（崇祯六年，即1633年，江阴总人口为51740户、235460人）计算，也要45000人左右。这样高的人口密度是根本不可能的。2007年香港18个区中人口密度最高的是高楼林立的观塘区，每平方千米也只有近5万人。所以，"户裁及万"的合理解释，应该包括城内、南门外、北门外的人口。当时城内、南门外、北门外共同造就了江阴在江南地区的贸易中心地位。这已在前文中记叙，此处不再赘述。

依据之二是，阎应元进城主帅后，"派十人守一垛"，当时江阴城城墙的周长约为1400丈，每隔一丈有一个垛，每垛有10人值岗，每天昼夜两班。按此计算，城内守城者为28000人，就算再加上其他非军事人员和预备队什么的，最多也不会超过30000人，其中绝大部分为进城守城的乡兵，一部分为城内民兵，一部分为南明驻江阴部队的专业军事人员。也就是说，守城者与城内居民人数之和最多也只有50000人左右。这已经是最大估算值了。

依据之三，从当时倡议守城起，城内仅储存"粟麦豆万钟"。在明代1钟相当于760市斤，那么1万钟也就是760万市斤。但这是毛粮，如按7.5折计算，净粮只有570万市斤。如按5万人每天人均消耗粮食1.5市斤计算，守城81天，就要消耗粮食600多万市斤。根据有关著作记载，进入八月以后城内粮食已很紧张了，直至后来城内居民以吃青草、树叶度日了。如果按有的著作记载"守城者十万""城乡兵二十万"计算，570万市斤粮食能让10万人、20万人守城81天吗？

由此可以看出，江阴城破后死难者5万人左右是比较靠谱的，至于说有10万左右死难者，那是太夸张了，仅是过把嘴瘾罢了。

对于清军的死亡人数，各著作之间的差距也很大。1646年五月中旬，黄毓祺在其反清檄文中云："即如江上孤城，首倡人间大义。斩万计，固守八旬……"也就是说，作为既是"江阴抗清八十一日"的亲历者、指挥部参谋之一，又是城破后的收尸亲历者的黄毓祺认为，在81天的围攻江阴城的战事中，清兵死亡仅有1万人。此外，年代较早的黄宗羲、屈大钧、徐秉义等人，在其文章中称清兵阵亡人数仅是数千人至万余人。这些估计数字大体是符合当时的客观实际的。年代稍晚的许重熙、黄晞等人则提及清军阵亡7.5万人。此说后为邵长蘅、邵廷采、赵曦明、沈涛、祝纯嘏等人沿用。但康熙《江阴县志》和乾隆《江阴县志》在"乙酉记事"中，均未提及清兵死亡人数。

还有对守城者人数和清兵围城人数，各著作之间的说法差距也是很大的。许重熙、赵曦明、沈涛、韩菼在其文章中或称"进城乡兵十万"，或称"纳二十万乡兵进城"，但均称围城清兵有24万人。先说守城者人数，无论是"十万"说，还是"二十万"说，都是不靠谱的。因为明末江阴县总人口仅有235460人，如按正常的男女1∶1性别比计算，男丁也就是117730人，再扣除未成年和老年男丁，青壮年男丁最多也就是六七万人，但不是每个青壮年男丁都是乡兵。再说进城乡兵大多来自江阴城附近的乡村，远距江阴县城的乡兵在城外清兵封锁与捕杀下，是很难进城的。退一万步说，就算有"十万"或"二十万"乡兵进城守城，在约1.2平方千米面积的县城内，也容纳不下这么多人，守城时仅储存的万钟粟麦豆，也根本不能供应10多万或20多万人吃81天。所以，上文所述的守城乡兵近3万人是比较客观靠谱的。

再看来围城清兵有24万人之说，这也是不符合当时实际状况的。清人魏源对邑人著作中对乙酉江阴战役中清军参战人数和伤亡人数的夸张记载，曾有相当精辟的批评，称当时浙东鲁王、徽宁金声、太湖庐象观之师，均对南京虎视眈眈，况且松江、嘉定、吴江等地义兵四起，因而豫亲王多铎根本不可能调遣24万大军围攻江阴。魏源在其《圣武记》中指出："且江阴弹丸僻处，人众食寡，王师但以数千分扼要港，塞断粮艘，城中即可坐困，何烦倾国二十余万之师死伤山积？"魏源进一步指出："围城兵数亦断不及记载十分之二，乃文士铺张，快其笔舌。"在魏源看来，围城清军最多也就是2万人左右、伤亡最多也就是数千人。

笔者以为，魏源的估计是比较切合实际的，否则，我们如何解释多铎率清兵近10万人南下，在短短数月内就攻克南京消灭弘光政权，就招降清兵30多万，控制江南大片土地？如果围攻约1.2平方千米面积的江阴县城，要动用24万清军，那么也就说明清军的战斗力并不怎么样！事实是，清军入关后在与李自成农民起义军残部和南明军队作战时，向来是所向披靡一往无前的。

为什么自乾隆起文士们可以对"江阴事变"大肆"铺张，快其笔舌"？主要原因是，乾隆时期正是大清中兴鼎盛时期，国力强盛，乾隆皇帝自信心很强，对民间对明季殉节人士的评价也不那么敏感了，对清初清军伤亡惨重的事实也不那么讳言了，而且还给明季殉节人士赐谥，这就使文士们的胆子大起来了。其目的是为了突显"江阴事变"的惨烈、江阴民性的刚烈，夸张、塑造阎应元、陈明遇、冯敦厚的"忠义"形象，甚或也有点兔死狐悲的意味。

不仅如此，文士们还虚构了不少传奇的神话般的事迹。下文略举几例说明之。

一是对阎应元"草人借箭"事迹的虚构。在早期著作中并没有"草人借箭"事迹的记载，但在后期的著作中就有记载了。比如邵长蘅在《阎典史传》中这样记述："会城中矢少，应元乘月黑，束藁为人，人竿一灯，立陴堄间匝城，兵士伏垣内，击鼓叫噪，若将缒城矴营者。大军惊,矢发如雨。比晓,获矢无算。"韩菼则在《江阴城守纪》中如是云:阎应元"但苦无矢,乃命月黑夜束草为人,外披兵服,人持一竿,竿挑一灯,直立雉垛,士卒伏垣内大噪。北兵望见,矢如猬集,获强矢无算。"这些记载是对诸葛亮"草船借箭"的克隆。他们把阎应元比作诸葛亮,意在彰显阎应元的聪明与智慧。问题是,阎应元有诸葛亮那般满腹经纶、智慧过人吗?然有清一代的康熙、乾隆、道光、光绪四部《江阴县志》在"乙酉记事"中根本没有这样的记载。

二是对清军"三王""十八将"战死江阴一事的虚构。野史中屡称清军的"三王""十八将"战死江阴。许重熙、计六奇在其著作中称"七王"在架云梯攻城时遭斩首;黄晞在其著作中称清军有数位"名王、骑将"阵亡;季承禹在其著作中称薛王、八王、七王(二都督)死于"江阴事变";赵曦明在其著作中沿用季承禹之说,但将七王、二都督视作两人;祝纯嘏则称薛王、七王、十王、二都督战死;韩菼承袭祝氏之说。

但据《清史稿》记载,随多铎南征的宗室成员,有多罗承泽郡王硕塞(太宗第五个儿子)、多罗贝勒尼堪(太祖长子褚英的第三个儿子)、多罗贝勒博洛(太祖第七个儿子阿巴泰的第三个儿子)、固山贝子屯齐(显祖第三个儿子舒尔哈齐第四个儿子图伦的次子)、固山贝子尚善(舒尔哈齐第八个儿子篇古的次子)、韩国公杜尔祜(褚英长子杜度之长子)、韩国公特尔祜(褚英长子杜度的第三个儿子)、韩国公杜奴文(褚英长子杜度的第六个儿子)、固山额真拜尹图(显祖第五个儿子巴雅喇的第三个儿子)、三等镇国将军兵部尚书韩岱(显祖次子穆尔哈齐的第五个儿子)等,他们都小多铎一辈或两辈。此外,多铎辖下还有两位汉人异姓王孔有德和耿仲明。然而,以上诸王没有一人战死在江阴,而且在以上诸王中也只有多罗贝勒尼堪、多罗贝勒博洛、韩岱、孔有德亲预江阴战事。至于少将级军官,也只有八旗满洲正红旗的吴纳哈赖、色勒布、达鲁哈三人中炮身亡,八旗蒙古镶白旗的沙门在登城时战殁。还有,在江阴战事中立功受奖的三十一名汉人校级以上军官中，没有一人战死在江阴。

礼亲王昭梿在其笔记《啸亭杂录》中，有"江阴口谈之诬"一条，指出野史中所谓"阎公守城时，大兵屡为其所败，至于三王九将，尽被所害"，是纯属子虚，因当时并无亲藩或大将战死，实乃邑人欲彰其功，故意夸大其词。他还抨击礼部侍郎刘星炜（武进人，进士）在其《祀阎典史》中有"遂使南顿旧臣，几伤贾复，濠梁诸将，先殒花云"等语，亦沿此误。魏源在《圣武记》中也批评道："遍考史馆满汉诸臣传，从无一死于江阴城下之人。"遗憾的是很少有人尤其是邑人注意或重视昭梿和魏源的校正之说，一再以讹传讹，终至流于无稽和滑稽。

我们再看看季承禹在《澄江守城纪事》最后一段是怎么写的："康熙三十年，大吏曹禾告假归，曾谓友曰：'康熙初修国史，追恤江阴阵亡三王十八将'。上叹曰：'古斗大之城，丧我七省之兵，我将来亦望如是，敬服！敬服！'"

季承禹，江阴人，1645年八月二十一日江阴城陷后，混在难民中侥幸逃出县城，后杜门终身，不再应试。他撰于1648年的《澄江守城纪事》，为日记体，从1645年正月二十一日记起至八月二十五日止，逐日记载江阴守城抗清之事，但记述比较简略。此文末段中提到的曹禾，是江阴周庄人，官至国子监祭酒，曾参与《明史》编纂。仔细研读《澄江守城纪事》后不难发现，此文最后一段与整篇文章的风格、文气根本不一样，显得生硬、突兀，画蛇添足，且与史实不符。笔者推测，很可能是后人在抄写时所加，目的就是借用江阴名士曹禾之口来补强文中大败清军之说，装潢"江阴抗清八十一日"的伟大，但实际上是在误导后人。

《澄江守城纪事》倒数第三自然段中还有这样记载："黄毓祺于九月初归，与众移街巷尸，尸数万不获殓。举大街、中街、南街尸火化之，埋祝塘，名万骨茔，阎公尸在其中。"综览清代邑人记载"江阴事变"的著作或文章，只有此文中记有阎应元的尸体是被埋葬在祝塘万骨茔的，而且是黄毓祺亲手埋葬的。这一说法应予质疑。理由有三：之一，此文中说阎应元死于栖霞禅院，而城破后栖霞禅院在清军的屠城三日中被烧成废墟，如此，还能找到阎应元的尸体吗？即使能找到，还能辨认出是阎应元的尸体吗？之二，《澄江守城纪事》的作者季承禹，是从被清军炮火轰坍的东城墙上侥幸逃出城的难民，等他回城时已是十月了，城中街道上、从井里和河里打捞上来的以及城外的尸体，均被火化埋葬，他既没亲自参加焚尸，又未与黄毓祺谋过面，怎么知道阎应元尸骸被埋在祝塘万骨茔？而且是由黄毓祺亲手埋葬的？之三，如果是黄毓祺亲手埋葬了阎应元的尸骸，为什么在他后来反清时写的诗文中只字未提此事？为什么在黄毓祺长子黄晞的诗文中，也不见一丁点儿的相关文字记载？

至于计六奇在其《明季南略·江阴纪略》中记载的"阎应元在南门顾振东家自刎，有黄雨锡与之善，见其佩刀一，右手持刀刺心，仰死天井中"，也不足为信。理由有二：第一，说阎应元自刎于南门顾振东家的天井中，与当时的实际情形不符。当时北城墙塌陷后，阎应元迅速撤退到东城门，坐镇东敌楼指挥。清军则集中炮火轰击东城墙和南城墙，由于南城墙早在十多天前被清军炮火击塌数丈后，是用棺木填土后临时堵上的，所以，在1645年八月二十一日午时，继北城墙被击塌后的是南城墙。据史料记载，当时南门的建筑物基本被清军炮火夷为平地。因此在东城门还没沦陷的情况下，阎应元怎么会临阵脱逃，逃到南门顾振东家去自杀？若要自杀什么地方不能自杀，为什么偏偏要自杀在天井中？第二，计六奇是无锡人，其著作《明季南略》成书于康熙十年（1671），距离"江阴事变"已有二十六年，书中所载南明大事大都取自当时江南文士们的著作或口碑资料，而在江阴城破后，除侥幸逃出城去的不算多的幸存者外，城内仅存活十二个和尚和四十一个光头小孩，江阴城里的兵民都死了，那么，《明季南略》中所记阎应元自杀于南门顾振东家天井一事，可信度有多大？为什么邑人的著作中没有这样的记载？

笔者所涉猎到的撰于民国时期的记载"江阴事变"的著作有：李定夷撰的《明清两代轶闻大观》、缪荃孙总纂的《江阴县续志》、赵尔巽等撰的《清史稿》、赵焕亭撰的《明末痛史演义》、胡山源撰的《江阴义民别传》、钱海岳撰的《南明史》（完成于1944年，出版于2006年）等。这些著作继续"发展"清代人的著作，其表现形式有：

一是继续沿用清代著作中的"传奇轶事"。比如刊行于1917年的李定夷的《明清两代轶闻大观》中，有《江阴童子》一则，文中称清军屠城时，有一位八九岁名叫陈二郎的儿童幸存下来了，传说是阎应元的侄儿，故意隐匿身份。陈二郎因乖巧惹人怜爱，被一清军将领收为义子。后与先前熟识的药师老人合作，暗中投毒药于饮水中，使"满营将士咸病痘症，死亡者踵相接"，被发现后遭"寸磔其尸"。这一故事纯属虚构，因为清军在屠城三日封刀后的次日，就开始陆续撤军了，清军将领怎么可能收领陈二郎为义子？况且这个传说故事从未见于清代人的著作中。

二是增加相关内容。比如民国《江阴县续志》中，提到有赵怀玉者曾从江阴城突围外求救兵，城陷后赵怀玉削发为僧，率五百僧人居海岛煮盐自给，清廷派人去岛上招降时，赵怀玉与五百僧人皆自杀。徐珂在其《清稗类钞》中也记有此事："江阴有煎海僧，初为名诸生，所用铁刀重八十斤，力能举之。大兵围困江阴，其率将士五百人守城。其妇亦能诗画，至是，乃自杀，曰：'不贻君内顾忧也。'典史阎应元命其率五百人突围求救，往返数回，少三十人，独提刀引之出。城破，披剃居小岛，五百人从之，煮盐自给，因以煎海僧自号。当担盐出卖，盐重四百余斤。大吏遣使招抚不降，遂自杀，五百人皆从死。"

民国《江阴县续志》和《清稗类钞》所记事情类似，仅有赵怀玉与煎海僧之别。这一故事明显源于汉代田横的故事：刘邦称帝后，齐王田横遭诛，遂率五百余人入海，居岛中，后被迫随汉使至洛阳，于途中自刎。岛上五百壮士闻其噩耗后亦皆自杀。同时，煎海僧或赵怀玉的故事，既未见于先前的著作，赵怀玉或煎海僧及五百人皆自杀之举亦不合情理，有悖于他们出海避世的初心，理应拼命厮杀，血溅海岛，怎么会懦弱地自我了结呢？

三是为唤醒民众一致抗日的时政服务。1939年刊载于《明季忠义丛刊》、由江阴人胡山源撰的《江阴义民别传》，是一部历史文学作品。他写这部书的初衷，正如他在该书《自序》中所说："（江阴）被称为'忠义之邦'。所以我看中江阴，并非为了我是江阴人，阿于所私。而且江阴人死守孤城八十一天，芝麻大的官儿阎典史、陈典史固然主持全局，厥功甚伟，然而真正造成这光荣的牺牲，乃是江阴的民众。所以不暇为阎、陈二典史以及其他曾任过国家官职、吃过国家俸禄的人作传，而要为一般平民作传。"1939年正是中国抗日战争处于战略相持的阶段，正迫切需要动员一切力量抗战、全民抗战。胡山源此时发表《江阴义民别传》，其目的就是要用江阴士民不怕死的抗清精神来激励民众不怕死地去抗日，因而书中不乏虚构和塑造的成分。

国史《清史稿》与清朝时期官方文献比较，前者记述"江阴抗清八十一日"的文字更少，仅在卷二百四十三《吴守进列传》中有"克扬州、江阴，复进破嘉兴"和卷二百七十三《李率泰列传》中有"江阴典史阎应元拒守，督兵攻破之"的记载。《清史稿》编纂者为什么如此吝惜文字？或许与编纂者都曾是清朝的科举功名者有关系。他们都是清朝国的最大受惠者，在心里对清朝还怀有很深的眷恋之情，而当时国家又正处于与明清之际相似的动荡的无序中，所以他们对"江阴抗清八十一日"多有隐讳，故不愿多言，但又不能不记。

钱海岳著的《南明史》，记述"江阴八十一日"的篇幅就长了，却仍沿用"清军围城者二十四万"之说。不过，在钱海岳的《南明史》中，黄毓祺、阎应元、陈明遇、冯敦厚等人，虽然都被"列传"，但所处的地位不同。钱海岳的《南明史》体例为本纪、志、表、列传，共一百二十卷，其中本纪五卷、志九卷、表十卷、列传九十六卷。在九十六卷列传中，又分列传六十六卷、儒林人士列传三卷、文苑人士列传七卷、忠义人士列传七卷、孝友人士列传一卷、隐逸人士列传四卷、烈女列传三卷、宦官列传一卷、奸臣列传一卷、畔（叛）臣列传三卷。黄毓祺与史可法、张煌言等并列置于名臣列传中，阎应元、陈明遇、冯敦厚等人被置于忠义人士列传中，其地位远低于黄毓祺。

20世纪50年代，记载"江阴抗清八十一日"的著作有：王虹的《江阴人民的抗清斗争》、李天佑的《明末江阴嘉定人民的抗清斗争》、谢承仁的《1645年江阴人民守城的故事》、谢国桢的《南明史略》。王虹、李天佑、谢承仁的著作，是当时配合爱国主义教育所编著出版的"通俗历史故事小丛书"中的三本小书；谢国桢的《南明史略》是一部正统的史学著作，其中写到"江阴抗清八十一日"时，其基调是爱国主义的。他们的著作都参考了许重熙的《江阴城守后纪》、赵曦明的《江上孤忠录》、沈涛的《江上遗闻》、季承禹的《澄江守城纪事》，仍沿用"守城者二十万""城内死难者十万"，"围城清兵二十四万""阵亡清兵七万五千"之说。

20世纪90年代，记载"江阴抗清八十一日"的著作有：一是由江苏省江阴市地方志编纂委员会编、程以正主编的《江阴市志》，其中对于守城者、死难者、清兵阵亡者的记载各有不同，前后不一致。如在《抗清守城战》中这样记载：阎应元"遂祭旗发令，开城门合乡兵计20余万人，分守4门"；"江阴抗清81天，城内死者6.7万人，城外死者7.5万余人"。在《人物·阎应元》中则是这样记载："阎应元祭旗发令，纳乡兵数万与在城民兵分保而守。"在《人物·陈明遇》中又是这样记载："闰六月初一，诸生许用倡议守城，四城内外应者数万人。"

二是唐麒主编的《江阴人文风情（二）》中，收入了周良国、孙浩忠撰写的历史故事《江阴血战八十一天》，除沿用清军"十王"战死外，还多有故事的虚构成分，旨在塑造阎应元的高大形象，歌颂江阴人的民性刚。

三是顾诚著的《南明史》，在《第七章·各地抗清运动的兴起》中《第二节·江阴等地百姓的自发抗清》中记载了"江阴抗清八十一天"。他写此内容时，参考了韩菼的《江阴城守纪》、许重熙的《江阴城守后纪》、沈涛的《江上遗闻》，称围城清兵仅有数万人，纠正了野史中清军的"七王""十王"阵亡说,强调了江阴抗清斗争的自发性。

此外,邵长蘅撰的《阎典史传》,曾作为"爱国主义教育的一部分",被收入1982—1990年度高中语文课本第四册第八单元第三十课。1990年对高中语文课本进行重大改革时,则取消了这篇文章。

进入21世纪后,笔者涉猎到的记载"江阴抗清八十一日"的著作,主要为江阴人所撰(编),大都沿用"守城者二十万"、"城内死难者"六万七千或十万、"围城清兵二十四万,死亡七万五千"、清军"三王""十八将"战死江阴之说,但也有不同之说的。现辑录原文如下:

江阴市政协学习文史委编的《江阴文史资料集萃》中这样记载:"城下死者六万七千有奇,巷战死者七千有奇。"(指清兵阵亡人数,页105)

江阴市档案局(馆)主持编写、程以正主编的《暨阳档案》中这样记载:"城乡民众闻讯而起,数日间响应者达40万人。"(页26)"城内死者6.7万人,城外死者7.5万人。"(页28)

江阴市澄江志编纂委员会主持编写、严伯英主编的《澄江志》中这样记载:"县诸生许用等人……倡议守城。城乡民众闻讯,揭竿为兵,裂衣为旗,数日间响应者达40万人……祭旗发令,合乡兵20万人,分守四城门……此役中,城内死者6.7万人,城外死者7.5万人。"(页696—697)

江阴市军事志编纂委员会主持编写,戴旭东、陈佩民主编的《江阴市军事志》中这样记载:"县诸生许用等人……倡议守城。城乡民众闻讯,揭竿为兵,裂衣为旗,数日间响应者成千上万……祭旗发令,合乡兵号称10万人,分守四城门……围城清兵达24万……是役清兵死75000人,江阴军民殉节10万余人。"(页372—373)

江阴市政协学习文史委员会主持编写的《江阴历史文化丛书》之一、程以正著的《江阴史事纵横》中这样记载:"数日间响应(守城)者达二三十万人。"(页163)"(阎应元)同时命开城门,接纳一批义勇隶于麾下，组合成内外义兵达20余万人，与在城义兵分保而守。"（页164）《江阴历史文化丛书》之二、程以正、沈俊鸿著的《江阴古今兵事》中这样记载："响应守城者竟有数以十万计。"（页62）"城内6.7万余人死难。"（页70）

薛仲良主编的《江阴通史》中这样记载："数日之内，响应（守城）者达40万人。"（页104）"七月初十，（阎应元）命令打开城门，放进乡兵20万人，与城中兵民共守江阴城。"（页105）"在抗清保卫战中，围攻江阴城的清军兵力达24万人，其毙于城下者6.8万余人，毙于巷战中7000人，计7.5万余人。江阴军民舍生取义者10万余人。"（页106）

江阴市政协学习文史委员会编的《江阴历史文化精华录》中这样记载："闰六月初一下午，响应（守城）抗清者达数百人。"（页55）"城内10万乡兵，个个摩拳擦掌，誓死与清军决一死战。"（页56）"城内死者6.7万，城外死者7.5万余人。"（页58）

综览以上著作，给人的印象是，著者对于江阴抗清斗争的有关史实的记述，有点像任意打扮小姑娘似的，且仍沿用清代中叶邑人著作中的谬讹之说，而很少观照邑人以外的著作，更没有进行严谨的科学考证。

"江阴事变"这一历史事件发生三百七十多年来，记载其史事的著作比较多，而且在三个历史时段中记载其史事的著作尤其多：一是清朝乾隆时期，二是20世纪50年代，三是进入21世纪后。原因是：乾隆时期政治钳制力相对舒缓，同时也是思想文化建设之需；江阴人民抗清斗争精神，正契合20世纪50年代爱国主义教育之需；进入21世纪后是地方政府行为，旨在传承历史文化，建设"文化江阴"。

对"江阴事变"这一历史事件，特别是对这一历史事件中的主要历史人物的评价，同样烙上了鲜明的时代印记。

清朝初期，文纲森严，屡兴文字大狱，死于文字狱的有万余人，有一段时间没有人敢议论顺治、康熙、雍正三朝的史事，更不用说刊行议论"三朝"史事的书籍了。就拿无锡人计六奇来说吧，取材于亲历闻见者的口述史料和文献史料，记载南明大事、抗清战事与人物、农民起义等史实的，成书于康熙十年（1671）的《明季南略》（书中有《江阴纪略》《江阴续记》《黄毓祺起义·附小游仙诗》《黄毓祺续记》等篇），刚刊行就遭到清政府的查禁，被列入《禁书总目》。所以，无论是江阴本地人，还是外地人，凡在著述"江阴事变"时，都比较严谨，所记史事尽可能符合历史史实，对阎应元、陈明遇等人物的评价，也比较客观公道，没有铺张虚言。即使著述好了，也大都私藏起来，不敢轻易示人，免遭文字大狱。

与此同时，清初官方编撰的史料，也有意淡化"江阴事变"，其目的或许是为了维护清军攻坚时所表现出来的那种摧枯拉朽般的高大上形象，所以讳言清军伤亡惨重的史实。对明末殉节的诸多人士的评价，因当时满汉间民族矛盾尖锐、关系紧张而变得相当敏感，清廷或贬抑，或避而不谈。但随着《明史》的冗长修纂，清廷对明末殉节人士的态度，从贬抑、规避逐渐转向怀柔，并开始建构出一套充满自信心的严谨的论说体系。

顺治二年，清朝政府下诏修纂《明史》，但由于全国尚未统一，政权尚未巩固，修纂《明史》的工作就搁了下来，直到康熙十七年才正式开始修纂工作；四十一年，万斯同、徐元文等将修撰的四百十六卷《明史》稿本，进呈康熙皇帝，但他"览之不悦，命交内阁细看"。康熙四十八年，王鸿绪续修《明史》，雍正元年进呈并刊行三百十卷稿本，且以王鸿绪的别号，将稿本命名为《横云山人集（明史稿）》。雍正元年又以徐元梦、张廷玉为总裁，开馆三修《明史》。乾隆四年，张廷玉上呈三百三十六卷武英殿本《明史》，十月，大学士鄂尔泰等奏请按旧例颁发《明史》，准许民间翻刻，正式刊行，这就是至今通行的中华书局点校本所据；四十年再诏修明史，五十四年定稿，并入《四库全书》。

由于清政府对明末殉节人士的评价逐步趋于正面化，这就使得乾隆《江阴县志》编纂者的胆子大起来了，敢在该志中单独列卷，详述

"乙酉记事"，洋洋洒洒四千余言。然而编纂者还是很谨慎的。在正式"乙酉记事"前特地撰写了两段序文，第一段序文指称"江阴邑遗黎眷怀故国，独贻后至之诛"，是"愚矣"。第二段序文讲追记乙酉之事，目的不是"徒哀国殇而悲沦丧"，而是"彰圣朝之宽大"。

乾隆三十一年，清政府对南明诸王的历史评价出现了一个重大转折。这年五月，谕旨称福王、唐王、桂王均为朱明子孙，不应贬斥为伪政权。三十三年在修撰《御批历代通鉴辑览》时，更将明朝灭亡时间从原来的崇祯十七年后延至弘光元年。后延的理由是，如果不是因为福王（弘光皇帝）的孱弱荒淫，中国有可能像宋高宗那样形成南北分立。四十年十月，乾隆皇帝审阅进呈的《御批历代通鉴辑览》稿本后，作出重要批示：不要将"铨叙唐、桂二王本末，别为附录卷尾"，而拟将隆武与永历朝视为明室遗绪。乾隆皇帝这一替南明政权正名的重要批示，为紧接着的著表彰忠南明人士扫清了障碍。十一月，乾隆皇帝在命予明季殉节诸臣典谥的谕旨中这样写道：

> 崇奖忠贞，所以风励臣节。然自昔累朝嬗代，于胜国死事之臣，罕有录于易名者。唯有世祖章皇帝定鼎之初，于崇祯末殉难之大学士范景文等二十三人，特恩赐谥……至若史可法之支撑残局，力矢孤忠，终蹈一死以殉；又如刘宗周、黄道周等之立朝謇谔，抵触金壬，及遭际时艰，临危受命，均足称一代完人，为褒扬所当及……凡诸臣事迹之具于《明史》及《通鉴辑览》者，宜各徵考姓名，仍其故官，予以谥号，一准世祖时例行。

乾隆皇帝宣称自古以来很少有赐谥前朝死事之臣的，是他开了个先河，似乎显得他很大度，很有胸襟，但究其实质，他给前朝之臣赐谥，其真正目的并不仅限于为了"崇奖忠贞""风励臣节"，而是为了更好地笼络汉人，强化君臣之义，稳固大清江山，所以要赐谥有明确事迹的明末殉义臣民，并将史可法、刘宗周、黄道周等人拔高至"一代完人"的崇高地位。但另一方面，为了打击明末政权的正统性，乾隆皇帝又于四十一年正月下谕旨，称"永乐一藩臣耳，乃犯顺称兵，阴谋篡权……残酷性成，淫刑以逞，屠戮之惨，极与瓜蔓牵连，殆非人理"。极力诋毁明成祖永乐皇帝朱棣的地位是篡夺而来的，间接支持其后裔崇祯和南明诸帝被瓜代的正当性。

正因为这样，在万斯同、徐远文等人修撰的《明史》中，并没有江阴死节人士阎应元等人的小传，直至在王鸿绪续修的《明史稿》中，才有阎应元的列传：

应元，字丽亨，顺天通州人。崇祯中，为江阴典史……以功迁英德主簿，道阻不赴，寓居江阴。明年五月，南京亡，列城皆下。闰六月朔，诸生许用倡言城守，远近应者数万人。典史陈明遇主兵，用徽邵康公为将……战失利，大兵逼城下……明遇乃请应元入城，属以兵事。大兵力攻城，应元守甚固……及松江破，大兵来益众，四周发大炮，城中死伤无算，固守自如。八月二十一日，大兵从祥符寺后城入，众犹巷战，男妇投池井皆满。明遇、用皆举家自焚。应元赴水被拽出，死之。训导冯敦厚……冠带缢于明伦堂……

后来的武英殿本《明史》与《四库全书》均有此内容的记载。这说明长期被官方史书隐晦的令清军伤亡惨重和令江阴人遭受巨大创伤的"江阴事变"这段历史，随着清政权的稳固与汉化，官修的《明史》开始面对了，不再贬抑或规避了。

乾隆四十一年钦定、五十四年成书的《钦定胜朝殉节诸臣录》，更将清政府对明季殉节臣民的评价推至巅峰。我们来看一下该书前面的《编辑体例》："凡立身始末卓然可传，而又取义成仁、揩挂名教者，各予专谥，共三十三人。若平生无大现，而慷慨致命、矢死靡他者，汇为通谥：其较著者曰忠烈，共一百二十四人；曰忠节，共一百二十二人；其次曰烈愍，共三百七十七人；曰节愍，共八百八十二人。至于微官末秩、诸生韦布及山樵市隐，名姓无徵，不能一一议谥者，并祀于所在忠义祠，共二千二百四十九人。"

江阴有九人被钦定为"胜朝殉节"者，并收入在《钦定胜朝殉节诸臣录》中，他们是：阎应元被赐谥"忠烈"，陈明遇、戚勋被赐谥"烈愍"，冯敦厚被赐谥"节愍"，潘文先、夏维新、王华、吕九韶、许用入祀忠义祠。

由于乾隆皇帝下诏表彰了前明忠义之士，让早已习惯于接受清政府统治和笼络的汉人社会，全然抛弃了"华夷之辨"的反满情绪，听任江阴等地殉明之人的事迹被收编在君臣之义的大纛下。为此，江阴知县为受到乾隆皇帝赐谥的阎应元、陈明遇、冯敦厚建忠义祠，并搜集整理上报朝廷待受表彰的前明士民的殉节事迹。同时，江阴知县、驻节江阴的江苏学政还撰文表彰乙酉士民殉节的事迹。

江阴知县蔡澍为阎应元、陈明遇专祠、勒石，并亲撰《阎陈二公祠记》碑文，美言"斯时之死节者，唯江阴县尉阎、陈二公，材最良，官最卑，忠最著"；说明专祠的事由是"适诸生杨振声、周之麟等，请以阎公殉节地曰栖霞庵者为专祠，并祀陈公"；指明阎、陈二公"之义"在于"不事二君"，他俩"协守八旬，与民俱尽"，是"杀身成仁、舍生取义"；指出专祠、勒石的目的：一是"慰邑父老"，二是"为后之为人臣而不克自尽者劝"。

蔡澍写这篇碑文时，距1645年乙酉"江阴事变"已是近百年了。时间是最锋利的。近百年的时间，把当年经历血与火并殉节而死的许多人和事，斧削得模糊不清了。所以，蔡澍的碑文中，几乎没有了硝烟味，有的是把本凝聚在以命相搏、誓死效忠于明朝的忠义抽离出来了，移花接木地变成了效忠于清廷的忠义，似乎有点风马牛不相及，但确实是当时政治现实的需要。因此，为阎、陈二公专祠、勒石的真实目的，就是"为后之为人臣而不克自尽者劝"。纵观历史，历朝历代表彰前朝忠臣或英雄，其根本目的都是为现实政治服务的。

又过了七十多年，江阴的诸生们请求把冯敦厚也"增礼"于专祠，建议"额为三公祠"。江阴知县应允了诸生们的请求，将二公祠扩建为三公祠。不过，这里有一个问题，就是根据乾隆四十一年钦定的江阴九名"胜朝殉节"者名录，阎应元被赐谥"忠烈"，陈明遇、戚勋被赐谥"烈愍"，冯敦厚被赐谥"节愍"，如要建三公祠，也应该是戚勋入祠，而不应该是冯敦厚，因为他被赐谥的等级还没有戚勋高。但为什么入专祠的是冯敦厚而不是戚勋呢？戚勋还是江阴本地人。这或许是与冯敦厚曾是县儒学训导有关，一百七十多年后的江阴诸生们，记住他们的前辈、导师冯敦厚而忘却戚勋，也是符合常理的。这也说明，历史是由民众创造的，但记载历史的是文化人。结果，三公祠专祠的三个人，一个都不是江阴人。不是江阴人，却全权代表了江阴人，而且还被江阴人供奉、歌颂、美化了三四百年，可能还会延续下去。

江苏学政汤金钊为三公祠亲撰了《三公祠记》碑文，开宗明义指出乾隆皇帝给"胜朝殉节"者分别赐谥的深远历史意义是"盖以扶植纲常，垂教万世"，而三公分别被赐谥"忠烈""烈愍""节愍"，盖因"守城不屈"，仅此而已。紧接着表彰三公"以区区一邑，抗拒大兵，力竭城陷，视死如归"，但汤金钊"未见其仁"，仅见"忠矣"。也就是说，在汤金钊看来，三公"守城不屈""视死如归"，是忠但不仁，而仁是儒家伦理思想的核心。最后点明建三公祠并勒石的目的或现实意义，就在于"可以愧后世为人臣而有二心者，宜其仰邀圣鉴，荷易名而传无穷也"。说白了，汤金钊就是要求和希望清朝的各级官员，要像"三公"忠于明朝那样地忠于清朝，争做清朝的忠臣，而不做逆臣、叛臣。

清道光六年（1826），江阴士人请求江苏巡抚陶澍将江阴"胜朝殉节"者邵康公等一百三十八人的"殉节"事迹上报朝廷，陶澍"上其事于朝"，道光皇帝谕旨准许将邵康公等一百三十八人"入祀忠义祠中"。陶澍还允许为"经后嗣举报之倪绍祖等七十五人建立公祠"，祔祀设位于三公祠院内。七年（1827），陶澍又允许金氏等七十五位乙酉殉节妇女入祀节孝祠。此祠设在江阴县学宫东面。

道光七年八月的一天，江苏学政朱方增前往三公祠出席入祠祭祀仪式。事后他写了《三公祠祔祀殉义绅民记》一文。文章中写道："诸绅民与三公同时殉节殁，仍同歆俎豆礼也。其祔祀于三公祠，宜。"称赞"诸义士"在"明社既屋之后，同心捐躯"，不是为了"没世后有褒显"，而是其"忠义之性勃发一旦"，所以，"成败利钝，皆所不计"。然而"事久益彰"，"诸人殉义在顺治乙酉，题请在道光乙酉，元运之转，适契乎人心之同，则尤可异也"。最后点题，说明他写这篇记的目的是，为了"固圣朝如天之仁"，当今的绅民们也应该像明末的"义士"一样，保持对当今皇上的"忠烈郁勃之气"，即使死了，也会被"赐祀如例"，"不求名而其名自显"。

　　道光十六年（1836），经江苏巡抚衙门同意，报朝廷批准，江阴又有高一鄂、高三捷等九十四位义士"续详三院祔祀设位"。至此，在顺治乙酉年殉节的凡能查实有姓有名的义士，都受到了官方的表彰，或入忠义祠，或入三公祠，或入节孝祠。

　　此外，江阴知县刘新翰、汪邦宪、萧瑾、叶维庚、陈延恩、汪坤厚、李超琼和江苏学政雷铉、白镕、廖鸿荃，或捐俸修祠，或撰文，表彰阎应元、陈明遇、冯敦厚及其数百名义士的"忠义"之举。自乾隆至光绪的百余年中，江南的知识分子尤其是江阴的诸生们，对顺治乙酉年的历史与人物的重视度、关注度，可以说是到了无以复加的程度了。自此以后，江南知识分子对顺治乙酉年"江阴事变"的关注度，要淡化、弱化得多了。

　　但还有人在关注，比如史学家、常州阳湖人赵翼，年轻时写过一首七律咏史诗《题阎典史祠》："明季虽多殉节臣，乙酉之变殊少人。将帅降幡蚤竖垒，公卿款表先趋尘。高门王谢献城巫，盛名巢由拜路频。何哉节烈奇男子，乃出区区一典史。"七十六岁时，他又作了一首《沙山吊阎典史故居》诗："十三万命系君身，那得山村做隐沦。报国岂论官罪小，逆天弗顾运维新。断头巴郡无降将，嚼齿睢阳至食人。今日经过投袂处，百年犹觉胆轮囷。"赵翼的这两首诗，意在凸显无显赫地位的阎应元的伟岸与铮铮铁骨，欲让明亡时汲汲投降或汲汲于出仕的众士愧煞。

　　浙江海宁人都嶟，也作过一首《吊阎应元》诗："两京大官恋爵士，如公之官何足数。读史数公同调人，万梅花下一阁部。"都嶟把阎应元与衣冠葬于梅花岭的史河法相提并论。但赵翼、都嶟作为民间的对阎应元的崇高评价，与官方特别是清廷对阎应元的较低评价，形成了鲜明的反差对比。同样死于城陷后的清军之手的史可法，则被乾隆皇帝喻为"一代完人"，专谥"忠正"；而阎应元仅是一个普通的"胜国死事之臣"，被通谥"忠烈"。为什么乾隆皇帝会厚史薄阎？原因有二：一是史可法官大，官至阁相；阎应元官小，是未入流的县尉，"平生无大表现"。事实也是如此，不要说是有清一代除了一些史家和江阴地方士人知道阎应元外，很少有人知道其姓名与事迹，就是新中国成立后，也是鲜有人知晓阎应元。就拿笔者来说，也是到了20世纪90年代初才知道阎应元与其抗清事迹的。这说明，进入官史修纂者法眼的往往是官位高的人。二是阎应元领导的江阴守城战，重创了清军，这怎么会使乾隆皇帝给予阎应元较高评价呢？如果乾隆皇帝给予阎应元高度评价，凸显阎应元的地位，不就是将阎应元树为抗运致命的汉人的榜样了吗？这绝对是不可能的。因此，给予阎应元通谥"忠烈"，已显乾隆皇帝的宽宏大量了。

1840年鸦片战争后，清廷积弱，列强入侵，社会动荡，民不聊生。知识分子特别是国粹派提出，欲救中国，必先排满，"唯有保国保种排异族而已，不能脱满清之羁绊，既无以免欧族之侵凌，居今日而筹保种之方，必自汉族独立始"。（刘师增主编《中国民族志》）他们因而为明末死节之士立传，刊布纪录南明史事的著作，以表彰民族气节。"盖读此等书者，皆有故国河山之感，故能不数年间，光复旧物，弘我新猷。回顾顺、康、雍、乾诸朝，出其暴戾雄鸷之力以从事于摧残禁毁者，方知其非故也。"（朱希祖《晚明史籍考序》）于是，"华夷之辨"再度引发。

1898年义和团运动和1900年八国联军发动侵华战争后，顺治乙酉"江阴事变"的历史地位再度转型，由当初的江阴绅民自发的捍卫家园转型到乾隆和道光两朝官书积极地抽离出满汉民族矛盾的卫国卫民的忠义形象，再度转型为开始挑战清朝统治的正当性。《陆沉丛书》就是挑战清朝统治正当性的代表出版物。《陆沉丛书》由陈去病编辑。陈去病是南社的主要发起者和创始人之一。该书借历史上的惨痛记忆和历史上的民族英雄，来鼓励和警醒世人进行民族革命，鼓吹反清革命，启迪民众智慧，激发爱国志士的革命斗志。

正是到了20世纪初，"江阴八十一日"与"扬州十日""嘉定三屠"，才被排满反清人士并列为"明末三惨"，以印证"驱逐鞑虏，恢复中华"的正当性。1906年，章太炎在日本主编中国同盟会机关报《民报》时，曾撰写《讨满洲檄》一文，列出清朝统治者十四条罪状，其中第四条就是"南畿有扬州之屠、嘉定之屠、江阴之屠，浙江有嘉兴之屠、金华之屠，广东有广州之屠，复有大同故将，仗义反正，城陷之后，丁壮悉诛"。同时，章太炎还专门撰文批驳魏源，坚称"阎应元守江阴，满洲名王三人、大将十八人皆授首城下"一事为真。其实是章太炎错了。他如是作派，仅是为排满反清的政治斗争服务。可在1927年完稿的《清史稿》中，却只字未提城陷后清军在江阴屠城三日的事。

20世纪50年代后至进入21世纪出版的著作，大都服从服务于当时的需要，或强调爱国主义，比如谢国桢在《南明史略》中，将季世美、季从孝誉为"爱国青年"；将江阴守城战的作用意义提升到如此的高度："使清朝统治者花了极大的代价，才得到弹丸的孤城，这是中国人民反抗外族侵略的光辉典范。由于这一战役，牵制了清军的南下，使在浙东的鲁王和在福建的隆武帝得有建立政权的机会"，"同时江阴人民以一个孤立无援的小城，由于人民团结一致的力量，就可以战胜强大的清军，给各地人民作了个好榜样，加强了他们的信心"。顾诚则在其《南明史》中如是说，江阴两个多月的抗清斗争，顶住"数万清兵的围攻"，"实在是南明史上光彩夺目的一页"。学术界一些人为史可法大唱赞歌，顾诚却认为更值得歌颂的是以阎应元、陈明遇为首的江阴百姓，在他们面前，史可法的官愈大，权愈重，就愈显示出其作为之渺小。

或旨在传承忠义之节。1992年11月出版的《江阴市志》以及衍生作品，这是20世纪80年代国家要求编纂社会主义新方志的成果。2000

年后出版的《江阴市军事志》及有关政府部门主持编写出版的《江阴历史文化丛书》、江阴地情书等，也是国家要求进行第二轮社会主义地方志续修的副产品，同时也是"文化江阴"建设的一个组成部分。在这些书中记载"江阴事变"，主要目的在于"传扬江阴人民的忠义之节，让读者在催人泪下的场面中，感悟江阴的沧桑与坚强"。

概述之，"江阴事变"发生近四个世纪以来，人们根据各自的目的或需要，不断地书写并塑造这段历史，以致出现许多截然不同的历史解释，甚至为了丰富它的传奇色彩，还虚构或增加了一些抗清人物，夸大相关史实。就这样，三百七十多年来，"江阴事变"这一历史事件的真实面目，一直模糊在官方与民间、正史与野史、史实与传说的建构与解构的角力之中。

后　语

　　历史叙述是一种人为建构，也是一种人为解构。

　　自汉代以来的两千多年中，儒家掌握着话语权，所以，从《史记》到《清史稿》的"二十五史"，都是依据儒家所传承的古代观念去观察和叙述历史事件的。正史是如此，野史亦然。因此，我们读史时务必擦亮眼睛，明辨真伪，千万不能古人怎么说你也怎么说，与他们一般见识。

　　对于"江阴事变"这一历史事件，作为正史《明史》的关注度要高于《清史稿》；作为野史，书写者就多了去了，他们站在各自的立场上，出于不同的政治需要，对这一历史事件不断地进行解构，或建构，尽管正史偏于"政"，野史偏于"文"，但都落入一个窠臼：宣扬儒家的"忠""义"思想，甚至还有人将其拔高为"爱国主义"，但很少有人深入思考这一历史事件究竟是什么性质的事件。我写"江阴事变"，关注的就是这个问题，要努力解决的也是这个问题——给"江阴事变"以符合客观真实的历史定位。如此，我们或许就能脱离被历史的惯性所误导，从历史中吸取教训，汲取营养和智慧，正视现实，关注未来。

　　那么，"江阴事变"到底是什么性质的历史事件呢？

　　——"江阴事变"是一件充满着汉人与满人间"民族主义"之争的历史事件。

　　"江阴事变"发生的大前提是，江阴已归顺清政府，其标志就是清政府任命的首任江阴知县方亨走马上任后，江阴没有一人反对方亨出任江阴知县，也就是说，江阴在政治上愿意接受清政府的领导，承认清政府的合法性与正当性。按逻辑，江阴不太可能发生反抗清政府的事件，但出人意料地发生了。

江阴发生反抗清政府事件的起因是，清政府颁布法令强制汉人男子剃发，而江阴男子首先是士绅不肯剃发，这就产生了对立。这种对立矛盾能否调和解决？在明末清初的朝代更迭的敏感特殊时期，是很难调和解决的。从心理学角度而言，从骨子里就看不起异族人的汉人，当然包括江阴人，内心深处是不愿接受清政府这个异族政权的，无奈弘光政府不争气，成立一年就被清军灭亡了，江南大片沃土又很快被清军占领了。面对强势的清军，江阴人在心里也就不情不愿地默认了清政府，所以，当知县方亨来江阴上任时，江阴城里的士绅们还组织居民夹道欢迎呢。这既是顺大势，也是一种无奈之举。如果没有清政府的"剃发令"，江阴（包括江南和南方其他地区）人或许不可能激愤地揭竿抵抗清政府，虽然历史不能假设。

然而，清政府颁布施行了严酷的"剃发令"，因而激起了江阴士绅们的强烈不满。清政府不顾汉人反对强行实行"剃发令"，是将其作为建立满洲贵族政治统治的象征，属于重大的政治原则问题。江阴士绅们强烈反对和抵制"剃发令"，是将其视作文化风俗问题。在汉族人看来，男子束发是延续传承了千余年的汉族风俗，是列祖列宗传下来的老规矩，怎么容得了野蛮的满族人来改变？这不是在欺祖灭宗吗？而汉人对祖宗是很看重的。为了保卫祖宗，汉族人敢于拼命。

那么，士绅们抵抗清政府"剃发令"的行为怎么会得到民众的支持呢？因为在古代，绝大多数汉人是文盲，虽没学过孔孟之道，"之乎者也"，但他们也能明事理，守礼义。这一靠上代传下代的传承，二靠士绅们的示范。平民往往把士绅们视为文化的象征，以把他们的行为作为自己效仿的榜样。因此，当江阴士绅们揭竿抵制"剃发令"时，会得到普通民众的支持。

所以，清政府强迫汉人男子剃发，从文化上讲是在"去汉族化"，是在显示满族人的高贵，是在炫耀"以夷变夏"，是在掘汉人的文化祖坟，是蔑视汉人。江阴人抵抗清政府的"剃发令"，根本上是在维护"华贵夷贱"的民族观，只许"以夏变夷"，不许"以夷变夏",也就是说,只许汉人统治异族人,不许异族人统治汉人。这两种水火不容的民族观念的相互碰撞,互不妥协,就决定了"江阴事变"与广大江南地区因抵制"剃发令"而爆发的抗清斗争,就具有了某种必然性。

但这种必然性不关乎国家主权、国家领土等国家重大核心利益,仅是满汉两种不同文化的相互激荡、满汉两族不同伦理观念的碰撞、满汉两族不同文化心理的博弈、满汉两族不同民族观的较量,本质是满汉两族的"民族主义"之争。历史上,少数民族统治者也都以"正统"自居,同样认为他们统治中国是"天命所归",合法正当。所以,纵观中国民族史,自西汉起,汉族与少数民族尤其是北方的少数民族,长期处于政治分立、军事对峙,每当在军事上战胜少数民族后,必会在政治上对其实行汉化统治,在文化上对其实行汉化融合;同样,少数民族在军事上战胜汉族、入主中原后,在政权建立初期,大多会通过军事手段努力地"去汉族化",与汉族之间的矛盾十分紧张尖锐,但当他们的政权稳固后,却又被汉化。汉族与少数民族就是这样不断地冲突,不断地融合,始终保持着国家的统一,并扩大着国家的疆域。

"江阴事变"是一件彰显了军事性因素的历史事件。

"江阴事变"能够坚持八十一天,一般通识都认为是江阴民性刚,是江阴人勇敢,其实这是"皇帝的新装",过分夸大神化了作为肉身的江阴人。其实"江阴事变"之所以能坚持八十一天,根本原因在于阎应元他们充分利用并发挥了军事性要素的效能。"江阴事变"的军事性,主要表现在三方面:一是具有十分坚固的江阴城防。江阴滨江近海,素有"江海门户""锁航要塞"之称,历来为兵家必争之地。进入明朝后,自正德元年起,历届政府注重江阴县城建设,拓浚护城河,沟通外城河,建水关,造城楼,加固加高城墙,铺设马道,至崇祯八年,已把江阴城建设成为光凭弓箭、长矛、大刀等冷兵器不可摧毁的坚固城防。二是江阴守城者拥有一百四十多门红夷火炮。三是江阴守城者中拥有包括陆兵、炮兵在内的千余名专业军人,且建制完备,指挥体系健全。而像丹阳、常熟、太仓、昆山、嘉定、吴江……之所以在较短时间内就被清军攻克,其中一个十分重要的原因,就是以上这些地方不具有江阴所具有的三种军事性因素。这是江阴抗清斗争的特殊性。因此,如果没有坚固的江阴城防,如果没有明朝军队留下百多门红夷火炮、相对充足的火药,如果没有千余名明军专业军人留下来参与守城,"江阴事变"根本不可能坚持八十一天。江阴的坚固城防最终被清军攻陷,清军靠的就是口径更大、射程更远、威力更大的二十四门"神威大将军"火炮。所以,"江阴事变"能坚持八十一天,是军事性因素大于人的主观能动性。过分强调人的精神性,会把正常人引入歧途,使人易犯盲动的冒险的愚蠢的不计后果的"左"倾错误。

"江阴事变"是一件有别于"扬州十日"的历史事件。20世纪初,排满反清的知识分子将"江阴八十一日"与"扬州十日""嘉定三屠"并列为"明末三惨",目的是为唤醒国人,"驱逐鞑虏,恢复中华",也就是再来一次"以夏变夷",张扬了狭隘的民族主义思想。之后,一些文人常常把"明末三惨"与所谓的"爱国主义"关联起来,这也情有可原,因为文人也是凡人,不是超人,更不是神,都有其时代局限性。但科学地分析,"明末三惨"中"江阴八十一日"与"嘉定三屠"是同一性质的历史事件:以军事性的暴力斗争形式,实现其维护"华贵夷贱"的儒家传统民族观的目的,确保汉文化不被满文化满化,与政治或政权无本质关联,也不关乎国家主权的独立性、国家领土的完整性,因而无关乎爱国主义。"扬州十日"是关乎政治和政权的历史事件:以军事斗争形式,企图在扬州阻截清军,不让其过长江,确保南京弘光政权的生存与稳固,无关乎维护儒家"华贵夷贱"的民族观。

"江阴事变"已过去近四百年了,我们再也不能沉浸于它是"爱国主义"的迷思之中了。"江阴事变"不是爱国主义表现,仅是一种民族主义的表现。爱国,是爱国家,还是爱国度,人们往往把两者混为一谈。就政治学而言,国家与国度是两个不同的概念,虽有联系,但主要的区别在于国度是按政治地理来划分的，由人口、领土、领海、领空、主权、历史、文化等要素构成；国家是按统治阶级的阶级性质来划分的，是统治阶级实施统治的组织，由军队、警察、法庭、监狱等组成，即国家政权的性质。几千年来形成的中华民族精神，其核心就是爱国主义。这里的爱国，主要指爱的是政治地理意义上的国，而不是阶级性意义上的国。政治地理上的国，是老祖宗创造后留给后代的，是人们安身立命之根，是人口再生产之本，只要是这个国里的人，必须爱这个国，哪怕是牺牲生命。阶级性意义上的国，人民可以选择：为天下民众图生存，谋发展，让民众过上好日子，民众自然会爱戴它；反之，民众必然会打倒它，推翻它。中国历史上历次大规模农民起义，其矛头直接指向封建帝王。而当国家、民族遭到外国人入侵时，就会矛头一致对外，诸如"义和团运动"。

今天，对于"江阴事变"，我们既不要捧杀，也不要棒杀，科学的态度是，理性客观地总结历史经验与教训，正确的我们要传承，错误的我们要摈弃。那么，"江阴事变"中，有哪些正确的东西可以传承？那就是批判性地传承"江阴事变"中所蕴含的"忠"和"义"。今天，官员敢作为，办事得力，清正廉洁，时刻为民谋福祉，就是忠；各行各业从业者工作认真，尽职尽责，就是忠；无论是官员还是百姓，无论是政府、组织、单位或个人，凡作出的承诺必兑现，就是忠。无论是政府、组织、单位或个人，做到始终把人民的利益放在第一位，就是义；无论是官员还是百姓，时时处处做到遵纪守法、尊长爱幼，该帮人难处时帮一把，就是义；无论是官员还是百姓，言行不偏激，不极端，平和处事，厚道为人，主持公道，就是义。这就是新时代背景下的忠义。

那么，"江阴事变"中有哪些错误的东西我们必须摈弃？换句话说，就是有哪些历史教训我们要吸取？一是作为官员，一旦遇到突发性事件，不要慌张，不要手足无措，要冷静处置，要有应急预案，决不能草率化简单化；要善于安抚民心，善于做群众工作，积极疏导，努力化解矛盾，而千万不能激化矛盾。二是作为百姓，一旦遇到突发性事件，务必擦亮眼睛，明辨是非，保持冷静，不要盲从和跟着起哄，严防被心术不正的人所绑架和利用。三是作为政府，在社会处于急剧深刻转型变化、社会矛盾集中多发频发的非常时期，务必畅通人们的诉说渠道，关注社会动态，倾听百姓声音，满足民众诉求，增加民生福祉。只要民心顺了，社会就稳定了。四是我们要坚决贯彻执行党和国家的各民族一律平等的民族政策，坚持全国五十六个民族一家亲的理念，团结互助，共同为中华民族复兴而不懈奋斗。"江阴事变"之所以发生，有两个不容忽视的原因，一是江阴知县方亨先是不作为，后是草率作为；二是当时的政府未能制定正确的民族政策，未能正确处理民族矛盾。这些历史教训，我们务必吸取。

"江阴事变"是一场生命大悲剧，是一段几近绝户的大痛史。我们的责任是防止类似的大悲剧、大痛史不再重演。

主要参考文献

1. 黄傅主修：明弘治《江阴县志》，成稿于弘治十一年（1498）。
2. 赵锦主修：明嘉靖《江阴县志》，嘉靖二十七年（1548）刻本。
3. 冯士仁主修：明崇祯《江阴县志》，修于崇祯十三年（1640）。
4. 顾炎武著、黄珅校注：《天下郡国利病书》，上海古籍出版社，2012年7月版。
5. 龚之怡原修、沈清世续修：清康熙《江阴县志》，康熙二十二年（1683）刊行。
6. 蔡澍主修、罗士瓒继修：清乾隆《江阴县志》，乾隆八年（1743）九月刊行。
7. 陈延恩主修：清道光《江阴县志》，道光二十年（1840）八月刊行。
8. 卢思诚、沈伟田、冯寿镜主修：清光绪《江阴县志》，光绪四年（1878）刊行。
9. 陈思主修：民国《江阴县续志》，民国十年（1921）刊行。
10. 赵尔巽等撰：《清史稿》，中华书局，2012年3月版。
11. 钱海岳撰：《南明史》，中华书局，2006年5月版。
12. 王虹著：《江阴人民的抗清斗争》，四联出版社，1954年7月版。
13. 李天佑著：《明末江阴嘉定人民的抗清斗争》，上海学习生活出版社，1955年8月版。
14. 谢承仁著：《1645年江阴人民守城的故事》，中国青年出版社，1956年5月版。
15. 谢国桢著：《南明史略》，上海人民出版社，1957年12月版。

16. 顾诚著：《南明史》，中国青年出版社，1997年5月版。

17. 赵焕亭著：《明末痛史演义》，上海益新书社，1936年版；江苏广陵古籍刻印社，1998年7月再版。

18. 江苏省江阴市地方志编纂委员编：《江阴市志》，上海人民出版社，1992年11月版。

19. 唐麒、陈元主编：《江阴人文风情（二）》，古吴轩出版社，1993年8月版。

20. 江阴市政协学习文史委员会编：《江阴文史资料集萃》，上海古籍出版社，2004年1月版。

21. 江阴市档案局（馆）编：《暨阳档案·江阴人文掌故》，上海古籍出版社，2004年3月版。

22. 江阴市政协学习文史委员会编：《明末江阴守城纪事》，上海古籍出版社，2007年1月版。

23. ［美］魏斐德著、梁禾译：《讲述中国历史》，东方出版社，2008年6月版。

24. 江阴市史志办公室编：《江阴市志（1988—2007）》，方志出版社，2012年12月版。

25. 江阴市军事志编纂委员会编：《江阴市军事志》，2010年10月印刷，内部发行。

26. 《江阴》课题组著：《江阴》，当代中国出版社，2011年6月版。

27. 黄一农著：《官方与民间、史实与传说夹缝中的江阴之变》，被收录《明清帝国及其近现代转型》一书，台北允晨文化实业股份有限公司，2011年10月版。

28. 江阴市政协学习文史委员会编：《江阴史事纵横》，上海古籍出版社，2011年12月版。

29. 江阴市政协学习文史委员会编：《江阴明清学政》，上海古籍出版社，2011年12月版。

30. 江阴市政协学习文史委员会编：《江阴古今兵事》，上海古籍出版社，2011年12月版。

31. 江苏省江阴市澄江志编纂委员会编：《澄江志》，方志出版社，2007年7月版。

32. 薛仲良主编：《江阴通史》，中华书局，2013年9月版。

33. 江阴市政协学习文史委员会编：《江阴历史文化精华录》，上海古籍出版社，2014年12月版。

34. 史仲文、胡晓林主编：《中国全史·政治卷》，中国古籍出版社，2011年8月版。

35. 史仲文、胡晓林主编：《中国全史·经济卷》，中国古籍出版社，2011年8月版。

36. 史仲文、胡晓林主编：《中国全史·军事卷》，中国古籍出版社，2011年8月版。

37. 史仲文、胡晓林主编：《中国全史·思想卷》，中国古籍出版社，2011年8月版。

38. 史仲文、胡晓林主编：《中国全史·习俗卷》，中国古籍出版社，2011年8月版。

39. 朱小丰著：《中国的起源》，上海文艺出版社，2014年7月版。

40. 李零著：《我们的中国》，生活·读书·新知三联书店，2016年6月版。

41. 吴恩培主编：《吴文化概论》，东南大学出版社，2006年6月版。

42. 田崇雪著：《遗民的江南——中国文化史上的遗民群落》，学林出版社，2008年12月版。

43. 江阴市政协学习文史委员会编：《江阴著姓望族》，上海古籍出版社，2008年12月版。

44. 吴仁安著：《明清江南著姓望族史》，上海人民出版社，2009年12月版。

45. 宁可著：《中国封建社会的历史道路》，北京师范大学出版社，2014年4月版。

46. 白寿彝主编：《史学概论》，宁夏人民出版社，1983年7月版。

47. 王荣方著：《满江红》，文汇出版社，2016年12月版。

48. 陈先达著：《文化自信中的传统与当代》，北京师范大学出版社，2017年8月版。

49. 江阴市祝塘镇志编纂委员会编：《祝塘镇志》，方志出版社，2014年2月版。

50. 陈成国点校：《四书五经》，岳麓书社，1991年7月版。

51. 杜维明著：《儒家精神取向的当代价值》，北京大学出版社，2016年4月版。

52. 夏海撰：《浅论儒家之义》，《光明日报》，2017年4月1日。

53. 唐翼明撰：《重温孔子的教导》，《光明日报》，2017年4月8日。

54. 程永金撰：《平等 向善 知止 乐天——先秦学术与当代人文精神建构高峰论坛综述》，《光明日报》，2017年6月24日。

55. 王先明撰：《史学研究的主旨在于求真》，《光明日报》，2017年7月19日。

56. 王荣方撰：《乙酉江阴之变祭》，《无锡史志》，2011年第3期。

57. 王能宪撰：《岂止一字之差——"礼义之邦"考辨》，《光明日报》，2012年12月17日。

58. 肖群忠撰：《"礼义之邦"的礼义精神重建》，《江海学刊》，2014年第1期。

59. 方铭撰：《如何认识中国传统文化》，《光明日报》，2017年9月27日。

60. 陈宝良撰：《清初士大夫遗民的头发衣冠情结及其心理分析》，《安徽史学》，2013年第4期。